Himmel, Hölle und Nirvana

DIE GROSSEN ERLÖSER: BUDDHA, JESUS UND MOHAMMED

Herausgegeben von Hans-Christian Huf

Gustav Lübbe Verlag

Die Abbildung auf dem Vorsatz:
Die Religionen haben tiefgreifenden Einfluß auf die Kunst und
das Kunsthandwerk der Völker gehabt. Musik, Malerei, Skulptur,
Architektur – vielfältig sind die Wirkungsbereiche. Die Ornament-
kunst fand im Islam höchste Wertschätzung:
marokkanische Kacheln aus Fez (Fès).

Originalausgabe
Copyright © 1999 by Gustav Lübe Verlag GmbH, Bergisch Gladbach
Lektorat: Helmut Feller
Textredaktion: Martin Sulzer-Reichel, Overath
Schutzumschlag, Buchgestaltung und Satz:
KOMBO KommunikationsDesign GmbH, Köln
(verwendete Illustrationen siehe Bildnachweis)
Reproduktion: Media-Print, Bergisch Gladbach
Papier: 135 g/qm Zanders Mega matt
Druck und Einband: Franz Spiegel Buch GmbH, Ulm

ISBN 3-7857-0962-5

Sie finden die Verlagsgruppe lübbe im Internet unter:
http://www.Luebbe.de

135642

Buddha – Der rätselhafte Fürstensohn
von Eike Schmitz
10

Jesus von Nazareth – der Unbekannte aus Galiläa
von Ingo Hermann
100

Mohammed – der kämpferische Prophet Gottes
von Ingo Hermann
192

Himmel, Hölle und Nirvana

DIE GROSSEN ERLÖSER:
BUDDHA, JESUS, MOHAMMED

Hans-Christian Huf

»Die Religionen sind verschiedene Wege, die alle zu dem gleichen Punkt hinführen. Was bedeutet es, daß wir verschiedene Pfade benützen, wenn wir doch das gleiche Ziel erreichen? In Wirklichkeit gibt es ebenso viele Religionen als Individuen.«

Mahatma Gandhi

Die Religionen haben im Laufe der Geschichte die Menschheit mehr bewegt als alles andere. Für ihren Glauben haben über Jahrtausende viele Menschen buchstäblich ihr Leben gegeben. Angesichts des Himmelreichs, das ihnen versprochen, oder der Verdammnis, die ihnen angedroht war, haben sie das Unmögliche möglich gemacht. Im Glauben und nur in ihm wurden bisweilen die undurchdringlichsten Klassenunterschiede aufgehoben. Oft hat der Glaube aber auch Menschen zum Haß gegen die Andersgläubigen verleitet, hat zu Blutbädern, zu Verfolgung, Mord und Totschlag geführt. Andererseits wiederum fanden in derselben Religion unzählige Menschen Trost und Sinn in vielen trost- und sinnlosen Zeiten. Die Religionen waren durch die ganze Geschichte zugleich Stütze und Geißel der Menschheit.

Zahlreich sind die Versuche, Religionen zu stiften. Immer wieder haben die Künder neuer Glaubenslehren durch ihr Auftreten und ihre Botschaften die Welt verändert. Die starren Regeln alter Rituale und verkrusteter Traditionen haben sie durchbrochen. Ihr Ziel war, die Menschen zu ihrer eigentlichen Bestimmung zu führen - so wie sie diese sahen. Die meisten der Propheten und Wundertäter jedoch sind nach kurzer Berühmtheit wieder in Vergessenheit geraten.

Anders bei Buddha, Jesus und Mohammed. Sie haben den Lauf der Welt weit mehr bewegt als Könige und Kaiser. Weltreiche und Kulturen sind auf der Grundlage ihrer Religionen errichtet und zerstört worden. Und noch heute beschäftigen die Weisheiten des Buddha, die Worte Mohammeds und die Taten Jesu die Menschen. Daß ihr Glaube jedoch die Welt regieren würde, hat zu ihren Lebzeiten keiner vorhergesehen und ist auch im Rückblick rätselhaft. Was vermittelt ihrer Botschaft eine solche Kraft?

Buddha, ein indischer Adeliger namens Siddharta Gautama, floh vor mehr als zweieinhalbtausend Jahren aus dem Luxus des elterlichen Hauses, zog sich in die Einsamkeit zurück, hungerte und litt, bis er Erleuchtung erfuhr. Mehr als vierzig Jahre zog er über die staubigen Straßen Nordindiens und sprach über die Grundsätze seines Glaubens. Siddhartas revolutionäre Botschaft vom praktischen Wirken, von der stetigen Verbesserung und von der Aussicht auf die unendliche Ruhe im Nirvana ist anders als die Botschaft anderer Religionen. Als sittliche Lehre entworfen, macht der Buddhismus jeden für sein eigenes Schicksal (Karma) verantwortlich. Der Tod ist der Übergang in ein neues Weltendasein, die Reinkarnation das Fortbewegungsmittel auf dem Pfad der Tugend – bis die Seele eines Tages im Nirvana aufgeht. Eine »Stätte, wo nicht Erde noch Wasser ist, nicht Liebe noch Luft, nicht Raumunendlichkeit noch Vernunftunendlichkeit noch Irgendwasheit« – so beschrieb Buddha jenen letzten Ort der Erlösung, zu dem heute rund 340 Millionen Menschen streben. Damit ist der Buddhismus zahlenmäßig die viertstärkste Weltreligion – mit wachsender Anhängerschaft nicht nur in Mittel-, Süd- und Ostasien, sondern auch in den westlichen Industrieländern.

500 Jahre nach Siddharta betrat *Jesus* von Nazareth die Weltbühne: auch er ein Revolutionär. Auch er kämpfte mit starken Taten und Worten gegen die erstarrten religiösen Bräuche seiner Zeit. Auch er brach ein Tabu, als er den Tempel von Jerusalem aufsuchte, das größte Heiligtum seiner Mitbürger eine »Räuberhöhle« nannte und die dort ansässigen Kaufleute vertrieb. Und doch war Jesus nicht für die Aufhebung der Religion seiner Zeit und seiner Gesellschaft. Sein Gott war Jahwe, der Gott des jüdischen Glaubens und des Gesetzes. Den Anspruch, Gottes Sohn zu sein, hat Christus selbst bis an sein Lebensende nur undeutlich geäußert, so wie andere Propheten vor und nach ihm. Er stand damit – wie wir heute wissen – keineswegs außerhalb der geistigen Strömungen seiner Zeit. Ein völliger Bruch mit dem überkommenen Glauben lag Jesus

fern. Doch war seine Lehre eine unmißverständliche Kampfansage an die Bigotterie und die Selbstgerechtigkeit der Hohen Priester und anderer Repräsentanten des jüdischen Establishments. »Nicht die Starken bedürfen des Arztes, sondern die Kranken, ich bin nicht gekommen, Gerechte zu rufen, sondern die Sünder« – diese radikale Botschaft verkündete Christus bis an sein Lebensende. Der Kreuzestod um das Jahr 30 war für ihn die klare Konsequenz seiner Mission. Seine Botschaft der bedingungslosen Liebe hat bis heute die meisten Anhänger gefunden: weltweit 1,8 Milliarden.

Mohammed, der Prophet des Islam, ging für seinen Glauben nicht in den Tod – oft genug aber war auch sein Leben in Gefahr. Aufgewachsen unter wenig vorteilhaften Umständen, stieg er durch harte Arbeit, Glück und Geschick zum reichen Kaufmann empor. Immer wieder zog es ihn in die Wüste – darin Buddha und Jesus ganz ähnlich. In der Einöde suchte er nach dem verborgenen Sinn der Welt und des menschlichen Seins. Als ihn schließlich die Erleuchtung überwältigte, war dies der Beginn eines langen und mühevollen Kampfes. Als Revolutionär ließ Mohammed die Götterbilder um die Ka'ba, das größte arabische Heiligtum, niederreißen, weil es nur noch einen Gott geben sollte. Während Jesus die Verknüpfung von Politik und Religion fernlag, führte er Armeen in die Schlachten um den Gottesstaat. Er verstand es aber auch, mit weiser Gewaltlosigkeit die Regierung in Mekka zu stürzen. Glaube und Staat verschmolzen in seiner Lehre zu einer untrennbaren Einheit, die noch heute das islamische Gesetz und die Verfassung vieler orientalischer Länder prägt, mit weltweit über einer Milliarde Gläubige.

Buddha, Jesus, Mohammed: bei allen Unterschieden ihre Lebenswege und ihrer Epochen gibt es erstaunliche Gemeinsamkeiten in den von ihnen geschaffenen Lehren. So treten der Begründer des Christentums und der Urvater des Islam für einen absoluten Monotheismus ein. Und beide begegnen der jüdischen Religion in der Verehrung von Noah, Abraham und Moses als Überbringer göttlicher Offenbarung. Ebenso wird in der heutigen theologischen Forschung eine Einflußnahme des älteren Buddhismus auf das jüngere Christentum nicht ausgeschlossen.

Sind also die großen Weltreligionen am Ende doch nur verschiedene Wege zum selben Ziel? Diese Frage führt weit zurück zu den dunklen Ursprüngen der Glaubenslehren, zur Erforschung der Quellen. So wie mit den berühmten Schriftrollenfunden von 1947 in Qumran haben auch in anderen Weltgegenden Forscher faszinierende Entdeckungen zum Leben dieser drei Menschheitslehrer gemacht. Die Erkenntnisse werfen neue Fragen auf: Wurde Jesus je gekreuzigt? Wann hat Buddha tatsächlich gelebt? Was hat Mohammed wirklich gelehrt? In mühevoller Arbeit tragen die Wissenschaftler Stück für Stück eines großen Mosaiks zusammen. Langsam ergibt sich ein Bild von den wahren Geschehnissen, trennt sich Mythos von Geschichte. Die eine historische Wahrheit, wenn es sie denn gibt, wird man nie ganz rekonstruieren. Dafür öffnen die neuen Einsichten den Weg in die Vielschichtigkeit der Geschichte: ein kulturelles Vermächtnis, an dem wir uns bewähren müssen.

Als Gotthold Ephraim Lessing vor über 250 Jahren über die Ursprünge der Religionen nachdachte, hat man ihm per Kabinettsbeschluß ein solches Denken einfach untersagt. Lessing aber schrieb mit »Nathan der Weise« ein unsterbliches Drama, das sein Plädoyer für die Toleranz verewigt hat. Toleranz – oder genauer – Respekt kann nur aus dem Wissen über das Eigene des Anderen entstehen. Und jenen Respekt, der aus dem Wissen entsteht, brauchen wir heute vielleicht nötiger als alles andere.

Buddha –
der rätselhafte
Fürstensohn

von

Eike Schmitz

DIE RELIGION »À LA MODE«

Klapp. Klapp. Zwei Holzstücke werden gegeneinander geschlagen. Drei Uhr nachts. Klapp. Klapp. Weckzeit. Eine Glocke läutet. Noch drei Minuten. Die Mönche eilen in den Meditationsraum. Verschlafen. Fröstelnd. Nehmen den Lotussitz ein. 25 Minuten Unbeweglichkeit. Ruhiges Atmen. Tiefste Konzentration. Danach fünf Minuten Pause und wieder 25 Minuten Unbeweglichkeit. Tiefste Konzentration. Für einen Neuankömmling, der das Sitzen mit ineinander verschränkten Beinen noch nicht beherrscht, eine schmerzhafte Qual.

Erst danach gibt es Frühstück. Reisbrei mit Gemüse. Dazu ungesüßten grünen Tee. Vor der Mahlzeit singen die Mönche eine Sutra, eine Buddha-Predigt. Der Koch schlägt den Takt mit einer Holztrommel. Während des Essens wird nicht gesprochen. Das Geschirr müssen die Mönche selbst wegräumen. Danach beginnt die Arbeit, sofern der Meister den Neuling nicht zu einem Lehrgespräch zu sich ruft. Scheuern der Korridore. Gartenpflege. Küchendienst. Schweißtreibende Arbeiten.

Warm gebadet wird alle neun Tage. Geduscht werden darf täglich, aber die Dusche gibt nur kaltes Wasser. Am Badetag hingegen wird schon am frühen Morgen mit dem Erhitzen des Wassers begonnen. Als erster steigt dann der Meister selbst in die Wanne, als letzter der Neuankömmling.

Nach dem Mittagessen Meditation. Zwei Stunden unbewegliches Sitzen. Ruhepause. Abendessen und erneut Meditation von sieben bis zehn. Wer einnickt, dem schlägt der Aufseher mit einer Latte auf den Rücken. Achtmal. Daraufhin verbeugen sich beide: der Mönch aus Dankbarkeit für die Strafe und der Schlagende, weil er für die Ehre, schlagen zu dürfen, dankbar ist. Häufig tragen die

1 (Vorhergehende Doppelseite) Der weltbrühmte liegende Buddha von Gal Vihare in Polonnaruwa, Sri Lanka

Mönche gepolsterte Westen, damit es zu keinen Verletzungen kommt.

Vor elf geht keiner der Mönche zurück in seine kleine Kammer. Und kaum hat er die Augen geschlossen und Schlaf gefunden, schlägt schon wieder die Klapper und weckt die Schläfer für einen ganz gewöhnlichen Tag in einem der rund 8000 buddhistischen Klostertempel Kyotos, der heiligen Stadt Japans.

Weltweit bekennen sich fast 400 Millionen Menschen zum Buddhismus. In Deutschland sind es zwischen 300 000 und einer halben Million – die Schätzungen schwanken stark, denn nicht alle Gläubigen zieht es in eins der 141 tibetischen Zentren oder in eine der mittlerweile 413 Glaubensgruppen. 1970 gab es davon gerade 15, ein deutliches Indiz für die Sehnsucht einer immer größer werdenden Zahl von Menschen nach einem zeitgemäßen Glauben.

»Der Buddhismus ist die Religion à la mode«, befindet folglich auch »Der Spiegel« im Frühjahr 1998 und trägt durch seine Titelgeschichte dazu bei, daß es auch so bleibt. Monat für Monat entstehen neue buddhistische Zentren, in denen Schauspieler und Hausfrauen, Manager und Büroangestellte Eingang ins Nirvana oder einfach nur für Stunden Abstand von ihrem Alltagsleben suchen. Während die christlichen Kirchen Jahr für Jahr Hunderttausende zahlender Mitglieder verlieren und der Unmut über die Arroganz der Amtskirche wächst, verfügt der Buddhismus tibetischer Prägung mit dem Dalai Lama über einen charismatischen Repräsentanten, der weltweit und über alle Kulturgrenzen hinweg hohes Ansehen genießt.

Von den Tibetern als wiedergeborener Buddha verehrt, wurde der Dalai Lama nach dem Einmarsch der Chinesen ins Exil gezwungen. Aber gerade diese politische Ohnmacht und vor allem die Friedfertigkeit, mit der er das Anliegen seines Volkes vertritt, ließen den Dalai Lama zu einer moralischen Instanz werden, wie es sie seit den Tagen Mahatma Gandhis nicht mehr gab.

So wird denn auch der kleine Gebirgsort Dharamsala, Sitz der tibetischen Exilregierung, immer wieder von westlichen Politikern

2 Der 14. Dalai Lama, Tenzin Gyatso, überzeugt als charismatischer Repräsentant des tibetischen Buddhismus. Im Sommer 1998 eröffnete der Friedensnobelpreisträger in Schneverdingen/ Lüneburger Heide ein buddhistisches Zentrum.

aufgesucht. Das Leben des »Gottkönigs« wurde mehrfach verfilmt; zahllose Bücher widmen sich ihm und dem Schicksal seines Volkes, das so gewinnträchtig zu Tränen rührt, denn »nie waren sich Himalaja und Hollywood so nahe«.

Aber so geschickt dieser Religionsführer es auch versteht, auf seinen häufigen Reisen die Medien für sein Anliegen zu nutzen, so beharrlich verweigert er sich der westlichen Sehnsucht nach einer Erlöserfigur. Allen Aufdringlichkeiten erwehrt er sich mit jenem Lächeln, das so gewinnend Verständnis und Distanz zu verbinden weiß. Selbst dann noch, wenn er – wie auf einer Reise in Kalifornien geschehen – von vermeintlichen Anhängern recht unverblümt mit der Bitte konfrontiert wird: »Geben Sie uns mal Tips, wie man ganz schnell erleuchtet wird.«

Für eine »Instant-Erlösung« taugt der Buddhismus nicht, dazu erfordert seine Lehre zu große Anstrengungen nicht nur des Gefühls, sondern auch der Vernunft. »Heute – morgen – übermorgen soll es sein«, klagte schon Gautama Siddhartha, genannt der Buddha (»der Erwachte«), über die Drängler zur Weisheit und warnte sie eindringlich vor falschen Hoffnungen: »Denn nicht eitel Begehren, Arbeit schafft die Ernte.«

Von den Modegläubigen wird oft übersehen, daß der Buddhismus in seiner Bilder- und Ideenwelt viel zu stark der Kultur Asiens verbunden ist, als daß er sich ohne weiteres wie andere Gebrauchsgüter in den Westen exportieren ließe. Und eben weil er sich der Besonderheit der eigenen Tradition so sicher sein kann, vermag es der Dalai Lama den vielen westlichen Glaubenssuchenden, die an ihn herantreten, das ganz Unerwartete und vielleicht auch Unerwünschte zu raten: »Ich ermutige alle, sich zunächst einmal mit den Religionen ihrer Umgebung zu beschäftigen, bevor sie zum Buddhismus übertreten.«

Denn es gibt viele Wege zur »Wahrheit«, und die spirituelle Gemeinsamkeit der Religionen ist viel größer, als es Theologen und Bischöfe glauben machen wollen. Wesentliche Tugenden der buddhistischen Lehre wie Bescheidenheit, Demut, Hilfsbereitschaft finden sich auch im Christentum, und wer sich damit zufriedengibt und von der Religion nur Handlungsanweisungen für ein frommes Leben erwartet, der muß keine Grenzüberschreitungen wagen. Wer allerdings dem religiösen Geheimnis des Buddhismus auf die Spur kommen will, dem steht eine weite Reise in ein fremdes Land bevor – eine Reise, die man nicht unvorbereitet antreten sollte, denn es gilt die Mahnung Buddhas wie auch des Dalai Lama, eine Lehre erst dann anzunehmen, wenn man sie gründlich geprüft hat. Und auch, wenn das Lächeln der Mönche anderes versprechen mag: Der Buddhismus ist keine Religion für Kinderherzen, er richtet sich an den mündigen Gläubigen, der gelernt hat, auf Götter zu verzichten.

NORDAMERIKA

Montreal

Chicago

Salt Lake City

New York

San Francisco

ATLANTIK

Mexico City

Hels

London · Berlin ·

Paris ·

EUROP

Madrid · Rom

Athe

Rabat

Tripolis

AFRIK

Lagos

0°   Äquator

PAZIFIK

Kinshasa ·

SÜDAMERIKA

· La Paz

· Rio de Janeiro

Johannes

Santiago de Chile ·

· Buenos Aires

Das hauptsächliche Verbreitungsgebiet des Buddhismus

Moskau

Novosibirsk

Almaty

Ulaan Baatar

Wladiwostok

A S I E N

Beijing (Peking)

Tehran

Tokyo

Jerusalem
iro

New Delhi

Lhasa

Mekka

Hongkong

Hanoi

Yangon

Manila

PAZIFIK

Addis Abeba

Äquator

O°

Nairobi

Jakarta

INDISCHER OZEAN

Darwin

A U S T R A L I E N

Perth

Canberra

Melbourne

Wellington

3 Auf zahl-
reichen Statuen
wird Buddha mit
einem Lächeln
dargestellt. Der
Buddhismus ist
wohl die einzige
Religion, in der
heitere Gelöst-
heit, selbst
Humor eine
wichtige Rolle
spielen. Museum
für Indische
Kunst, Berlin.

Anders als im Christentum wird im Buddhismus dem Menschen selbst die Suche nach Erlösung überantwortet. Kein außerweltliches Wesen kann das dem Gläubigen abnehmen, jeder einzelne hat den Weg zu gehen, den Buddha ging. Am Ende dieses langen Weges steht nicht der Trost der Unsterblichkeit einer im Paradies zur ewigen Ruhe gekommenen Seele, sondern das völlige Verlöschen der eigenen Existenz im Nirvana.

Natürlich gibt es viele Heilsverkünder, die glauben, diesen Weg abkürzen zu können, esoterische Konjunkturritter, die den Konsumenten hierzulande die buddhistische Lehre mundgerecht machen wollen. Und es fällt leicht, für den Buddhismus einzunehmen: Die Sanftmut der Lehre, das allgegenwärtige Lächeln Buddhas auf den Statuen, die Bescheidenheit des Dalai Lama werben nachhaltiger, als alle Predigten es könnten.

Zudem gab es keine Scheiterhaufen, keine Kriege, keine Bücherverbrennungen in Buddhas Namen. Seine Toleranz gegenüber Andersdenkenden ist sprichwörtlich geworden, und so nehmen buddhistische Gemeinden wie selbstverständlich auch Christen und Moslems auf, ohne daß diese ihrer alten Religion abschwören müssen. Aber es gibt neuerdings im Westen auch streng organisierte buddhistische Sekten, die abtrünnigen Mitgliedern mit Verfolgung drohen. Und das Klischee des friedlichen, ökologisch bewußten Buddhismus sagt viel mehr über die Sehnsucht der Menschen hierzulande nach Harmonie aus als über das wirkliche Leben der Tibeter im indischen Exil. Dort, wo Hunderttausende vor den chinesischen Verfolgern Zuflucht gesucht haben, ist der Materialismus westlicher Prägung längst zur Bedrohung der alten Frömmigkeit geworden. Und auch wenn die zuweilen gewaltsamen Konflikte, die es in den vergangenen Jahrhunderten um die richtige Nachfolge gab, nicht wieder aufleben werden, so ist doch der Dalai Lama innerhalb der tibetischen Glaubensgemeinschaft keineswegs so unumstritten, wie es im Westen manchmal scheinen mag.

Dennoch, Toleranz ist der wesentliche Charakterzug Buddhas und all seiner Nachfolger im Geiste – Toleranz anderen Religionen gegenüber, Toleranz aber auch gegenüber der Wissenschaft: So hält der Dalai Lama, was übersetzt soviel heißt wie »Ozean der Weisheit«, nach Auskunft seiner Interviewpartner den Alleskleber für eine der größten Erfindungen, und von Kindheitstagen an ist die Astronomie sein liebstes Steckenpferd.

Der Himmel ist nun einmal die Heimat der Sterne, nicht der Götter, und der Dalai Lama sieht darin keinen Grund, die Augen vor der Welt zu verschließen. Im Gegenteil: »Buddha gibt uns die Freiheit, ja fordert uns auf, Fakten herauszufinden.«

Eine grundsätzliche Gegnerschaft zu den Naturwissenschaften, die so viel zur Unglaubwürdigkeit der christlichen Kirchen beigetragen hat, gibt es im Buddhismus nicht. Der Verzicht auf einen Schöpfergott, die Einsicht, daß alles Werden im Fluß ist und kein Ding ewig währt, läßt sich viel einfacher mit den Erkenntnissen der modernen Physik in Einklang bringen als die Schöpfungsgeschichten anderer Religionen. Buddha selbst lehrte nie die Verachtung der Technik; vielmehr nahm er praktische Tätigkeiten

wie Brücken- und Brunnenbau, Bewässerung und Landschafts-
pflege ausdrücklich in die verpflichtende Liste der verdienstvollen
Leistungen auf. Er war selbst viel zu sehr Pragmatiker, als daß er die
Errungenschaften der Zivilisation verachtet hätte.

Wer aber war nun dieser Mann mit dem nicht deutbaren
Lächeln, der Fürsten wie Dichter gleichermaßen faszinierte und
ein Herrscher wurde, ohne je Gewalt ausgeübt oder Macht gefordert zu haben? Viele Geschichten werden über ihn erzählt, und
wie immer bei Heiligenlegenden wird vieles ausgeschmückt und
übertrieben, ist vieles der Erfindung näher als der historischen
Wahrheit.

Aber um die Legende geht es hier nicht. Es geht um die Geschichte Siddhartha Gautamas, der einst auszog, sein Seelenheil zu
finden, und dank seiner Erleuchtung zum Buddha, das heißt zu
einem »Erwachten«, wurde. Eine Geschichte, die wunderlich
genug ist, so daß man den Märchen, die um seine Person gespon-
nen wurden, nicht allzuviel Glauben schenken muß.

BUDDHAS HEIMAT

So nah uns der Buddhismus heute
scheint, so fern ist uns die Kultur
des Volkes, die ihn hervorgebracht hat. Heute leben in Indien etwa
eine Milliarde Menschen, aber die wenigsten von ihnen bekennen
sich noch zum Buddhismus (0,7 Prozent). Die meisten Anhänger
zählt der Hinduismus (80 Prozent), mit weitem Abstand gefolgt
vom Islam (11 Prozent). So kommt es, daß die heiligen Stätten des
Buddhismus anders als Mekka oder Bethlehem keineswegs
Millionen von Pilgern anlocken. Im Gegenteil, oft sind es Plätze, an
denen sich immer noch ahnen läßt, wie die Menschen vor über
zweitausend Jahren lebten, in einer Landschaft, die mehr war als
nur eine landwirtschaftliche oder touristische Bewirtschaf-
tungsfläche.

Das Land Buddhas ist die nordindische Ebene zwischen den
Vorgebirgen des Himalaja und den Ufern des Ganges. Damals
waren dort noch dichte Wälder zu finden, furchteinflößende

Dschungel zum Teil, in denen Tiger hausten, Elefanten, Nashör-
ner, aber auch jene berühmten kühlenden Haine, in denen Buddha
Zuflucht vor der brennenden Sonne suchte, die in den Hitze-
monaten Mai und Juni das Leben außerhalb der Schattenplätze
unerträglich macht, zumal wenn die Regengüsse des Monsun einsetzen und die kleinen Flüsse zu Strömen anschwellen. Dann ver-
sinken noch immer die Feldwege und schmalen Straßen zwischen
den einzelnen Dörfern im Morast, und die Schwüle treibt jedem
die Schweißperlen auf die Stirn, ob Kaufmann oder Pilger,
Reisbauer oder Tourist. Schlimmer noch als die Hitze aber sind die
Moskitos, die gegen Abend in Scharen über die Menschen herfallen
und Malariaerreger verbreiten.

Im Herbst sinken die Temperaturen dann wieder auf ein erträg-
liches Maß. Bei klarem Wetter sieht man die Schneegipfel des
Himalaja, die ahnen lassen, wie kalt es im Winter zuweilen sogar
in der Ebene werden kann. Bei Temperaturen nahe dem Gefrier-
punkt waren dann sogar die Hauslosen, wie sich die Wander-
mönche zu Buddhas Zeit nannten, auf feste Unterkünfte angewiesen.

Aber die buddhistischen Schriften, einzige schriftliche Zeugnisse dieser Zeit, erzählen nicht nur über das Leben der Gott-
sucher, »Samanas« genannt, wir erfahren auch viel über die politische Geschichte des Landes. Gerade zu dieser Zeit fand nämlich
ein Umbruch statt, und wie immer in den Zeiten gesellschaftlichen Wandels waren die Menschen empfänglicher für neue
Ideen.

Die indische Gesellschaft war in Kasten unterteilt, ein Stände-
staat ähnlich dem europäischen, in dem die Krieger die politische
Vorherrschaft hatten, die Brahmanen (= Priester) die geistigen
Oberhäupter stellten, während die Händler und Landarbeiter für
das leibliche Wohl der Menschen zu sorgen hatten. So war es jahrhundertelang gewesen. Aber die Viehzüchter hatten an Macht verloren und mit ihnen die kleinen Republiken, in denen die reiche
Oberschicht einen Gouverneur oder Präsidenten an die Spitze
wählte, der jederzeit absetzbar war.

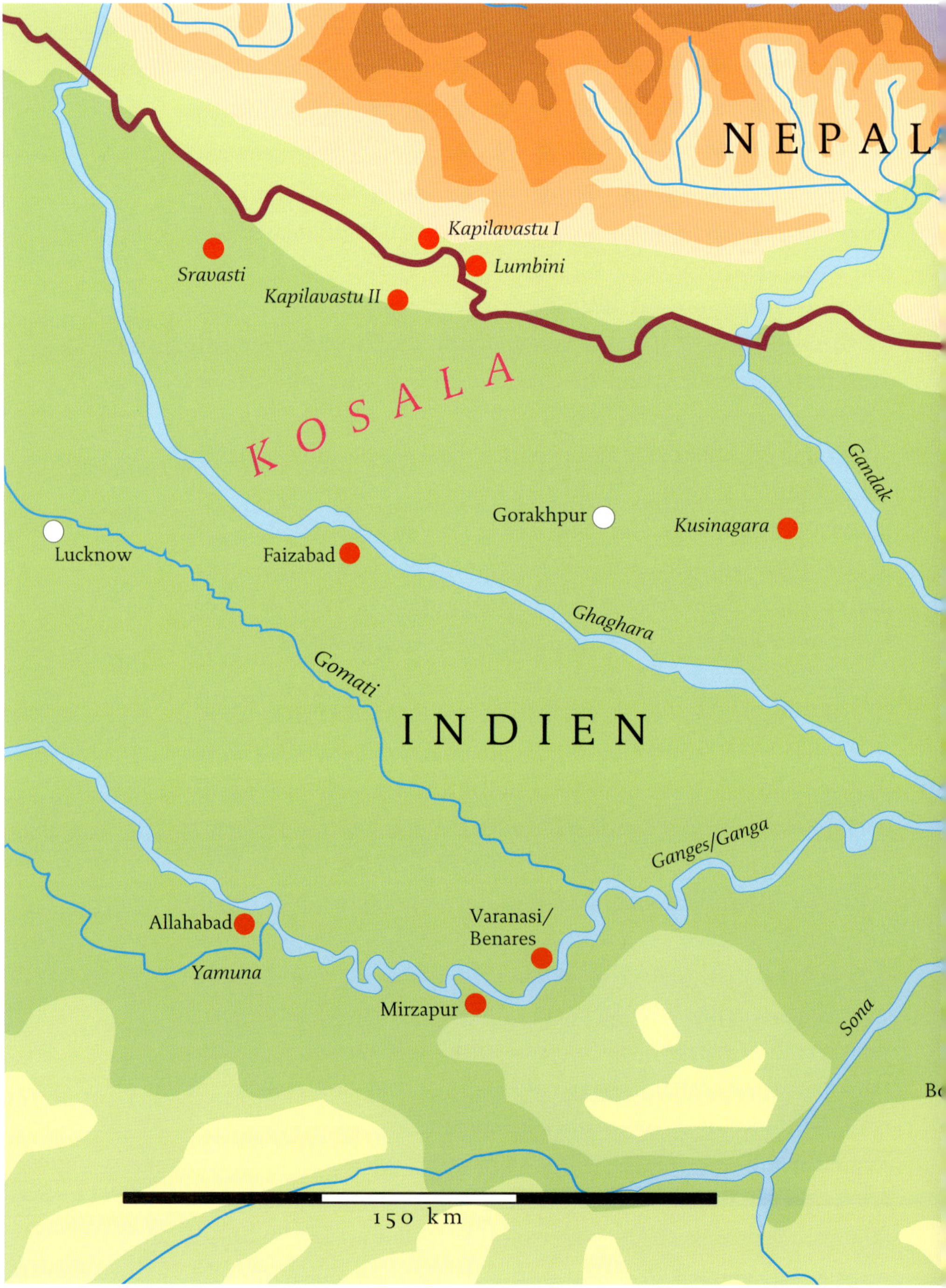

NEPAL

Kapilavastu I

Sravasti

Lumbini

Kapilavastu II

K O S A L A

Gandak

Gorakhpur

Kusinagara

Lucknow

Faizabad

Ghaghara

Gomati

I N D I E N

Ganges/Ganga

Allahabad

Varanasi/
Benares

Yamuna

Mirzapur

Sona

150 km

TIBET

MOUNT EVEREST

Kathmandu

Die Heimat Buddhas

Die Karte zeigt
die Grenzen des
modernen Indien

KOSALA = alte
    Königsreiche
● = altindische
    Orte
○ = nachbuddhi-
    stische Städte

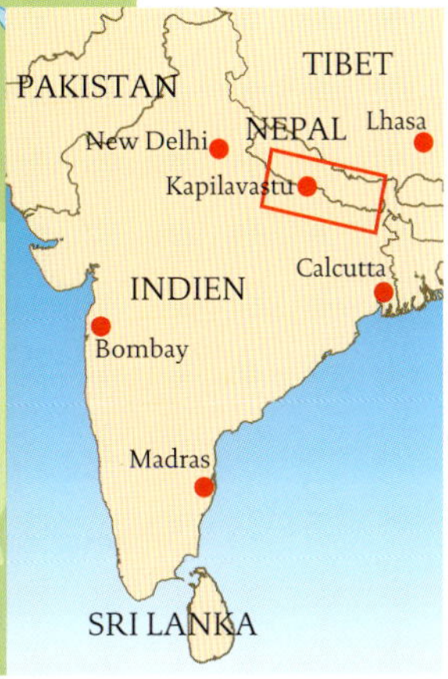

Muzaffarpur

Darbhanga

Baghmati

Ganges/Ganga

Ganges/Ganga

Patna

Bhagalpur

Rajagaha

M A G A D H A

ya

a

PAKISTAN

TIBET

New Delhi

NEPAL

Lhasa

Kapilavastu

Calcutta

INDIEN

Bombay

Madras

SRI LANKA

Die Landbesitzer hatten hingegen an Einfluß gewonnen, die Bewirtschaftung der Felder, Bergbau und Handel forderten eine starke Zentralmacht, die auch den stetig wachsenden Städten mehr Rechtssicherheit bot. Es entstanden mächtige Königreiche, Erbmonarchien, in deren Abhängigkeit die alten Republiken gerieten, meist ohne daß es zwischen den verschiedenen Staaten und Stämmen zu bewaffneten Auseinandersetzungen gekommen wäre. Die Grenzen waren frei passierbar, was den Handel wie den Meinungsaustausch sehr begünstigte. Denn gerade die Menschen in den Städten, die reichen Kaufleute und reisenden Händler gaben sich mit den alten Lehren der Brahmanen nicht mehr zufrieden. Es war die Zeit für ein neues Denken gekommen, ein Denken, das dem veränderten Lebensgefühl seinen Ausdruck gab.

BUDDHAS JUGEND

Siddhartha Gautama war der Sohn eines solchen gewählten Regenten, der über Sakya herrschte, eine kleine Republik im Norden Indiens, die heute von der Grenze zu Nepal durchschnitten wird. Er war Herrscher auf Zeit, also kein Maharadscha, der über Tausende von Leibeigenen zu befehlen hatte, und sein Sohn war demnach weder Prinz noch Königskind, wie manche Legende es später erzählte. Wohl aber gehörte sein Vater der mächtigen Kriegerkaste und der regierenden Sippe des Landes an, so daß Siddhartha schon in frühen Jahren an den Ratsversammlungen teilnahm, Kenntnisse in der Verwaltung erwarb und seine Rednergabe schulen konnte.

Der Stamm der Sakya zählte etwa 5 Personen, die Republik selbst umfaßte 10 Städte und Land mit einer fast 2000 Kilometer langen Grenze, auf dem etwa 180 000 Menschen lebten. Ein Abbild der indischen Gesellschaft im kleinen: Es gab die Priester- oder Brahmanen-Kaste, den Krieger- und Beamtenadel, der seinen Reichtum inzwischen meist dem Ackerbau, insbesondere der Reisanpflanzung, verdankte, und die Heerschar der Abhängigen.

Über das Geburtsjahr Siddharthas herrscht keine Einigkeit. Ob im sechsten oder im fünften Jahrhundert v.Chr. läßt sich nicht entscheiden. Lange galt die Lehrmeinung, daß er von 563 bis 483 lebte; inzwischen wird das 4. Jahrhundert v.Chr. für wahrscheinlicher gehalten. Über sein Leben selbst wissen wir hingegen viel mehr als beispielsweise über das von Jesus von Nazareth.

Wie im Neuen Testament tauchen auch in einigen buddhistischen Geschichten Vermutungen auf, daß der Geburt Siddharthas eine unbefleckte Empfängnis vorangegangen sei, wobei der Heilige Geist den Landesbräuchen entsprechend die Gestalt eines weißen Elefanten annahm. Merkwürdig ist immerhin, daß Siddharthas Mutter Maya wohl über 40 Jahre alt war, als sie hochschwanger aus dem Haus ihres Mannes in Kapilavastu fortzog, um den Sohn in ihrem Elternhaus zur Welt zu bringen.

Auf halbem Weg setzten die Wehen ein, in einem Hain bei dem Dorf Lumbini, wo der Junge schließlich auch zur Welt kam. Noch heute steht dort eine Steinsäule, auf der vermerkt ist, daß dem Dorf dieser Ehre wegen die Steuern erlassen wurden – wenn auch erst 300 Jahre nach der Geburt Siddharthas.

Die Mutter starb, kaum daß sie das Kind auf die Welt gebracht hatte, und so wurde das Kind ihrer Schwester, der Zweitgemahlin seines Vaters, anvertraut, die sich seiner besonders liebevoll angenommen haben soll.

Wie immer bei der Geburt eines später berühmt Gewordenen fanden sich weise Männer zuhauf, die dem Kind eine große Zukunft wahrsagten: Im Fall Buddhas war es zunächst der Hauspriester, der dem Kind nach drei Tagen intensiver Beschauung prophezeite, daß es die Buddhaschaft erlangen werde. Andere Brahmanen waren zögerlicher und weissagten nur das vom Vater Erhoffte, daß nämlich ein großer Radscha (= Herrscher) aus dem Kleinen werden würde; wo genau und ob überhaupt auf weltlichem oder vielmehr auf religiösem Gebiet, ließen sie wohlweislich offen. Ähnlich vage, aber nicht weniger verheißungsvoll war auch der Name, den man dem Kind gab: Siddhartha – »der sein Ziel erreicht«.

4 Geburt des Buddha aus der Hüfte seiner Mutter im Hain von Lumbini. Museum für Indische Kunst, Berlin.

Der Volksglaube dichtete poetischer und präziser: Er ließ schon den Fußabdrücken des kleinen Buddha Lotosblumen entspringen; ein untrügliches Zeichen seiner göttlichen Berufung, denn der Lotos ist die heiligste Pflanze des Landes, Sinnbild für Schönheit, Reinheit und ewiges Leben.

Aber nicht nur auf seinen Spaziergängen machte der Kleine früh auf sich aufmerksam. Ähnlich wie Jesus schon in jungen Jahren die Schriftgelehrten verblüfft haben soll, geschah auch die Einschulung Siddharthas nicht ohne Überraschung. Denn als der Tag kam, nahm er sein Schreibbrett von himmlischer Farbe und trat vor seinen Lehrer mit der Frage: »Welche Schrift willst du mich lehren? Die Brâhmî, die Karosthî, die Puskarasârî, die Schrift von Anga, Vanga oder Magadha?« Dann zählte er weitere auf, und fragte schließlich: »Welche von diesen vierundsechzig Schriften also willst du mich lehren, Meister?« Da staunte der

Lehrer und dankte dem Kleinen, daß er überhaupt gekommen war, obwohl er doch schon alle Lehrbücher der Welt studiert hatte.

Tatsächlich wurde Buddha kei- ## DER SOHN DES GOUVERNEURS
neswegs als Schriftgelehrter er-

zogen, vermutlich konnte er nicht einmal lesen, denn das Leben, das er in seiner Jugend führte, war das eines Adligen. Dazu zählte nicht nur, daß er in allen Künsten der Verwaltung unterwiesen wurde, er mußte auch lernen, was ein Krieger zu beherrschen hatte: Reiten, Wagenlenken, Bogenschießen, Schwertkampf – die Männersportarten seiner Zeit also. Aber gerade dafür zeigte sich Siddhartha wenig talentiert, was seinen Vater sehr bekümmerte. Dem nämlich schien der Sohn ein Mann mit mäßigen Talenten zu sein, zu grüblerisch, zu verweichlicht – was bei den Lebensumständen allerdings auch nicht weiter verwundern konnte.

Siddhartha war zwar kein Königssohn, aber er wuchs in einem reichen Haus auf. Die ärmeren Bewohner der Stadt lebten in Hütten aus Bambus und Schilf, oftmals Pfahlbauten, um sich vor der Rattenplage zu schützen. Das Haus des Radscha war zwar kein Palast, aber doch ein geräumiges, mehrstöckiges Gebäude. Es war aus Ziegeln gebaut und von einem Erdwall umschlossen. Im Sommer übernachteten die Bewohner auf der Dachterrasse, um die Kühle der Nacht zu genießen, im Winter zog man sich ins Haus zurück.

Essen gab es reichlich, auch für die Dienerschaft: »Während man in den Häusern anderer den Dienern und Knechten ein Essen aus Reisbruch und dann saure Reissuppe reicht, wurde im Haus meines Vaters den Knechten und Dienern ein Essen aus gutem Kochreis und Fleisch gereicht.«

An anderer Stelle heißt es:

»Ich lebte verwöhnt, äußerst verwöhnt, sehr verwöhnt. Beim Haus meines Vaters ließ man mir Lotos-Teiche anlegen: An

einem Ort blühten blaue, an einem Ort weiße, an einem rote Lotosblumen; und dies allein für mich. Ich gebrauchte keine anderen Salben als solche aus Benares. Aus Benares kam das Tuch meiner Kopfbedeckung, meiner Jacke, meines Untergewands, meines Überwurfs. Bei Tag und Nacht hielt man einen weißen Schirm über mich, damit mich nicht Kälte, Hitze, Staub, Grashalme oder Tau belästigten.«

Zu den Annehmlichkeiten eines solchen Lebens zählte auch die Sexualität, die in Indien ganz selbstverständlich ihren Platz im Leben hatte. Nicht zufällig entstand hier das »Kamasutra«, das berühmteste Werk erotischer Weltliteratur. »Sinnliches Vergnügen«, so schrieb sein Verfasser Vatsyayana, »ist so notwendig für das Wohlergehen des Körpers wie Speise und Trank und wird folglich gleichermaßen benötigt.« Das Geschlechtliche galt also nie als sündhaft wie im Christentum, und auch wenn Buddha später seinen Mönchen zur Askese riet, so war er doch weit davon entfernt, die Sexualität im Alltag zu verteufeln. Dazu hatte er selbst zu ausgiebig alle Spielarten sinnlicher Freuden genossen – und das wohl nicht erst in der Ehe. »Ich kenne keinen Körper, keine Stimme, keinen Geruch, keinen Geschmack, keine Berührung, die das Denken des Mannes so fesseln wie Körper, Stimme, Geruch, Geschmack und Berührung der Frau.«

STADT UND KULTUR

Im Alter von 16 Jahren wurde er mit seiner Kusine verheiratet, die den etwas umständlichen Namen Bhaddakaccana trug, zuweilen aber auch einfach Gopa gerufen wurde. Sie war ebenfalls 16 Jahre alt und ihrem Ehemann durchaus zugetan, obwohl er nicht gerade zu den Helden des Kriegshandwerks gehörte. So ließ der mißtrauische Schwiegervater zunächst auch eigens ein Turnier veranstalten, in dem sich der Zukünftige – zumindest der Legende nach – dann aber doch als der Tüchtigste erwies. Dem Paar wurde erst 13 Jahre nach der Hochzeit ein Sohn geboren.

5 Der Lotos – die unbefleckte Blüte, die sich aus schlammigen Gewässern erhebt – wurde zu einem Symbol der buddhistischen Lehre. Gautama Siddharta kannte ihn von Jugend auf als Zierpflanze in den Gärten seines Vaterhauses.

Die frisch Vermählten lebten im Haus von Siddharthas Vater, und auch wenn das Gebäude nicht die Maße der Paläste aus »Tausendundeiner Nacht« hatte, so war es doch geräumig genug, um einer kinderlosen Familie mit ihrer Dienerschaft ausreichend Platz zu bieten. Im Innenhof spendeten Bäume Schatten, eine Schaukel hing dort, denn Schaukeln war der Lieblingszeitvertreib der Frauen.

Ganz in der Nähe des Hauses war der Basar, um den sich jeweils in eigenen Straßenzügen die besseren Händler und Handwerker

6 Indische
Asketen: die
Hauslosen und
Vaganten der
Philosophie und
Religion.

angesiedelt hatten; Stoffe und Schönheitstinkturen wurden hier

angeboten, Schmuck und seltene Gewürze, aber natürlich auch die

Dinge des Alltags.

Daß man dort Güter aus vielen Ländern kaufen konnte, war

dem Wagemut der Händler und der Bankiers zu verdanken. Letz-

tere stellten dank der hohen Zinsen, die sie einstrichen – sofern die von ihnen finanzierten Karawanen auch tatsächlich wieder von den gefährlichen Land- und Seereisen zurückkamen –, den reichsten Berufsstand in diesem Viertel.

Nicht weit von den Läden stand auch das Haus der Dame, in dem die oberste Kurtisane, die eigentliche Herrscherin über das Kulturleben des Ortes, residierte. Sie war keine einfache Prosti-

tuierte, sondern ähnlich den Geishas im alten Japan eine kunst-
verständige Dame von Welt, in deren Salon die reichen Söhne der
Stadt Benehmen lernten, Konversation, Tanz und natürlich all das,
was sie in der Ehe sonst noch beherrschen mußten.

Je weiter man aus der Stadt hinauswanderte, desto ärmlicher
wurden die Hütten der Handwerker und Dienstleute, denn innerhalb jeder Kaste wurden wiederum zahlreiche Unterkasten von
einander getrennt, die auch räumlichen Abstand suchten. Die
Unberührbaren, die außerhalb aller Ordnung standen, gab es zu
Buddhas Zeit noch nicht, wohl aber Arme und Obdachlose.

Sie lebten außerhalb der Stadttore in Laubhütten und Erdhöh-
len, verdienten ihr Auskommen als Brennholzsammler, Dung-
brikettformer oder Grasschneider. Ihnen begegnete Siddhartha
allenfalls im Park, der ebenfalls außerhalb der Stadtmauer lag und
gern für Picknicks aufgesucht wurde. Aber nicht deshalb hat sich
der junge Gouverneurssohn dort besonders gern aufgehalten,
denn in diesen Parks trafen sich auch die Hauslosen, die Vaganten
der Philosophie und der Religion. Ketzer waren sie nach Meinung
der Priester, in den Augen vieler anderer hingegen Männer mit dem
Mut, über die Grenzen der Konvention hinauszudenken.

DIE RELIGION DER VÄTER

Die offizielle Religion der Zeit
war schon damals der Hinduis-
mus, ein Glaubensgemisch aus altindischen Elementen und natur-
religiösen Vorstellungen der Arier, die im 2. Jahrtausend v. Chr. das
Land erobert hatten. Die heilige Schrift des Hinduismus ist der
»Veda«, in dessen Hymnen eine nach westlichem Verständnis ver-
wirrend vielgestaltige Götterwelt besungen wird. Diese Textsammlung entstand um 1500 v. Chr. und war bis 1500 n. Chr. immer neuen Ergänzungen unterworfen. Sie umfaßt insgesamt vier
Sammlungen von Sprüchen und Liedern, darunter die älteste, den
»Rigveda«, mit allein 1028 Hymnen.

Die Sprache der Veden ist das Sanskrit, eine Kunstsprache,
deutlich unterschieden vom Alltagsindisch oder auch der alten

7 Häufig befinden sich in buddhistischen Tempeln in Sri Lanka unter demselben Dach auch Darstellungen hinduistischer Gottheiten: Zeichen der Toleranz des Buddhismus.

Bildungssprache Pali. Die Fähigkeit, diese Texte zu schreiben und zu deuten, wies den Brahmanen natürlich eine besondere Rolle zu. Das erweckte in manchen den Glauben, daß selbst die Götter weisungsgebunden seien – für Inder keine ganz so abwegige Vorstellung, denn die Macht der Götter ist im hinduistischen Glauben keineswegs absolut oder gar zeitlos. So trat im Lauf der Jahrhunderte an die Stelle der alten Naturgottheiten Mitra, Varuna, Indra und Agnis die Trinität Brahma, Vishnu und Shiva: der Weltschöpfer, der Welterhalter und der Zerstörer. Aber so wenig starr deren Rollen sind, so fließend sind auch andere Vorstellungen dieser Religion. Einig sind sich die Hinduisten eigentlich nur in dem Glauben an ein ewiges Gesetz (Dharma) sowie an die Vergeltungsordnung der Wiedergeburten mitsamt dem Kastenwesen und der Notwendigkeit eines Opferkults. Das eigentliche Geheimnis des Hinduismus ist seine Wandlungsfähigkeit, die Kraft, neue Gottheiten aufzunehmen, und so dem gesellschaftlichen Wandel eine religiöse Grundlage zu geben und damit den alltäglichen Bedürfnissen der Gläubigen zu genügen. Diese Regenerationsfähigkeit schien allerdings zu Buddhas Zeit erschöpft.

Die vedischen Hymnen, einst Zaubergesänge von großer religiöser Inbrunst, wurden nur noch im leiernden Singsang rezitiert. Die Opferhandlungen waren zu komplizierten und kostspieligen Ritualen ausgeartet, die der eigentlichen Andacht nur noch wenig Raum ließen.

Ursprünglich war das Opfer eigentlich nur Ausdruck der Gastfreundschaft gewesen: Götter wurden herbeigebeten, mit Speis und Trank bewirtet, in der sicheren Gewißheit, daß sie sich mit einem Gegengeschenk erkenntlich zeigen würden – in welcher Form auch immer, sei es Regen, Erfolg, Nachkommenschaft oder einfach nur eine Reihe glücklicher Tage.

Dieses Gegengeschenk war selbstverständlich, sofern die Regeln eingehalten wurden, und eben diese Regelüberwachung war zunehmend Aufgabe der Priester geworden, die daraus eine regelrechte Wissenschaft um den Kult hatten werden lassen, was wiederum die sprichwörtliche Überheblichkeit der Brahmanen ins Grenzenlose wachsen ließ.

Nicht nachvollziehbare Rituale, arrogante Priester und eine verwirrende Göttervielfalt – dagegen rührte sich Widerstand. Eine geistige Erneuerungsbewegung gewann immer mehr Anhänger, wobei die Reformer untereinander durchaus uneins waren. Was sie einigte, war eigentlich nur die Ablehnung des Alten.

So wollten die einen den vedischen Glauben aus sich heraus erneuern, während die anderen radikal alle herkömmlichen Heilsangebote ablehnten. Sie nannten sich Asketen und glaubten durch Selbstquälerei Erlösungsenergie erzeugen zu können, die sofort wieder verlorengehen würde, wenn sie ihre sexuelle Enthaltsamkeit aufgaben. Meist half ihnen jedoch schon ihr Äußeres, das Gelübde zu wahren: wild behaart, abgemagert, nackt oder in Fetzen gekleidet, hausten sie abseits der Städte, und je fanatischer ihr Durchhaltewille war, desto eifriger wurden sie von ihren Anhängern mit dem Lebensnotwendigsten versorgt.

Diese Erlösung aus eigener Kraft widersprach natürlich der offiziellen Opferreligion und forderte zugleich den Spott der lebenslustigeren Denker heraus. Die sogenannten Materialisten nämlich lehnten jede Spekulation über Gott, Seele und Jenseits ab. Wer auf Vergnügen verzichtet, ist ein Narr, war ihr Credo: »Hinwendung zum Ungesehenen unter Aufgabe des Gesehenen: Das ist die Dummheit der Welt.«

Für diese Skeptiker war das Treiben der Asketen natürlich fortwährender Anlaß zum Spott. Es gab Kuh- oder Hundeasketen, die sich bevorzugt zwischen Rindern aufhielten oder vom Boden fraßen und Entgegenkommende anbellten. Andere hingen wie Fledermäuse in den Bäumen oder standen tagelang in hüfthohem Wasser. Manche standen nur auf einem Bein oder verharrten regungslos, bis sie von Pflanzen überwachsen wurden. Es gab Nagelbrettlieger, Dornenläufer, Selbstblender und -verstümmler – insbesondere jenes Organs, das sie für den Sitz der Sünde hielten.

Weniger rigoros in ihren Anschauungen, aber zahlenmäßig weitaus bedeutender war die Schar der eigentlichen Hauslosen, der Samanas, die im Land umherschweiften und überall auf Almosen rechnen konnten. Ihr Bekenntnis zur Besitzlosigkeit wurde von den Seßhaften keineswegs spöttisch abgetan, im Gegenteil, diese »Aussteiger« im heutigen Sinne genossen hohen Respekt und waren gern gesehen. Zuweilen führten sie regelrechte Schaukämpfe vor neugierigen Städtern auf, häufig waren es aber auch sehr ernste religiöse Erörterungen über die verschiedenen Wege der Erlösung. Diese Wanderphilosophen hielten sich gern in den Hainen außerhalb der Städte auf, eben weil sie dort immer mit Zuhörern rechnen konnten. Unter ihnen war auch Siddhartha.

8–10
(Nachfolgende Doppelseite)
Für Skeptiker ist das Treiben mancher Asketen – vor 2500 Jahren wie heute – mehr Volksbelustigung als religiöse Übung.

Die Loslösung

Es war zwar ein etwas eigenartiges Vergnügen für den Sohn eines Gouverneurs, sich mit solchen Menschen abzugeben, aber nicht unbedingt eines, das auf einen ausgeprägten Willen zur Weltflucht schließen ließ. Immerhin führte der junge Ehemann ein Leben in Wohlstand, um das ihn viele beneideten. Er war kein Krieger und wohl auch kein Ratsherr, wie ihn sich der Vater gewünscht hatte, und gelegentlich litt er unter melancholischen Anwandlungen, aber die plagten in jenen unsicheren Tagen viele.

> *»Wahrlich, der naive Weltling, selber dem Alter unterworfen, ist angeekelt, wenn er einen Alten sieht. Doch auch ich bin ja dem Alter unterworfen, kann ihm nicht entgehen. Indem ich so dachte, schwand mir der Jugendrausch.*
>
> *Wahrlich, der naive Weltling, selber der Krankheit unterworfen, ist angeekelt, wenn er einen Kranken sieht. Doch auch ich bin der Krankheit unterworfen, kann ihr nicht entgehen. Indem ich so dachte, schwand mir der Gesundheitsrausch.*
>
> *Wahrlich, der naive Weltling, selber dem Tode unterworfen, ist angeekelt, wenn er einen Toten sieht. Doch auch ich bin ja dem Tode unterworfen, kann ihm nicht entgehen. Indem ich so dachte, schwand mir der Lebensrausch.«*

Aber er kehrte oft genug wieder, dieser Rausch, denn erst im Alter von 29 Jahren, kaum nachdem ihm sein Sohn geboren worden war, verließ Siddhartha seine Familie. »Gegen den Willen der weinenden Eltern ließ er sich Haar und Bart scheren, zog ein gelbes Gewand an und ging fort in die Hauslosigkeit.«

Wie kam es zu diesem Entschluß, gerade in dem Jahr, als sein Leben ihm auch noch das letzte, bislang ausgebliebene Glück zu bieten schien: das des Vaters?

> *»Bin ich – bin ich nicht – was bin ich – wie bin ich – woher ist wohl dieses mein Wesen gekommen, wohin wird es gehen – ?*

*Werden wir in zukünftigen Zeiten sein – werden wir in den
zukünftigen Zeiten nicht sein – was werden wir wohl in den
zukünftigen Zeiten sein – wie werden wir wohl in den zukünftigen Zeiten sein?«*

Fragen, die sich Siddhartha jetzt nur allzu klar beantworten
konnte: Ein Vater würde er sein, ein Großvater irgendwann, ein
Gouverneur vielleicht, einer, der sein Leben wie alle anderen zu
Ende brachte, in den Augen der Welt zu einem rühmlichen vielleicht, aber zu mehr auch nicht.

Er war gefangen in den Konventionen, den Erwartungen, den
Gesprächen, »als da sind Gespräche über Könige, über Räuber, über
Fürsten, über Soldaten, über Krieg und Kampf, Speise und Trank,
über Kleidung und Lager, über Blumen und Düfte, über Verwandte,
über Fuhrwerk und Wege, Weiber und Weine«. Aber solche Gespräche wollte er nicht mehr führen. Er wollte keinen Erwartungen
mehr genügen und sich den Lügen des Alltags nicht mehr beugen.

Also floh er. Es ist der Aufbruch, der sich in jeder Generation
wiederholt, bis in unsere Tage. Ob »On the Road« von Jack Kerouac
oder Bob Dylans »Like a Rolling Stone« – immer gab es Sänger und
Poeten dieses anderen Lebens in Freiheit, immer gab es Hauslose
aus Überzeugung.

Denn »ein Gefängnis ist die Häuslichkeit, ein Schmutzwinkel;
der freie Himmelsraum die Pilgerschaft. Nicht wohl geht es, wenn
man im Haus bleibt ... Also gibt er [= der Samana] einen kleinen
Besitz oder einen großen Besitz auf, hat einen kleinen Verwandtenkreis oder einen großen Verwandtenkreis verlassen und ist mit
geschorenem Haar und Barte, im fahlen Gewande von Hause fort
in die Hauslosigkeit gezogen. Er ist zufrieden mit dem Kleid, das
seinen Leib deckt, mit der Almosenspeise, die sein Leben fristet ...
Gleich wie da etwa ein beschwingter Vogel, wohin er auch fliegt,
nur mit der Last seiner Federn fliegt ...«

LEHRJAHRE

Der Legende nach verließ Siddhartha in eben jener Nacht seine Heimatstadt, als sein Sohn Rahula auf die Welt kam. Ohne einen Blick auf den Neugeborenen geworfen zu haben, floh er sein Elternhaus, schenkte, kaum daß der Morgen graute, sein Pferd und die kostbaren Kleider dem treuen Diener und setzte den Weg allein fort. Tatsächlich kann man vermuten, daß Siddhartha seinen Vater über die Abreise unterrichtet hatte, vermutlich bestand sogar eine Übereinkunft zwischen den beiden, daß er sich erst nach der Geburt eines Erben auf Wanderschaft begeben durfte.

Dem Brauch der Zeit gemäß begab sich der Pilgerneuling zunächst in die Obhut eines religiösen Lehrers – ohne allerdings viel von ihm profitieren zu können: »Tatsächlich machte ich mir diese Lehre rasch in kurzer Zeit zu eigen. Aber ich leistete nur Lippendienst, plapperte nur eine gelernte Lehre und behauptete dabei wie die anderen, ich erkennte und sähe sie.«

Der Inhalt dieser Lehre schien Buddha im nachhinein so nichtig, daß er sie nicht einmal einer Wiedergabe für wert hielt. Vermutlich handelte es sich um die Einübung von Meditationstechniken, jene in religiösen Kreisen durchaus geläufige Praxis der Selbstversenkung, die Buddha später selbst als ersten Schritt zur Erlösung empfahl:

»Da wacht ein Mönch beim Körper über den Körper, unermüdlich, klaren Sinnes, einsichtig, nach Verwindung weltlichen Begehrens und Bekümmerns; wacht bei den Gefühlen über die Gefühle, beim Gemüte über das Gemüt, bei den Erscheinungen über den Erscheinungen.

Wie aber wacht ein Mönch beim Körper über den Körper? Da begibt sich der Mönch ins Innere des Waldes oder unter einen großen Baum oder in eine leere Klause, setzt sich mit verschränkten Beinen nieder, den Körper gerade aufgerichtet, und pflegt der Einsicht. Bedächtig atmet er ein, bedächtig atmet er aus. Atmet er tief ein, so weiß er: ›Ich atme tief ein‹;

*atmet er tief aus, so weiß er: ›Ich atme
tief aus‹; atmet er kurz ein, so weiß er:
›Ich atme kurz aus‹.*

*So wacht er nach innen beim
Körper über den Körper. Er beobachtet, wie der Körper entsteht, beobachtet, wie der Körper vergeht. ›Der
Körper ist da‹: diese Einsicht ist ihm
nun gegenwärtig, soweit sie eben zum
Wissen taugt, zur Besinnung.*

*Wie er das Atmen bewußt tut, so
auch das Kommen und Gehen, das
Essen und Trinken, Kauen und Schmek-
ken, das Entleeren von Kot und Harn,
alles geschieht klar bewußt.*

*Der Blick auf den Körper, der wie ein
Sack gefüllt ist mit Nägeln, Zähnen,
Knochen, Schleim, Eiter, Blut, Tränen, Gelenköl, Urin ...*

*Alles ist klar bewußt. So wie das Körperempfinden, so auch
das Empfinden der Gefühle. Ob Wohl oder Wehegefühl, Liebe,
Haß.«*

11 Auch Buddha
machte die lange
und harte Schul-
ung der Asketen
durch, ehe er
zur Erleuchtung
gelangte.
Buddha-Statue in
einem Tempel in
Anuradhapura,
Sri Lanka.

Sowenig der Schüler von dem Lehrer begeistert war, so fasziniert
war seinerseits der Guru Kalama von dem gelehrigen Novizen.
Kaum daß dieser die Lehre begriffen hatte, bot er ihm die gemeinsame Leitung der Schule an. Wohl nicht ohne Hintergedanken in
bezug auf die Herkunft und die gesellschaftlichen Beziehungen
seines begabten Schülers. Solche Orden waren durchaus auch Ge-
schäftsbetriebe, deren Leitung zum einen ökonomische Vernunft
und zum anderen ein gewisses Talent zur Kontaktpflege erforderte, denn Geldgeber waren immer gern gesehen.

Siddhartha lehnte ab und setzte seinen Weg fort. Wieder suchte
er einen Lehrer auf, ging bei ihm in die Schule. Wieder wurde er
enttäuscht, und erneut mußte er das Angebot ablehnen, selbst
Schulleiter zu werden.

12 Für seine
Freunde und
Jünger war
Buddha einer der
ernsthaftesten
und beharr-
lichsten Asketen.
Museum für
Indische Kunst,
Berlin.

So war inzwischen fast ein Jahr vergangen, und noch war er keinen Schritt näher an die Beantwortung der Fragen gekommen, die ihn umtrieben. Daher entschloß er sich zur radikalsten aller Möglichkeiten und wurde Asket.

Es war dies kein Hungern von einem Tag auf den nächsten, keine einwöchige Fastenpause, sondern ein sechsjähriger Leidensweg, der mit der scheinbar einfachsten Übung begann, mit dem Alleinsein.

Siddhartha fand ein »reizendes Fleckchen Erde, einen lieblichen Wald und einen klar dahinströmenden Fluß«, ließ sich dort nieder und versuchte zu sich selbst zu kommen.

»Schwer zu ertragen ist Wald-Einsamkeit, schwer ist es, am Alleinsein Freude zu finden ...Wenn ich mich in den Nächten an solchen erschreckenden und beängstigenden Plätzen aufhielt, und es streifte ein Tier vorbei, oder ein Pfau brach einen Zweig, oder der Wind raschelte im Laub, dann befielen mich Entsetzen und Angst.«

Siddhartha bezwang seine Angst, übte und atmete sich in Trance und kam doch keinen Schritt voran. Er ging nackt umher, wusch sich nicht, fastete bis zur Grenze der Ohnmacht. Seine Rippen standen hervor wie »Dachsparren eines verfallenen Hauses«, und sein Gesäß war »so klein wie ein Ochsenhuf«: »Wollte ich meine Bauchdecke berühren, kam ich an die Rückenwirbel; wollte ich meine Rückenwirbel berühren, kam ich an die Bauchdecke. So eng lag mir durch die spärliche Nahrung die Bauchdecke auf den Rückenwirbeln.«

Den hartnäckigsten Selbstquälern unter den Asketen in nichts nachstehend, versuchte auch er durch immer raffiniertere Demü-

tigungen des allzu stolzen Leibes das Glück der Erlösung herbei-
zuzwingen und entfernte sich doch nur immer weiter von ihm.

> *»Ich ging zu den Ställen der Rinder, wenn die Hirten fort*
> *waren, ernährte mich von der Ausscheidung junger sau-*
> *gender Kälber. Auch was in meinem Kot nicht verdaut war,*
> *nahm ich zu mir.*
>
> *Ich ging auf ein Leichenfeld und machte mir ein Lager aus*
> *Knochen. Da kamen Hirten und bespuckten mich, urinierten*
> *auf mich, warfen mit Kot nach mir und steckten mir Gras-*
> *halme in die Ohren.*
>
> *Mehrjähriger Schmutz war auf meinem Körper zur Schicht*
> *wie an einem Baumstumpf geworden. Ich dachte nicht daran,*
> *mich von dem Schmutz zu säubern oder säubern zu lassen.«*

Aber so sehr er sich auch erniedrigte, so erbarmungslos er auch
seinen Körper malträtierte, die Erlösung fand er nicht. Dafür
kamen Bewunderer zuhauf, die sich um ihn scharten und es ihm
gleichtun wollten. Wieder lief er Gefahr, zum Oberhaupt einer
Schule zu werden, ohne doch selbst der Erkenntnis näher gekommen zu sein.

DIE ÜBERWINDUNG

Sechs Jahre waren vergebens
gewesen. Und so, wie er damals
von zu Hause fortging, so gab er nun von einem Tag auf den
anderen die Askese auf. Sehr zum Erstaunen seiner Freunde und
Jünger, die ihn ja gerade seiner Beharrlichkeit wegen verehrt
hatten. Was sie jedoch noch mehr verstören mußte, war, daß
Buddha, obwohl er nun Tag für Tag und nicht mehr nur Woche
für Woche eine Schale Reis zu sich nahm, den Ehrentitel Asket
keineswegs aufgab. So geschah es immer häufiger, daß man ihn
zur Rechtfertigung drängte, selbst dann noch, als er bereits selbst
mit seiner eigenen Lehre hervorgetreten war. Immer wieder
mußte er sich als »Kernbeißer« beschimpfen lassen, als einen

also, der die Satzungen der Bruderschaft gebrochen und sich dem Wohlleben ergeben hat. In vielen Unterredungen wies er diesen Vorwurf zurück und verdeutlichte den Unterschied zwischen willentlicher Armut und Askese – und das in einer Art und Weise der Argumentation, die beispielhaft zeigt, wie Buddha von verschiedenen Ausgangsfragen immer in die Mitte seiner Lehre gelangte.

Wieder einmal weilte er im Hain einer Gönnerin, und sein Vetter und Lieblingsjünger Ananda fragte ihn nach dem Sinn der Armut. Buddha antwortete:

»Damals wie heute hab ich Armut erfahren, am meisten gemocht. Gleichwie etwa diese Terrasse Mutter Migaros ohne Elefanten, Rinder und Rosse ist, ohne Gold und Silber, ohne Gesellschaft von Weibern und Männern und nur einen Reichtum aufweist an einer Schar Mönche als einzigen Gegenstand: Ebenso nun auch hat ein Mönch den Gedanken Dorf entlassen, den Gedanken Mensch entlassen; den Gedanken Wald nimmt er auf als einzigen Gegenstand. Im Gedanken Wald erhebt sich ihm das Herz, erheitert sich, beschwichtigt sich, beruhigt sich.

Aber dabei bleibt er nicht stehen. So wie er den Gedanken Wald als einzigen Gegenstand aufgenommen hat, so entläßt er ihn auch wieder und nimmt den Gedanken Erde auf. Er nimmt ihn auf und entläßt ihn, statt dessen denkt er die Unbegrenzte Raumsphäre, bis an ihre Stelle die Unbegrenzte Bewußtseinssphäre tritt und an ihre Stelle wiederum die Nichtdaseinssphäre, darauf die Grenzscheide möglicher Wahrnehmung, bis er schließlich bei der geistigen Einheit ohne Vorstellung anlangt. Und wenn er erkennt, daß auch dieser Begriff geistige Einheit ohne Vorstellung ein zusammengesetzter und zusammengesonnener ist, wandelbar und zum Untergang verurteilt, dann löst sich ihm das Herz vom Wuncheswahn, vom Daseinswahn und vom Nichtwissenswahn ab. Im Erlösten ist die Erlösung, diese Erkenntnis geht auf. Versiegt ist die Geburt, vollendet das Asketentum, gewirkt das Werk, nicht mehr ist diese Welt ...«

Es ist ein Asketentum, das darauf verzichtet, den Körper zu schinden, denn der Leib ist nur ein Diener des Geistes, und ihn zu schlagen heißt, den Knecht strafen, obwohl der Herr verantwortlich ist. Unser vernunftgeprägtes Ich, das uns vorgaukelt, es ließe sich das Glück in der Welt finden, ist das, was es zu disziplinieren gilt. Von dieser neuen, höheren Warte aus stellt sich die Leibesfeindlichkeit der Asketen dann nur noch wie eine Krankheit dar: Wer sie einmal durchlitten hat, ist von ihr geheilt.

»Gleichwie wenn ein Aussätziger, dessen Glieder mit Geschwüren bedeckt, faulig geworden, von Würmern zerfressen, von den Nägeln wund aufgekratzt sind, Fetzen davon herabreißend an einer Grube voll glühender Kohlen den Leib ausdörren ließe. Und seine Freunde, Genossen, Verwandte, Gevattern bestellten ihm einen heilkundigen Arzt, und dieser heilkundige Arzt gäbe ihm ein Heilmittel, und er gebrauchte dieses Heilmittel und würde vom Aussatz befreit und wäre genesen, fühlte sich wohl, unabhängig, selbständig, könnte gehen, wohin er wollte. Und er erblickte einen anderen Aussätzigen, dessen Glieder mit Geschwüren bedeckt, faulig geworden, von Würmern zerfressen, von den Nägeln wund aufgekratzt sind, wie er Fetzen davon herabreißend an einer Grube voll glühender Kohlen den Leib ausdörren läßt. Was meinst du wohl: Würde da etwa dieser Mann jenen Aussätzigen beneiden und die glühende Kohlengrube und den Gebrauch des Heilmittels vermissen?«

DAS ERWACHEN

Siddhartha war geheilt vom hitzigen Fieber des Asketentums, aber er war noch immer ein Leidender in Hinblick auf den Kummer, den er im Herzen trug. Wie läßt sich ein Ausweg finden

13 Pilger unter dem Bodhi-Baum in Bodh Gaya, Indien. Der Baum ist ein Ableger jenes Baumes, unter dem Buddha Erleuchtung fand. Bodhi-Bäume werden in allen buddhistischen Ländern als heilige Bäume verehrt.

aus dem ewigen Kreislauf von Geburt und Tod? Wie kann der Mensch dem Leid entgehen?

Genau in diesem entscheidenden Augenblick, da alle Wege abgeschritten schienen, alle Mittel erschöpft, alle Gedanken gedacht, ereignete sich, worauf er am wenigsten hatte hoffen können.

Es geschah im heutigen Bodh Gaya, in der ersten Vollmondnacht des Monats Vesahka (April/Mai), unter einem Pappelfeigenbaum. Da dachte er zurück an den einen glücklichen Moment seiner Kindheit, als er im kühlen Schatten eines Jambu-Baumes gesessen hatte. »Fern von Begierden, fern von unheilsamen Dingen erlangte ich die erste Vertiefung, bestehend in Freude und Glück. Infolge dieser Erinnerung wußte ich: Dies ist wirklich der Weg zum Erwachen.«

Noch in der gleichen Nacht begab er sich in diesen Zustand der Ich-Versunkenheit. Es war eine Art meditative Reise in die eigene Vorzeit, die sich zur kosmischen Vision weitete: »Ich erinnerte mich an mancherlei Vorexistenzen, die ich durchlebt hatte, nämlich an eine Geburt, an zwei, drei, vier, fünf, zehn … vierzig, fünfzig, hundert, hunderttausend Geburten, dann an die Zeiten während mancher Weltenentstehungen, mancher Weltenvergehungen.«

Dies geschah noch vor Mitternacht, am alten Tag, denn in der alten Lehre, jedem Inder geläufig, ist der Mensch in einen Kreislauf von Wiedergeburten eingebunden.

In der zweiten Nachtwache sah er mit dem »himmlischen Auge«, wie es die Menschen je nach ihrem »Karma«, nach ihren guten und schlechten Taten bewirkten, daß sie nach dem Tod eine gute oder schlechte Wiedergeburt erlangten.

Als die Nacht schließlich wich und der Morgen schon heraufzog, dämmerte Siddhartha die wichtigste Erkenntnis, die Einsicht nämlich, wie das Leiden zu überwinden sei. Von da an war er ein Buddha, ein Erwachter, und wie ein Weckruf mußte sein Jubel den anderen im Ohr klingen: »Gesichert ist meine Erlösung, dies ist meine letzte Geburt, ein Wiederentstehen gibt es nicht mehr!«

Sieben Tage brachte Siddhartha am Fuße dieses Bodhi-Baumes zu, die »Wonne der Befreiung« genießend. Dann machte er sich auf den Weg zurück zu den Freunden, mit denen er sich einst in der Askese geübt hatte.

Noch heute ist Bodh Gaya eines der bedeutendsten buddhistischen Heiligtümer. Ein 55 Meter hoher Tempel erinnert an den Tag des Erwachens, und der Erleuchtungsbaum (ein Ururur-Ableger des Originals) ist Anziehungspunkt für viele Pilger – und für Augenleidende. Denn dank großzügiger Spenden werden die Kranken hier unentgeltlich operiert, damit es ihnen wie Buddha gehe und sie Sehende werden.

DIE GRUNDZÜGE DER LEHRE

Mit 35 Jahren hatte Buddha seinen »Dharma«, seine Lehre, gefunden. Die Art und Weise, wie dies geschah, ist keineswegs so einzigartig, wie es manchem auf den ersten Blick scheinen mag. Es gibt in der Tradition des mystischen Denkens immer wieder solche Einführungs- und Erweckungserlebnisse, die bevorzugt an Orten stattfinden, die eine besondere Atmosphäre aufweisen. So sitzen bei vielen Naturvölkern die Schamanen, die heiligen Männer, gern am Fuß oder sogar im Geäst großer Bäume, weil sie dort am ehesten in jene Trance geraten, die sie zwischen Himmel und Erde schweben läßt. Von dieser Reise zu den Göttern und den Seelen der Menschen bringen sie dann jenes geheime Wissen mit, das die Krankheiten des Körpers wie der Seele heilen hilft. Zumindest in den Augen ihrer Anhänger.

14 Mahabodhi-
Tempel in Bodh
Gaya, dem Ort,
wo die Erleuch-
tung Buddhas
stattgefunden
haben soll.

Ob es nun tatsächlich in dieser Nacht geschah, daß Buddha die Erweckung zuteil wurde, oder ob dies nur der Tag des Richtfests war, der eine lange Zeit des Nachdenkens feierlich besiegelte, sei dahingestellt. Entscheidend war: Das Lehrgebäude stand.

Sein Fundament war die Wiedergeburtslehre, die ja keineswegs eine tröstliche Aussicht bot. Denn das Karma, der Einfluß der vergangenen Taten auf das zukünftige Leben, folgt einem Naturgesetz, in das kein Gott barmherzig einzugreifen vermag. Wir sind, was wir getan haben, wir werden sein, was wir tun: Der Körper des nächsten Lebens ist Ausdruck der alten Taten. Und auch wenn wir dank guter Werke in immer höheren Wesen Gestalt annehmen können, so folgt doch ein flüchtiges Leben auf das nächste, leidvoll und sinnlos, ein niemals endender Kreislauf von Geburt und Tod, Tod und Geburt. Es war das Rad des Lebens, das Rad des Leidens, das Siddhartha in jener Nacht zum Stillstand gebracht hatte.

»Der gerade Weg, der zur Läuterung der Wesen, zur Überwältigung des Schmerzes und Jammers, zur Zerstörung des Leidens und der Trübsal, zur Gewinnung des Rechten, zur Verwirklichung der Erlöschung führt, das sind die vier Pfeiler der Einsicht. Welche vier?

Es gibt vier heilige Wahrheiten: Das ist das Leiden, das ist die Leidensentwicklung, das ist die Leidensauflösung, das ist der zur Leidensauflösung führende Pfad.

Was ist die heilige Wahrheit vom Leiden? Geburt ist Leiden, Alter ist Leiden, Krankheit ist Leiden, Sterben ist Leiden, Kummer, Jammer, Schmerz, Gram und Verzweiflung sind Leiden, mit Unliebem verbunden sein ist Leiden, von Liebem getrennt sein ist Leiden, was man begehrt nicht erlangen, das ist Leiden ...

Was ist die Wahrheit von der Leidensentwicklung? Es ist dieser Durst, der Wiederdasein säende, vergnügensgierverbundene, bald da bald dort sich ergetzende, ist der Geschlechtsdurst, der Daseinsdurst, der Wohlseinsdurst.«

Was ist die Wahrheit der Leidensauflösung?

»Es ist eben dieses Durstes vollkommen restlose Auflösung, ihn abstoßen, austreiben, fällen, vertilgen.

Was ist die heilige Wahrheit von dem zur Leidensauflösung führenden Pfade? Der heilige achtfältige Weg ist es, nämlich: rechte Erkenntnis, rechte Gesinnung, rechte Rede, rechtes Handeln, rechtes Wandeln, rechtes Mühen, rechte Einsicht, rechte Einigung.«

Und was steht am Ende des Pfades? Auch darauf wußte Siddhartha nach dieser Nacht eine Antwort. Es ist das Glück der vier Schauen, deren letzte dem Nirvana gleichkommt.

»Da weilt der Mönch fern von Begierden, fern von unheil-samen Dingen, in sinnend gedenkender, ruhegeborener, seliger Heiterkeit, in der Weihe der ersten Schauung. Nach Vollendung des Sinnens und Gedenkens erwirkt er die innere Meeresstille, die Einheit des Gemütes, die von Sinnen, von Gedenken freie, in der Einigung geborene selige Heiterkeit, die Weihe der zweiten Schauung. In heiterer Ruhe verweilt er gleichmütig, einsichtig, klar bewußt, ein Glück empfindet er im Körper, von dem die Heiligen sagen: Der gleichmütige Einsichtige lebt beglückt; so erwirkt er die Weihe der dritten Schauung. Nach Verwerfung der Freuden und Leiden, nach Vernichtung des einstigen Frohsinns und Trübsinns erwirkt er die Weihe der leidlosen, freudlosen, gleichmütig einsichtigen vollkommenen Reine, die vierte Schauung. Das nennt man rechte Einigung. Das heißt man heilige Wahrheit von dem zur Leidensauflösung führenden Pfade.«

So kompliziert sich die Lehre später auch noch verästelte, so zahl-reich die Ordensregeln wurden und so kleinlich die Kommentare der Mönche, in ihren Grundfesten ist die Philosophie Buddhas von faszinierender Schlichtheit.

Das Leben ist Leiden. Das Rad des Leidens wird durch die vielfachen Formen der Gier in Gang gehalten. Sich dessen bewußt werden ist der erste und entscheidende Schritt. Am Ende dieses Weges steht die völlige Preisgabe des Ichs und mit ihm die Befreiung vom Fluch der ewigen Wiederkehr.

DIE RÜCKKEHR IN DIE WELT

Als Buddha zu seinen einstigen Freunden, den fünf Asketen, zurückkehrte, konnten sie ihm die stolze Genugtuung über sein Erwachen deutlich ansehen. Ob es nun ein Abglanz jener Seelenruhe war, die dem gewöhnlichen Suchenden erst im Nirvana zuteil wird, oder einfach nur die Freude über das Ende einer langen Zeit des Grübelns, Siddhartha war ein anderer geworden – was wiederum seine ehemaligen Leidensgenossen nur um so mehr befremdete. In ihren Augen war er immer noch ein Verräter, und auch wenn er plötzlich wie ein Triumphator auftrat, so waren sie doch keineswegs gewillt, ihm als solchem zu huldigen. Also redeten sie ihn wie einen ganz gewöhnlichen Bruder an und blieben mißtrauisch.

Das wiederum mißfiel Siddhartha: »Mönche«, wies er sie zurecht, »redet den So-Gekommenen nicht mit der Bezeichnung Bruder an. Ein Heiliger ist der So-Gekommene, ein vollkommen Erwachter.« Eine Erklärung, die in dieser Kürze keineswegs überzeugte. Also mußte sich Buddha daran machen, seine Lehre das erste Mal vor Zuhörern zu erläutern. Diese Lehrrede (Sutra) ging in die Geschichte ein als das »Sutra vom Andrehen des Dharma-Rades«, als eigentlicher Beginn seiner Meisterschaft.

Buddha erläuterte zunächst das Neue des von ihm eingeschlagenen mittleren Wegs, daß man sich nämlich weder wie ein Banause den Vergnügungen der Welt hingeben soll noch wie ein Masochist der asketischen Selbstquälerei – beide Extreme sind zu meiden. »Was immer dem Gesetz des Entstehens unterworfen ist, das ist auch dem Gesetz des Vergehens unterworfen.« Das ist die eine unumstößliche Gewißheit, die er ihnen in der Lehre der vier

15 Nach seiner Erleuchtung kehrt Buddha dem Leben der Asketen endgültig den Rücken und kehrt als Lehrender zurück in die Welt. Hellenistisch beeinflußte Gandhara-Kunst, Museum für Indische Kunst, Berlin.

Wahrheiten vom Leiden eindringlich vor Augen stellte, um ihnen dann – als Happy-End gleichermaßen – den Achtfachen Weg zur Leidensaufhebung weisen zu können.

Als erster der fünf Asketen begriff Kondanna das Neue und Einzigartige dieser Lehre, und er bat Buddha eilig, ihn als Mönch (Bhikkhu) anzunehmen. Die anderen vier wollten dem nicht nachstehen und ließen sich bald darauf ebenfalls in die Gemeinschaft aufnehmen. Die Lernerfolge waren so immens, daß sich die fünf binnen kurzem Heilige nennen durften. Ein Ehrentitel, der in diesen frühen Zeiten schneller vergeben wurde, denn es genügte nach Buddhas Dafürhalten im wesentlichen die Einsicht in seine Lehre, um als Heiliger zu gelten.

Wie auch immer sie im einzelnen stattfand, die Unterweisung der fünf Asketen gilt im buddhistischen Glauben als der offizielle Beginn des Mönchsordens und der Mission, die sie nun gemeinsam vorantrieben.

BUDDHAS HEITERKEIT

Wie alle Geschichten über Buddha ist auch die über die Bekehrung der fünf Asketen – bei allem Ernst der religiösen

Unterweisung – nicht ohne ein Lächeln zu lesen. Es ist nicht das mokante Lächeln des Außenstehenden, vielmehr eines, das sich schon immer auf den Gesichtern aller Beteiligten spiegelte, die mit Buddha zu tun hatten. Diese Freude im Umgang miteinander ist keine Nebensächlichkeit, wenn es darum geht, das Leben Siddharthas zu erzählen.

Es wird in den heiligen Schriften des Buddhismus immer wieder hervorgehoben, daß er seine Lehre sehr publikumswirksam vortrug, daß die Hörer »ermuntert und erheitert wurden«, daß eine Atmosphäre wohltemperierter Ausgelassenheit herrschte. Diese Heiterkeit strahlt auch von den Statuen und den Wandgemälden – kaum eine Buddha-Darstellung ohne das sprichwörtlich gewordene »Lächeln des Buddha«.

Während es unter christlichen Theologen noch heute ernsthafte Auseinandersetzungen über die Frage gibt, ob Christus eigentlich je gelacht habe, wäre im Buddhismus eine solche Frage selbst schon Anlaß zur Heiterkeit. Ohne ein Lächeln ist Buddha nicht denkbar. Es ist kein spöttisches Lächeln und kein ironisches, es ist die heitere Seelenruhe dessen, der zu sich selbst gefunden hat. Nicht in dem eitlen Sinn, daß einer mit sich als Person zufrieden ist aus Stolz über seine Intelligenz, sein Aussehen oder seine Rednergabe, sondern die Freude darüber, Bote eines Besseren sein zu dürfen. Wie ein Mathematiker, dem ein schwieriger Beweis gelungen ist, oder ein Musiker, der ein virtuoses Stück glücklich zur Aufführung gebracht hat, zum eigenen, aber vielmehr noch zum Vergnügen der Zuhörer.

Diese Gewißheit der Berufung ließ Siddhartha gleichermaßen heiter und geheimnisvoll wirken, was wiederum seine Anhänger vor immer neue Rätsel stellte. »Jede Unterscheidung, durch welche man den Vollendeten bezeichnend bezeichnen wollte, ist vom Vollendeten überstanden, an der Wurzel abgeschnitten, einem Palmstumpf gleichgemacht worden, so daß sie nicht mehr keimen, nicht mehr sich entwickeln kann. Von der Art der Unterscheidung abgelöst ist der Vollendete, tief, unermeßlich, schwer zu erforschen, schwer zu gewahren, gleichwie etwa der Ozean.«

Die Frage, warum unter den Hunderten von indischen Weisheitslehrern und Wanderpredigern ausgerechnet Siddhartha Gautama so weltweite Beachtung fand, ist sicher nicht allein diesem Lächeln zuzuschreiben, aber ohne dieses Lächeln schwer vorstellbar.

Bevor im folgenden Verwirrung entsteht – eine kleine Bemerkung zu den Sprachformen »Gotama« und »Gautama«: In den Büchern über Buddha finden sich beide Namensformen. Beide sind richtig, aber die erste Form ist Pali, und die zweite ist Sanskrit. Über diese Sprachen später mehr.

Buddha faszinierte durch seine Person, aber mehr noch durch den Zauber seiner Rede: »Fürwahr Gotama [Gautama] ist wohlgestaltig, ansehnlich, sympathisch, von absolut lotosblütenartiger Hautfarbe … Er ist keine kleine Erscheinung … Seine Sprache ist kultiviert und ebenso seine Ausdrucksweise, sie ist städtisch, elegant, klar und präzise.«

In Sarnath, der Stätte der ersten Unterweisung, steht ein berühmtes Säulenkapitell, das vier Löwen zeigt, deren Köpfe in alle Himmelsrichtungen weisen. So wie der Löwe unter den Tieren die mächtigste Stimme hat, so hat Buddha, dem Glauben seiner Anhänger zufolge, die mächtigste Stimme unter den Weisen.

Alle Religionen vertrauen ja in jeweils eigener Weise auf die Macht des Wortes. Der Koran wird gerühmt für den poetischen Zauber seiner Suren, das Alte Testament für die Macht seiner kargen Sätze. Und so wie Luther in seiner Bibelübersetzung und seinen Tischgesprächen immer deutliche Worte fand, weil er dem »Volk aufs Maul schaute«, so fesselte auch Buddha seine Jünger durch die Klarheit und Bildhaftigkeit seiner Rede, die selbst schwierige philosophische Sachverhalte genau auf den Punkt bringen konnte.

Wie Jesus redet auch er gern in Gleichnissen, insgesamt finden sich mehr als 800, die den neuen Schülern die Lehre mit Beispielen aus ihrem Lebensumfeld veranschaulichten. Neben der Heiterkeit und der Klarheit der Rede ist ein dritter Grund für den Erfolg Buddhas die Kraft der Ruhe, die er ausstrahlte.

16 Vor Erlangung der Erleuchtung mußte Buddha erst die Versuchung durch die weltlichen Mächte des Mara und seiner Helfer abwehren, doch schon in dieser Phase zeigt ihn die Kunst mit dem Lächeln des Erleuchteten. Museum für Indische Kunst, Berlin.

Es sind immer Plätze der Beschaulichkeit, an denen sich Buddha niederließ, wo er seine Jünger um sich versammelte und Fragesteller an ihn herantraten. Meist beginnen die Geschichten, die darüber erzählt werden, mit der Formel seines Lieblingsjüngers Ananda: »Das habe ich gehört. Zu einer Zeit weilte der Erhabene...« Dann folgt der Ort, sei es der Bambuspark am Hügel der Eichhörnchen oder das Gestade eines Sees, sei es Mutter Migaros Terrasse oder ein kühler Hain. Umgekehrt fordert Buddha seine Jünger immer wieder auf, einen abgelegenen Ruheplatz zu finden, den Fuß eines Baumes, eine Felsengrotte, eine Bergesgruft, einen Friedhof, die Waldesmitte, ein Streulager in der offenen Ebene, damit sie dort selbst die Ruhe finden, die der Selbstversenkung vorangehen muß: »Verweilen soll er, suchen Lagerstatt an lärmverlorenen Orten...«

Ruhe und Friede sind unabdingbare Voraussetzungen für die Gespräche und Lehrunterweisungen, die man kaum Predigten nennen kann. Auch wenn sich Buddha ohne Scheu als Erleuchteter zu erkennen gab, als ein »Besserwisser« – volkstümlich gesprochen –, trat er dennoch nie auf. Rechthaberei lag ihm ebenso fern wie jeder Anspruch auf Unfehlbarkeit, der das Gegenüber zum

Weisungsempfänger erniedrigt. Genau das wollte er ja vermeiden: falsche Demut gegenüber dem Leben wie gegenüber Lehrern. Deshalb legte er nachdrücklich Wert darauf, daß nur ein Mündiger seine Lehre annehmen kann. Kein Kind, kein Höriger vermag die Einsicht aufzubringen, die Buddha von seinen Schülern verlangt.

»Hat er die Lehre gehört, behält er sie. Hat er die Sätze behalten, betrachtet er den Inhalt. Hat er den Inhalt betrachtet, gewähren ihm die Sätze Einsicht. Indem die Sätze Einsicht gewähren, billigt er sie. Indem er sie billigt, läßt er sie gelten. Hat er sie gelten lassen, wägt er ab. Hat er abgewogen, arbeitet er. Und weil er innig arbeitet, verwirklicht er eben leibhaftig die höchste Wahrheit, und weise durchbohrend erschaut er sie.«

Schüler Buddhas, Mönch in seinem Orden, konnte nur werden, wer diesen Willen und das Talent zur Einsicht aufbrachte. Das Ritual der Aufnahme selbst war dann verhältnismäßig unkompliziert: Der neue Mönch mußte sich Haar und Bart scheren, eine gelbes Gewand anlegen, die Füße des Lehrers berühren und beken-

17 Buddha rät, vor der Selbstversenkung einen abgelegenen Ruheplatz zu suchen. Waldmönche in Sri Lanka meditieren unter einem Baum wie zu Buddhas Zeiten.

nen: »Ich nehme meine Zuflucht zum Buddha, ich nehme meine Zuflucht zur Lehre, ich nehme meine Zuflucht zur Mönchsgemeinde.«

DIE JAHRE DER WANDERSCHAFT

Eine religiöse Lehre taugt nur dann fürs wirkliche Leben, wenn sie es vermag, den Menschen in ihrem Alltag beizustehen. Anders als die Generationen der Mönche nach ihm blieb Buddha ein Umherstreifender, der das Gespräch mit jedem suchte, der ihm begegnete, mit dem Maharadscha ebenso wie mit dem einfachen Mann. Und so schwierig für Uneingeweihte seine Lehre auch mitunter schien, so abschreckend für einfache Zuhörer die Erörterung feinsinniger theologischer Fachfragen in seinem Kreis, so wenig entrückte er dem Blickfeld des einfachen Menschen. Immer wieder wurde er auf seiner Wanderschaft mit ganz alltäglichen Problemen konfrontiert – einfach weil er, anders als andere Lehrer, das alltägliche Leben nicht mied.

Er selbst erzählt, daß er anfangs im Zweifel gewesen sei, ob er seine zuweilen »tiefe, schwer durchschaubare, schwer zu begreifende … nur Gebildeten verständliche« Lehre für sich und den Kreis der Eingeweihten behalten solle oder ob er damit an die Öffentlichkeit gehen müsse. Ein Gott selbst – so will es die legendenhafte Ausschmückung – riet ihm schließlich, die Botschaft der Erlösung allen zuteil werden zu lassen, denn schließlich seien ihrer auch alle bedürftig.

Tatsächlich wird es sein eigener, freier Entschluß gewesen sein. So wie er einst sein Elternhaus verlassen hatte und bald darauf den Kreis der Asketen, so widerstand er nun der Versuchung, mit seinen Jüngern in einem Kloster seßhaft zu werden. Statt dessen ging er wieder auf Wanderschaft und missionierte, allerdings nicht mehr allein, wie er es seinen Mönchen riet.

Wenn Buddha selbst reiste, dann tat er es in einem gelbbraun gefärbten Gewand, barfuß und ohne Wanderstab, denn der galt ihm schon als Waffe. Vor ihm liefen einige kräftige Mönche, die den Weg freihielten, denn oftmals war auf den Handelswegen ein reger Verkehr, und da nahm keiner allzuviel Rücksicht auf einen wandernden Mönch. Hinter Buddha trabte die Gefolgschaft der Mönche einher, manche müde von den Strapazen der Reise, andere angeregt im Gespräch mit neu Hinzugekommenen.

So eine Wanderung war nicht ohne Gefahren, da die Dörfer und Städte sehr weit auseinander lagen und man sich nicht immer einer Handelskarawane anschließen konnte. Flüsse traten über ihre Ufer, unwegsame Bergstrecken schreckten die Mönche, und nicht selten begegnete man wilden Tieren. Vier Todesfälle sind überliefert, verursacht allerdings nicht durch Tiger oder Bären, sondern durch rasend gewordene Kühe.

Es werden viele Wundergeschichten erzählt, wie Buddha auf diesen Wanderschaften neue Anhänger warb. Dabei ist das wirkliche Wunder die Beharrlichkeit, mit der er ein Reisender blieb und der Verlockung zur Seßhaftigkeit widerstand, im Leben wie im Denken. Denn so wie heute die Menschen darüber klagen, daß die Priester der christlichen Kirchen auf ihre Nöte meist nur vorgefertigte Antworten anzubieten hätten, so klagten damals die Menschen über die geschäftstüchtige Routine der Brahmanen. Buddha dagegen verstand es, seinem Gegenüber das Gefühl zu geben, wichtig zu sein. Er wußte nicht für jede Sorge eine Tröstung oder gar für jeden Zweifel eine Gewißheit, aber das war auch nicht nötig, solange er – was ja bei Würdenträgern selten genug der Fall ist – den ehrlichen Willen zur Auseinandersetzung zeigte. Und wenn, was nicht selten geschah, ein Zweifler ihn in die Enge treiben wollte, gewann er auch diese Rededuelle dank seiner Argumente – und seiner Schlagfertigkeit. Es gab keine noch so trickreiche Frage, zumindest wurde keine überliefert, auf die er nicht eine Antwort fand.

18 (Linke Seite) Zeit seines Lebens blieb Buddha ein Umherziehender, der auf seinen Wanderungen das Alltagsleben und die Nöte der Menschen unterschiedlichster Lebensweisen kennenlernte.

»Sinnfragen«

Eine dieser »Gretchen-Fragen«, die noch heute aktuell ist und die im Lauf der Jahrhunderte immer wieder gestellt wurde, lautet: Warum eigentlich glauben, wenn der Glaube so viele Fragen offenläßt? Was antworten, wenn ein Jugendlicher kommt und sagt, er wolle durchaus ein Schüler Buddhas werden, aber wie könne er das tun, solange er nicht sicher wisse, ob die Welt endlich ist oder unendlich, ob es ein Leben nach dem Tod gibt oder nicht und was an Unwägbarkeiten in solchen Dingen mehr ist? Buddha antwortete dem jungen Mann mit dem Gleichnis vom Pfeilverwundeten:

> *»Gleichwie wenn ein Mann von einem Pfeile getroffen wäre, dessen Spitze mit Gift bestrichen wurde, und seine Freunde bestellten ihm einen Arzt, er aber spräche: Nicht eher will ich diesen Pfeil herausziehen, bevor ich nicht weiß, wer jener Mann ist, der mich getroffen hat, ob es ein Krieger oder ein Priester, ein Bürger oder ein Bauer ist, ob ein großer oder ein kleiner oder ein mittlerer Mensch, ob seine Haarfarbe schwarz oder braun oder gelb ist ... und vieles mehr, aber nie genug könnte dieser Mann erfahren, denn er stürbe hinweg.«*

Wenn Hilfe not tut, muß man helfen und nicht grübeln. Das gilt auch für metaphysische Nöte und Glaubenszweifel. Wer in einer Sinnkrise steckt, dem muß man nicht die Geschichte der abendländischen Philosophie auftischen oder die Beschlüsse der vatikanischen Konzile, dem muß man Trost zusprechen, hier und jetzt, und eine Hilfe an die Hand geben, damit er sich in Zukunft selbst helfen kann. Denn Gewißheit wird es nie geben in Glaubensdingen, statt dessen immer viele offene Fragen, und keinem von uns ist die Zeit gegeben, auf all diese Fragen eine Antwort zu finden.

Auch im Christentum ist dieser Gotteszweifel immer wieder Gegenstand des Nachdenkens gewesen. Die berühmteste Antwort ist die sogenannte Wette des französischen Philosophen Blaise

Pascal, der davon ausgeht, daß ein Leben mit Gott allemal sinn-
voller sei als eines ohne ihn. Wenn nun also der Gläubige vor die
Wahl gestellt ist, dann rät die Vernunft, lieber auf einen Gott zu
setzen als auf das blanke Nichts – denn verlieren kann er bei dieser
Wette nichts, gewinnen dagegen sehr viel.

Buddha lehnt ein solches taktisches Kalkül ab. Er rät nicht dazu,
einem Gott zu vertrauen – zumal die indischen Götter von Natur
aus nie sehr zuverlässig waren –, sondern allein sich selbst.

Es gibt keine Seele, die den Körper überdauert, und es gibt kein
Absolutes. Zudem seien die Götter ohnehin viel zu sehr vom Glück
ihrer eigenen Existenz berauscht, als daß sie von der Notwendigkeit, das menschliche Leid aufzuheben, zu überzeugen wären.
Hingegen können die Menschen durchaus den Weg der Erlösung
gehen, wenn sie nur den Mut dazu finden.

19 Heute noch
lernen junge
buddhistische
Novizen, daß sie
selbst für ihr
Lebensschicksal
einstehen
müssen.

Das war in diesen Zeiten der allgemeinen Verunsicherung durchaus eine »frohe Botschaft«. Denn es kamen viele junge Menschen, Söhne reicher Kaufleute, die vom Erfolg ihrer Väter oder einfach nur vom Wohlstand verwöhnt waren und die Platitüden der Priester satt hatten.

Auf deren Fragen nach dem Sinn des Lebens wußte Buddha eine einfache Gegenfrage. Was ist besser: nach Glück, Ruhm und Geld zu streben oder sich selbst zu suchen? So einfach diese Frage zu beantworten ist, so zahlreich sind die Bedenken, die gegen eine sofortige Änderung der so liebgewordenen Gewohnheiten angeführt werden können.

Aber Buddha, ehemals selbst ein vom Wohlleben Verwöhnter, fand überzeugende Worte, diese Gewohnheiten auszuräumen – schließlich sprach er aus Erfahrung. Das honorierten seine Zuhörer. Denn es ist etwas anderes, wenn ein stattlicher Mann, weltläufig und gewandt in der Rede, den Verzicht auf alles Verzichtbare empfiehlt oder ein ungewaschener Selbstverstümmler über die Sünden des Leibes zetert. Hier redete einer, dem einst alles gegeben war und der dennoch verzichtet hatte. Und er redete so, daß jeder verstand: Es ging ihm nur um die Sache selbst, das Leiden am Leben und um dessen Aufhebung. All das hingegen, was seit jeher die Nachdenklichen an den Religionen abstößt, das Zeremonielle, Weihevolle, der Kult selbst also, interessierte Buddha nicht. Die hinduistischen Riten wie Waschungen oder Feuerrituale, die Göttergeschenke und Tieropfer lehnte er rigoros ab. Diese Formen des organisierten Glaubens seien für das Seelenheil des einzelnen wertlos. Eine Überzeugung, die den wenigsten Brahmanen zusagte, schließlich wurde ihnen damit die Existenzgrundlage entzogen. Wenn Opfer überflüssig wurden, dann erst recht die Sachwalter der Opferungen. Aber diese revolutionären Ansichten waren auch keineswegs nach dem Geschmack der gewöhnlichen Gläubigen. Für sie war es allemal bequemer, darauf zu hoffen, daß eine Waschung im Ganges oder ein geschlachtetes Huhn von allen Sünden reinigt, als dem weitaus anstrengenderen Gebot Folge zu leisten, daß nur reine Taten eine reine Gesinnung nach sich ziehen.

Natürlich war es leicht, in das Lachen Buddhas und seiner Mönche einzustimmen, wenn er gegen die Reinigung im Ganges argumentierte, daß ja dann Fische und Krokodile die heiligsten Wesen seien, weil sie im Wasser lebten. Andererseits hatte es ein Mönch leicht, klug daherzureden, wenn er den ganzen Tag zur Meditation frei hatte, während man selbst kaum Zeit zum Verschnaufen fand. Da war es durchaus praktisch, sich von Sünden freikaufen zu können.

»Wer Läuterung anstrebt mit äußeren Mitteln, der wird nicht geläutert.« Das System der Bestechung der Götter und des Schicksals mit Opfergaben ist korrupt. Kein anderer kann für die eigene Schuld einstehen. Diese harten Grundsätze waren mit dafür verantwortlich, daß sich der Buddhismus als Volksreligion in Indien auf lange Sicht nicht durchsetzen konnte.

Immerhin erreichten es die Buddhisten, daß das Tieropfer als religiöser Brauch weitgehend geächtet wurde. Und wenn die überlieferten Zahlen stimmen – was allerdings meist nicht der Fall ist –, dann war dies ein großer Fortschritt. So soll beispielsweise der König Pasenadi von Kosala seinerzeit für eine einzige Opferung je 500 Stiere, Ochsen, Kühe, Ziegen und Schafsböcke geschlachtet haben, die natürlich nicht aus eigenen Beständen stammten – was sein schlechtes Gewissen allerdings nur unwesentlich vergrößert haben wird.

VOM UMGANG MIT MENSCHEN UND TIEREN

Für den Buddha waren Tiere Wesen gleicher Art, der Liebe und des Mitleids wert. Als Vegetarier verabscheute er grundsätzlich ihre Schlachtung, erst recht aber die sinnlosen religiösen Opferungen, die um so wirkungsvoller sein sollten, je länger das Tier litt.

Aber die Menschen empfinden nun einmal Lust an der Qual – das ist einer der großen Widersprüche des Lebens. Sie empfinden Lust an der Vernichtung anderer und an der Selbstvernichtung. Nächstenliebe ist durchaus nicht das Gegebene, sondern der Haß.

So abstrakt der Buddhismus in vielem ist, an Menschenkenntnis hatte Siddhartha anderen Religionsstiftern vieles voraus. Nicht zuletzt deshalb, weil er immer wieder Umgang mit Menschen suchte, die nicht seinesgleichen waren. Deren Einwänden schenkte er durchaus Gehör, mehr noch, er berücksichtigte ihre Erfahrungen in seiner Lehre.

So kam eines Tages Pesso, der Sohn des Elefantenlenkers, zum Erhabenen, um seinen ganz persönlichen Zweifel an der Allwissenheit Buddhas anzumelden. »Wunderbar, o Herr, wie genau der Erhabene weiß, was den Wesen frommt und was ihnen nicht frommt, wo die Menschen so heimlich, so verhohlen, so heuchlerisch sind. Denn heimlich wie die Höhle ist der Mensch, und offen wie die Ebene ist das Tier. Ja, ich kann mich an einen Elefantenhengst erinnern: So oft der auch durch die Straßen gehen und kommen mag, wird er jedesmal all seine List und Tücke, Launen und Ränke offenbaren. Was da aber unsere Knechte und Söldner und Werkleute sind, die gehen anders an die Arbeit, und anders reden sie, und wiederum anders denken sie.«

Buddha gab ihm recht und antwortete – wie so häufig – mit einer Gegenfrage, auf die er allerdings selbst gleich die Antwort gab.

»Vier Arten von Menschen finden sich hier in der Welt vor: Welche vier?« Und er zählt sie auf: der Selbstquäler, der allen Arten der Selbstqual eifrig ergeben ist; der Nächstenquäler, der nichts anderes kennt als die Nächstenqual; dann der, dem beides gefällt, Selbstqual und Nächstenqual, aber dann ist da noch einer, der weder sich selbst quält noch seinen nächsten, weil er schon zu Lebzeiten »ausgeglüht, erloschen, kühl geworden« ist.

Und er fragt den Sohn des Elefantenlenkers, welcher von diesen vier ihm denn am ehesten zusagte.

»Der vierte«, antwortet Pesso.

»Und warum?« forscht Buddha weiter.

»Nun«, sagt Pesso, »die Frage ist einfach zu beantworten: Weil er keinen Qual und Pein erleiden läßt, weder sich selbst noch andere, denn er ist heilig im Herzen geworden.«

Wichtiger als die Antwort ist in diesem Fall die Ausgangsfrage Pessos, genauer noch, der grundsätzliche Zweifel am Menschen, der darin formuliert ist: Heimlich wie die Höhle ist er und offen wie die Ebene das Tier. Die Menschen sind in der Regel schlecht, daran kann selbst Buddha nichts ändern, mag er auch noch so viele zur Heiligkeit führen. Insofern braucht Pesso, der Sohn des Elefantenlenkers, weitere Belehrungen gar nicht abzuwarten. Er weiß, was er weiß, und macht sich wieder an die Arbeit. »Wohlan denn, Herr, jetzt wollen wir gehen: Manche Pflicht wartet unser, manche Obliegenheit.«

BUDDHAS WUNDER

Es sind Alltagslehren, die weiten Raum in den vielen Gesprächen Buddhas einnehmen: »Wozu taugt ein Spiegel? Um sich zu betrachten.« Das ist selbstverständlich, und jeder tut es jeden Tag. Aber genauso soll man sich jeden Tag im Spiegel der Seele betrachten, wieder und wieder, bevor man Taten begeht, betrachten und betrachten, bevor man Worte spricht, betrachten und betrachten, bevor man Gedanken hegt.

»Diese Tat, die ich begehe, beschwert weder mich selber, noch beschwert sie andere.« Das ist der kategorische Imperativ des Buddhismus, die einfachste moralische Regel, an die sich jeder zu halten hat. Daneben gab es aber auch viele praktische Fragen zu beantworten.

Wie lange Zeit braucht es, ein Erleuchteter zu werden? Im Prinzip nicht lange. Ein verständiger Mann, betont Buddha, kein Heuchler also, ein gerader Mensch, dem die Satzung dargelegt wird und der Schritt um Schritt den Weg des Buddha geht, kann »die höchste Vollendung der Heiligkeit in sieben Tagen verwirklichen und erringen«. In der Regel dauerte es natürlich länger, aber es war kein geringer Anreiz für den Ordenseintritt, wenn die Erlösung nicht allzu lange auf sich warten ließ. Gerade Hindu-Priester fühlten sich deswegen nicht selten von Buddha angezogen. In ihrer eigenen Religion nicht mehr heimisch, abgestoßen vom Zynismus der Opfergeschäfte, traten sie seinem Orden bei und gewannen dort, aufgrund ihrer religiösen Vorbildung, schnell an Einfluß. Natürlich bauschte das Gerücht die Missionsleistungen und seelsorgerischen Erfolge des neuen Heilsbringers derart auf, das ihm bald ein weitaus dämonischerer Ruf vorauseilte, als ihm lieb sein konnte.

Buddha sah sich selbst als Erleuchteten, nicht als Wundertäter, aber wie in anderen Religionen auch verwischte der Volksglaube die Grenzen sehr schnell, und so wurde auch ihm zugetraut, daß er Regen herbeizaubern konnte oder seine Gegenwart zumindest die Niederschlagswahrscheinlichkeit steigerte, gerade in Zeiten des Monsun. Man sah ihn wie einen Vogel durch die Luft fliegen oder doch sehr schnell von einem Ort zum anderen reisen; er konnte seine Gestalt verändern, Tote zum Leben erwecken, durch Wände gehen, über Wasser wandeln, wundersam das Brot vermehren, kurz all das, was von einem großen Magier erwartet wurde. Und natürlich hatte er eine gottgleiche Macht über alle Lebewesen, selbst über Räuber. Einen der berüchtigtsten mit Namen Fingerkranz – der Name rührt daher, daß er sich aus den Knöcheln der Ermordeten eine Halskette hatte basteln lassen – soll er sogar bekehrt und zum Ordenseintritt überredet haben. Zu dessen eigenem Schaden, denn Fingerkranz wurde dort von einigen seiner Opfer gestellt und gesteinigt.

Wundergeschichten dieser Art werden allen großen Heilern und Religionsstiftern angedichtet. Sie gehören zum festen Repertoire der Menschheitslegenden und sind auch im Fall Buddhas nicht wörtlich zu nehmen, sondern eher als Ausdruck der Dankbarkeit zu verstehen für die Hilfe, die er durch seine Unterweisungen gab. Natürlich muß es einem am Leben Verzweifelnden wie ein Wunder vorkommen, wenn da plötzlich einer Antworten weiß auf Fragen, an denen man selbst beinahe zugrunde ging. Und in der Euphorie und wohl auch in dem Willen, selbst nicht allzu klein dazustehen vor dem Meister, verklärt sich die Lebenshilfe zum Mysterium – obwohl die Rettung eigentlich auf sehr begreifliche Weise zustande kam.

Nach Auskunft seiner Jünger stritt Buddha selbst seine magischen Fähigkeiten angeblich keineswegs ab, wahrscheinlicher jedoch ist, daß er sehr genau um die menschlichen Grenzen seines Tuns wußte. Denn als er eines Tages darauf angesprochen wurde, antwortete er: »Wer sagt, der Samana Gotama wisse und sehe alles, behaupte, Allwissenheit und Allsicht zu besitzen, und zwar beim Gehen, Stehen, Schlafen oder Wachen, wer das sagt, stellt mich falsch und unrichtig dar.« Weder wisse er über den Anfang der Welt genaueres zu sagen, noch könne er das Ziel des Weges so genau beschreiben, wie mancher das vielleicht von ihm erwartet. Mit dem Vollkommen-Erlösten ist es nämlich wie mit dem Feuer, erklärte er. Solange es brennt, weiß man, wovon es zehrt. Ist es aber erloschen, kann keiner sagen, wohin die Flamme entschwand.

Ähnlich ist es mit dem Zustand der Erlösung. Das Nirvana ist kein Paradies im christlichen Sinn, kein Ort, der sich lokalisieren ließe. Es ist vielmehr ein Freiwerden von allen Vorstellungen. Die Erlösung von Gier, Haß und Verblendung. Ein Zur-Ruhe-Kommen, das paradoxerweise nur dann eintritt, wenn es nicht mehr angestrebt wird.

Aller Erlösungseifer, so Buddhas Einwand gegen die Fanatiker der Heilssuche, boykottiert sich nur selbst. Ein solch fanatischer Mensch gleicht einem, »der Milch möchte und eine Kuh am Horn melkt. Ob er dies mit oder ohne Zuversicht tut, Milch erhält er nicht, weil das nicht der richtige Weg zur Milchgewinnung ist.«

DER ORDEN UND DIE POLITIK

In Buddhas Reden finden sich Lehrbeispiele zuhauf, die belegen, wie einfach eine Morallehre sein kann, wenn sie auf die Menschen Rücksicht nimmt. Andererseits sind die Forderungen, die Buddha an seine engsten Anhänger richtete, kaum weniger hart als die schier unmenschliche Forderung des christlichen Messias, dem Gewalttäter auch noch die andere Wange hinzuhalten:

20 Um Buddhas Lehre Dauer zu verleihen, schlossen sich seine Anhänger schon bald zu Mönchsgemeinschaften zusammen, die Organisation und Disziplin notwendig machten.

»Wenn auch, ihr Mönche, Räuber und Mörder mit einer Baumsäge Gelenke und Glieder abtrennten, so würde, wer da in Wut geriet, nicht meine Weisung erfüllen. Kein böser Laut soll unserem Munde entfahren, freundlich und mitleidig wollen wir bleiben, liebevollen Gemütes, ohne heimliche Tücke; und jene Person werden wir mit liebevollem Gemüte durchstrahlen: von ihr ausgehend werden wir dann die ganze Welt mit liebevollem Gemüte durchstrahlen.«

Kein geringes Unterfangen, zumal keines, das sonderlich Aussicht auf Erfolg hatte, wenn man es allzu naiv anging.

Ein Orden taugt nur so viel, wie die Laienschaft, die ihn trägt, das wußte Buddha sehr genau. Wenn er also sich und seiner Lehre zu Macht und Ansehen verhelfen wollte, dann mußte er seine

Gefolgsleute nicht weniger geschickt führen als ein Kriegsherr seine Armee. Anders als eine Schar von Hauslosen ist eine Gemeinschaft von Mönchen nun einmal auf mehr als nur auf Almosen angewiesen. In der Regenzeit brauchte man eine gemeinsame Unterkunft, ein Regelwerk mußte ausgearbeitet werden, um den Zusammenhalt zu sichern und die Disziplin zu wahren. Denn je geschlossener das Auftreten des Ordens, desto überzeugender war die Wirkung auf Außenstehende. Das alles forderte ein großes Organisationsgeschick und nicht geringen Planungsaufwand.

Buddhas Weg im Leben war eine Wanderung. Aber durchaus keine ziellose oder auf den Zufall vertrauende. Er folgte den Handelsrouten der Kaufleute, aus Sicherheitsgründen und weil er hier auf ein verständiges Publikum hoffen konnte. Handelsreisende waren in der Regel gebildete Menschen, aufgeschlossen für Neues, insbesondere dann, wenn es ihnen keine finanziellen Opfer abverlangte. Anders als die Brahmanen vertraute Buddha deshalb zunächst auf die Intelligenz und nicht auf die Großzügigkeit der Reisenden. Das brachte Zinsen ganz eigener Art, denn die Kaufleute waren es, die seinen Orden populär werden ließen, indem sie auf ihren Karawanenzügen die Kunde von seiner Lehre verbreiteten. Die Schenkungen stellten sich dann ganz von selbst ein. Reiche Handelsherren rechneten es sich bald zur Ehre an, den Buddha und seine Gefolgschaft zu bewirten oder ihnen durch Übereignung oder Leihgabe einen Hain als ständigen Aufenthaltsort zur Verfügung zu stellen – Orte, an denen dann später nicht selten ein Kloster entstand.

Wichtiger noch als das Wohlwollen der reichen Kaufleute war allerdings die Gunst der Fürsten, und auch hier verfuhr Buddha durchaus mit diplomatischem Geschick, wenn es galt, ihre Gunst zu erlangen.

Einer der Mächtigsten der Mächtigen war der Maharadscha Bimbisara in der einst 60 000 Menschen zählenden Residenzstadt Rajagaha, von der kein Bauwerk erhalten ist. Ihn suchte Siddhartha schon bald nach seiner Erleuchtung auf, was von seinem Selbstbewußtsein wie seinem Missionierungswillen gleichermaßen zeugt. Wie immer lagerten er und seine Mönche außerhalb der Stadt, in einem Hain, der Knüppelwald genannt wurde.

Kaum hatte Bimbisara, der selbst nur 31 Jahre zählte, von der Ankunft Buddhas Kenntnis erhalten, machte er sich auch schon auf den Weg, in seinem Gefolge ein Troß von Priestern, Höflingen und Leibwächtern. Es waren dankbare Zuhörer, wie sich herausstellte, denn Buddha hatte seine Lehrrede noch nicht beendet, da eilte jeder, sich als Schüler zu bekennen, allen voran der König selbst: »Wie wenn man Umgestürztes aufrichtet oder Verborgenes enthüllt, wie wenn man einem Verirrten den Weg zeigt oder eine Lampe in die Finsternis hält, damit, wer Augen hat, die Gegenstände sehe, so hast du die Lehre dargelegt.« Am Tag darauf bewirtete Bimbisara seinen Gast eigenhändig, was eine seltene Ehre war, und schenkte ihm obendrein einen Bambuswald als neuen Aufenthaltsort.

Ob Buddha den Herrscher tatsächlich so rasch für sich eingenommen hatte oder ob die Erinnerung der Mönche hier wieder eine langwierige Annäherung wundersam verkürzte, ist belanglos gemessen am Erfolg. Ein Erfolg, der allerdings nicht allein dem eindrucksvollen Erscheinen Buddhas oder der spirituellen Wirkkraft seiner Worte zuzurechnen ist. Es gab vielmehr auch gute politische Gründe, seine Lehre zu fördern.

Der Buddhismus ist – zumindest in sozialer Hinsicht – keine eigentlich revolutionäre oder gar staatsgefährdende Religion, wie es das Christentum seinerzeit im Römischen Reich war. Es wurden keine Sonderrechte beansprucht, auch dann nicht, wenn Ordensregel und Staatsräson einander widersprachen. Grundsätzlich erkannte der König den Orden als eine Körperschaft eigenen Rechts an, selbst in Fällen, in denen offensichtlich war, daß sich Verbrecher in den Orden geflüchtet hatten, um ihrer Strafe zu entgehen. Solche Einzelfälle untergruben nicht die Souveränität des Staates. Etwas anderes war es allerdings, wenn vermehrt junge Männer beziehungsweise bereits ausgebildete Soldaten in den Orden eintraten, um sich ihrer Dienstpflicht zu entziehen.

In diesem Fall mußte hart reagiert werden, und so bat Bimbisara den Buddha mit freundlichem Nachdruck, ein Aufnahmeverbot für Soldaten zu erlassen. Zuvor hatte er in einem Gutachten seiner Rechtsberater feststellen lassen, daß diese Form der Wehrkraftzersetzung mit Enthauptung, Herausschneiden der Zunge oder Brechen der Rippen bestraft werden könnte.

Buddha sicherte Bimbisara Zurückhaltung in dieser Frage zu. Der König dankte – und warb Spitzel im Orden an, die ihn über die Einhaltung des Gebots sowie alle sonstigen staatsgefährdenden Aktivitäten zu unterrichten hatten.

Die Mäßigung, zu der Buddha riet, galt jedoch in allen politischen Fragen, von daher gab es nie einen Anlaß für eine Konfrontation mit der Staatsgewalt. Im Gegenteil, der Buddhismus wirkte sozial ungemein befriedend, da seine Philosophie jeder »Interessengruppe« einen Anreiz bot. Es war ein vornehmes Denken, das den Adel ansprach, seine Lehre verzichtete auf kostspielige Riten, was die Kaufleute einnahm, den Intellektuellen unter den Priestern imponierte das anspruchsvolle System und den Angehörigen der unteren Kasten, daß prinzipiell jeder als erlösungsfähig galt.

Die Rede des Buddha, hieß es, ist wie die Tatze des Löwen: Wen sie trifft, hoch oder niedrig, den trifft sie gründlich, bis hinab zu den Speiseträgern und Fischerknechten. Denn ein heiliger Mann, so wurde in den Lehrreden immer wieder betont, wird man nicht durch Geburt, sondern durch Selbstdisziplin.

DIE GEGNER

Mit dem König bekannten sich im Laufe der Zeit Tausende seiner Untertanen zum Buddhismus, der so etwas wie eine Staatsreligion im Magadha-Reich wurde, was wiederum seiner weiteren Verbreitung in ganz Nordindien großen Auftrieb gab.

Bald darauf bekannte sich auch der zweite mächtige Herrscher des Landes, der Maharadscha Pasenadi von Kosala, zu der neuen Religion. Er tat dies ebenfalls wohl weniger aus religiöser Be-

21 Ein Mönch
empfängt Speisen
in seiner Bettel-
schale für die
tägliche Mahlzeit,
die vor 12 Uhr
mittags einge-
nommen
werden muß.

dürftigkeit oder weil ihm bei der ersten Begegnung die Schlagfertigkeit seines Gegenübers so imponiert hatte.

Wie er denn in so jungen Jahren schon ein Erleuchteter sein
könne. Keine sehr kluge Prüfungsfrage, die der Maharadscha da
stellte, denn er selbst war kaum älter als Siddhartha. Und so konnte
dieser leicht triumphieren: »Vier Wesen«, gab er zur Antwort,
»dürfen nicht gering geschätzt werden, nur weil sie jung sind: ein
Krieger, eine Schlange, ein Feuer und ein Mönch!«

Die Antwort imponierte, und fortan war der Buddha Ratgeber
und spiritueller Leibwächter zugleich, ein Beichtvater, der sich
durchaus auch nicht scheute, den Herrscher zur Mäßigung zu mah-
nen, wenn der wieder einmal seine Gesundheit durch Genußsucht
zu ruinieren drohte. Buddha war so erfolgreich am fürstlichen Hof,
weil er ein Ebenbürtiger unter Ebenbürtigen war, einer, der aufgrund seines Karriereverzichts eine gewisse Narrenfreiheit im
höheren Sinne genoß. Aber dieser Erfolg zog natürlich auch Neid
nach sich, zudem gab es sehr viele Kritiker der neuen Religion, insbesondere unter den jungen heiratswilligen oder bereits verheira-
teten Frauen.

Die Beitrittsregeln für den Orden waren sehr streng: Alle Kranken blieben ausgeschlossen, ob sie nun an Lepra litten oder nur an

Ausschlägen. Eunuchen wurde der Eintritt ebenso verwehrt wie Hermaphroditen oder Behinderten, Schuldnern oder Sklaven. Zu alt durften die Mönche ebenfalls nicht sein, und so blieben im Grunde nur junge Männer, die im Erwerbsleben standen, häufig schon – wie Buddha selbst – eine Familie gegründet oder beabsichtigt hatten, es zu tun. Viele von ihnen, viel zu viele nach Meinung der Frauen, schlossen sich dem Orden an – im Vertrauen darauf, daß sich die Großfamilie schon um ihre »Witwen« kümmern möge.

Und so war vielerorts der Empfang beim Einzug der Mönche verhalten, wenn nicht gar unfreundlich – das galt auch für Siddhartha, der keineswegs überschwenglich begrüßt wurde, als er im Jahr nach seinem Erwachen zu einem, dann allerdings nur sehr kurzen Besuch in seine Heimatstadt zurückkehrte.

Je größer der missionarische Erfolg, desto eher geriet Buddha in Gefahr, als Jugendverderber oder gar als Rattenfänger zu gelten. Die Zahl der Bettelmönche nahm nach Meinung vieler ohnehin überhand. Jede Großzügigkeit droht schließlich irgendwann zu erlahmen, wenn Morgen für Morgen ein Mönch mit der Almosenschale vor dem Haus steht. Spottverse wie der folgende, den der Vater einer von Buddha begeisterten Tochter verfaßte, machten die Runde:

> *»Sie scheuen Arbeit, sind ein faules Pack,*
> *und leben ganz von andrer Leute Gaben,*
> *Schmarotzer sind sie, scharf auf Naschereien:*
> *Wie kannst die Samanas nur gern du haben?«*

DIE ORDENSREGELN

Angesichts dieser gelegentlichen Widerstände in der Bevölkerung war es um so wichtiger, die Ordensdisziplin zu festigen, damit nicht durch allzu dreistes Betteln oder unverschämtes Auftreten noch mehr Menschen verschreckt wurden. So einfach Buddhas Lehre an sich war, so minutiös wurde bald von ihm und den älteren

Mönchen reguliert, was Fragen des Eigentums und Regeln des alltäglichen Verhaltens anging bis hin zu detaillierten Problemen der Körperhygiene.

An sich durften und dürfen buddhistische Mönche nur wenig in ihrem Besitz haben: eine Almosenschale, eine Nähnadel, ein Rasiermesser, einen Trinkwasserfilter sowie drei Roben. Anfangs mußten diese aus Lumpen bestehen, die sich die Mönche auf Abfallhalden oder gar Leichenstätten zusammensuchten, so daß es häufig zu Infektionen kam. Später waren auch geschenkte Gewänder erlaubt und das Tragen von Sandalen. Innerhalb des Klosters durfte sogar ein Sonnenschirm verwendet werden, außerhalb nur ein Moskitofächer.

Es galt ein strenges Alkoholverbot innerhalb wie außerhalb des Klosters, denn anfangs war es vorgekommen, daß Mönche bei ihrer Almosenrunde an jeder Haustür einen Becher Palmwein zu sich nahmen und dann den Weg nicht mehr zurückfanden. Essen hingegen durfte ein Mönch alles, was in seine Almosenschale kam. Ja, er mußte es sogar, auch wenn die Speisen keineswegs zusammenpaßten, so daß Magenverstimmungen zum alltäglichen Martyrium gehörten. Ein Fanatiker der Regeltreue soll sogar den abgefaulten Daumen eines Leprakranken mitgegessen haben, der zufällig in die Schüssel gefallen war.

Eine weitaus schlimmere Gefahr für das Seelenheil, die ebenfalls auf den morgendlichen Almosengängen drohte, war jedoch die »Unzucht«. Nicht selten kam es vor, daß die jungen Mönche von Ehefrauen empfangen wurden, für die das Zölibat nur ein Fremdwort war.

»Da hat sich ein Bhikkhu am Morgen angekleidet … und geht nun in ein Dorf um Almosenspeise … Dort sieht er eine Frau, dürftig bekleidet, kaum verhüllt, und so verunreinigt Begierde sein Herz. Darum Mönche, sollt ihr euch üben: ›Nur mit gezügeltem Körper, gezügelter Rede, gezügeltem Denken, Achtsamkeit übend und mit kontrollierten Sinnen wollen wir um Almosenspeise in ein Dorf gehen!‹«

Kein Wunder also, daß sich Buddha sehr zurückhaltend zeigte, als ihn seine Ziehmutter nach dem Tod ihres Mannes, seines Vaters, um Aufnahme in den Orden bat. Zunächst lehnte er rigoros ab. Nicht weil er persönlich Berührungsängste bei Frauen hatte – schließlich ließ er sich Jahre später von einer Kurtisane auch einen Klosterhain schenken. Er lehnte aus disziplinarischen Gründen ab. Vermutlich traute er seinen Mönchen nicht die nötige Selbstbeherrschung zu, um ein solches Nebeneinander reibungslos zu gestalten. Aber er mußte sich eines Besseren belehren lassen. In diesem Fall von seinem Lieblingsjünger Ananda, der ihn daran erinnerte, daß er in seinen Lehrpredigten doch grundsätzlich jedem Menschen die Erlösungsfähigkeit zugesprochen hatte, also auch den Frauen. Dem war schwer zu widersprechen.

Buddha gab nach, widerwillig, und verfügte etliche abschrekkende Einschränkungen. So war fortan selbst die älteste Nonne dem jüngsten Mönch noch im Rang nachgestellt, und den 227 Mönchsregeln standen 311 Nonnenverordnungen gegenüber. Dennoch, trotz aller Auflagen, die Aufnahme von Frauen war im Indien dieser Zeit eine revolutionäre Tat.

Ob mit oder ohne Frauen, es kam immer wieder zu Streit im Orden, bis hin zu Raufereien vor den entsetzten Laien, die natürlich von friedliebenden Mönchen ein ganz anderes Auftreten erwarteten. Und keineswegs beendete das persönliche Erscheinen Buddhas jede dieser Auseinandersetzungen. Mahnende Worte halfen da oft wenig. Was die Mönche wirklich zur Besinnung brachte, waren allein Spendenboykotte der Laien, die das unwürdige Verhalten der Würdenträger satt hatten.

Eine der Ursachen für diese Spannungen lag darin, daß, je mächtiger die Bewegung wurde und je größer das Spendenaufkommen, viele nur noch der sicheren Versorgung wegen in den Orden eintraten. Andere kamen, nicht weil die Sehnsucht nach Erlösung sie trieb, sondern Ehrgeiz und Geltungsdrang, was nicht weniger Konfliktstoff bot.

»Sie lernen die Lehre nur«, klagte Buddha, »um Reden und Meinungen über sie äußern zu können. Ihnen gereichen die

22 Buddhistische
Nonnen: Buddha
zögerte lange,
ehe er auch
Frauen in seine
Ordensgemein-
schaft aufnahm.

unrecht angefaßten Lehren lange zum Unheil und Leiden. Es ist,
als wie wenn ein Mann, der Schlangen sucht, eine gewaltige
Schlange fände und sie am Leibe oder am Schwanze anfaßte: Da
schösse die Schlange auf ihn zu und bisse ihm in die Hand, so daß
er den Tod erlitte. Und warum das? Weil er die Schlange unrecht
angefaßt hat.«

Dazu kam, daß immer wieder Kritiker auch innerhalb des Ordens auftraten, denn die Person des Meisters war keineswegs so
unangreifbar, wie die spätere Legendenschreibung es darstellte. So
schied einer der Mönche mit dem Vorwurf aus, die Lehre sei ein
bloßes Verstandesprodukt und frei erfunden. Erstaunlich ist daran
nicht die Schärfe der Kritik oder die Tatsache des Austritts an sich,
sondern der Umstand, daß die Gründe so »unzensiert« überliefert
wurden. Andere Mönche gingen und kehrten wieder, was ebenfalls ohne Schwierigkeiten möglich war. Einer mit Namen Citta
soll viermal ein- und dreimal ausgetreten sein, und wurde dennoch
ein Heiliger.

Und auch das war ein Streitpunkt: die spirituelle Rangliste.
Nach außen galten alle Mönche als ebenbürtig. Innerhalb des
Ordens gab es jedoch sehr wohl Rangunterschiede. Der in reli-
giösen Dingen Unreife hatte sich dem Erfahreneren zu beugen, der
Jüngere dem Älteren – Ausnahme war allein, und auch das war aus-

drücklich geregelt, die Warteschlange vor der Latrine. Dort waren alle gleichberechtigt, damit es nicht aufgrund unangebrachter Respektsbezeugungen zu Mißgeschicken kam.

DIE NACHFOLGE

Der Streit um Macht und Einfluß innerhalb des Ordens verschärfte sich, als absehbar wurde, daß Buddha bald am Ende seiner irdischen Wanderschaft angelangt sein würde. »Dem Nashorn gleich« mied er von seinem siebzigsten Lebensjahr an größere Menschenansammlungen. Er suchte das Alleinsein und die Stille. Die Jahre des Wanderlebens hatten ihren körperlichen und geistigen Tribut gefordert. Schonung war dringend notwendig, zumal ein Bandscheibenvorfall jede falsche Bewegung zur Qual werden ließ.

Dieses Herrschaftsvakuum suchten zunehmend Jüngere auszufüllen. Allen voran sein Vetter und Schwager Devadatta, der eines Tages offen vor Buddha hintrat und sprach: »Herr, Ihr seid jetzt alt, verbraucht, ein Greis, habt eure Zeitspanne durchlebt und steht am Ende Eures Daseins. Herr, möget Ihr Euch damit bescheiden, in dieser Welt fortan unbeschwert zu leben: Überantwortet mir den Mönchsorden, ich werde den Orden leiten!«

Wie alle greisen Alleinherrscher sah Buddha jedoch keineswegs die Notwendigkeit seines Rücktritts ein, so verfiel Devadatta, nachdem Buddha auch ein zweites und drittes Mal abgelehnt hatte, auf andere Mittel.

Er stiftete einen Soldaten an, ihn heimtückisch zu ermorden, aber kaum hatte der Soldat Buddha erblickt, gestand er auch schon seine Absicht und machte reuig kehrt. Ähnlich erging es einem Elefantenbullen, den Devadatta auf Buddha hetzen ließ. Mit hohem Rüssel und wehenden Ohren stürmte das Tier heran – und blieb wie angewurzelt stehen, als es der gütige Blick aus den greisen Augen traf.

Ein Attentat mit einem Felsblock mißlang ebenso, und so blieb Devadatta nichts anderes übrig, als sich schon zu Lebzeiten des

Meisters als den besseren Buddha auszugeben, um den Orden zu spalten. Das gelang, zumindest im Ansatz, und wäre er nicht bald darauf »vom Erdboden verschluckt« worden, dann würden heute vielleicht mehr Menschen seiner gedenken.

DER TOD DES BUDDHA

»Ich bin jetzt alt«, klagte der Buddha seinem Jünger Ananda, »in der Neige meiner Jahre, ein Greis, meine Reise geht zu Ende, ich habe die Grenze erreicht: Achtzig Jahre werde ich alt. Wie ein abgenutzter Karren nur noch mit Hilfe von Riemen funktionstüchtig gehalten wird, so ist auch mein Körper nur noch mit Bandagen funktionsfähig.«

Buddha wanderte mit wenigen Mönchen in kleinen Tagesetappen nach Nordwesten, in eines der Klöster von Sravasti, wo er den Tod erwarten wollte. Unterwegs kehrten sie bei dem Schmied Cunda in dem kleinen Ort Pava ein. Er ließ sich von ihm ein Mahl vorsetzen, »Eberweich« genannt, über das wenig mehr bekannt ist, als daß es dem Buddha nicht bekam.

Er erkrankte an der Ruhr und wurde bald von Koliken geschüttelt. Immer wieder mußte er rasten, weil Durchfälle ihn schwächten. Ananda brachte ihm Wasser selbst aus schmutzigen Gewässern, so stark war sein Durst.

Nach mühevoller Wanderung erreichten sie schließlich den Ort Kusinagara und ruhten dort in einem Hain, wohl wissend, daß dies die letzte Station der Reise sein würde.

Die wenigen Getreuen versammelten sich um Siddhartha, und nachdem er ihnen ein letztes Mal die Gelegenheit gegeben hatte, ihm Fragen zu stellen oder Zweifel vorzubringen, und keiner vortrat, selbst auf wiederholte Aufforderung hin nicht, ermahnte er sie noch einmal, sich angestrengt um Erlösung zu bemühen und fiel ins Koma. Ausgang ins vollständige Nirvana nannten es seine Jünger, und die Darstellung des friedlich schlafenden, entschlafenen Buddhas wurde eines der beliebtesten Motive in der buddhistischen Plastik und Malerei.

»Es mag sein, daß bei einigen von euch die Meinung aufkommt: Das Wort des Meisters ist erstorben, wir haben keinen Lehrer mehr! So dürft ihr es nicht ansehen. Die Wahrheit und die Ordensregeln, die ich dargelegt und für euch erlassen habe, die sollen nach meinem Tod euer Lehrer sein!« So hatte er schon zu Lebzeiten seine Jünger auf die Zeit nach ihm eingestimmt. Dennoch war die Trauer groß.

Für die Einwohner des Ortes hingegen war der Tod Buddhas Anlaß zu einem Volksfest, denn sie glaubten sich von nun an im Besitz der Asche des Vollendeten – kostbare Reliquie und Unterpfand eines zukünftigen Wallfahrtsortes. Aber kaum hatte sich die Nachricht vom Tod des Meisters verbreitet, kamen auch schon Boten aus allen Regionen und forderten ihren Anteil an den sterblichen Überresten. So wurde die Asche Buddhas schließlich portioniert und aufgeteilt, nachdem sich, erst sehr spät allerdings, ein Spender bereit erklärt hatte, die Kosten für den Scheiterhaufen zu übernehmen.

Die zehn Ascheteile wurden in Tontöpfen verwahrt und in den jeweiligen Regionen in sogenannten Stupas beigesetzt. Solche steinernen Gedenk- und Schutzhügel wurden in der Folge auch an wichtigen Stationen des Lebens Buddhas beziehungsweise über den Gräbern vieler buddhistischer Lehrer errichtet. Manche dieser Stupas sind allerdings um so reicher verziert, je unzuverlässiger der Wert der darin verborgenen Reliquie ist. So werden beispielsweise in dem goldenen Stupa Shvedagon in Myanmar (Burma) acht Haupthaare Buddhas aufbewahrt, deren Herkunft kaum weniger rätselhaft ist als die vieler christlicher Reliquien.

BUDDHAS ERBE

»Genug, Brüder, des Trauerns und Jammerns! Jetzt sind wir den großen Samana endlich los. Er war recht lästig mit seinem: ›Dies ist euch erlaubt, das ist euch nicht erlaubt!‹ Jetzt können wir tun und lassen, was wir wollen.«

Die Mehrheit der Mönche sah das natürlich anders, und so trafen sich nach dem Tod Buddhas 500 seiner treuesten Anhänger

23 Die
Ruvanvelisaya
Dagoba in
Anuradhapura,
die bedeutendste
Stupa in
Sri Lanka

in Rajagaha, um sich über den genauen Wortlaut der zu überliefernden Lehre zu einigen. Schriftzeugnisse gab es nicht – alles Wichtige wurde seinerzeit auswendig gelernt – und so war man auch in diesem Fall allein auf die Gedächtniskraft angewiesen. Buddha selbst hatte seinen Jüngern dieses Vorgehen als sein Vermächtnis aufgetragen. Sie sollten zusammenkommen, gemeinsam »die Lehre aufsagen und darüber nicht in Streit geraten, sondern Bedeutung mit Bedeutung, Satz für Satz vergleichen, damit die reine Lehre lange Zeit existiere ...«

Einer der Kronzeugen bei diesem Prozeß der Erinnerungswahrung war sein Vetter Ananda, jahrelang der treueste Begleiter. Er allein hatte sich über 82 000 Aussprüche selbst gemerkt, weitere 2000 kannte er vom Hörensagen. Ein anderer kannte wiederum die Ordensregeln genauer, ein dritter schließlich wußte dies oder das zu korrigieren, und so trugen viele Mönche ihren Teil zur Schriftensammlung (Kanon) bei. Sieben Monate wurde auf diese Weise aufgesagt und verglichen. Dann bestimmte man junge Mönche, die sich auf je eine Textsorte zu spezialisieren hatten und diese auswendig lernen mußten.

Aus dieser mündlichen Form der Traditionswahrung, die sich, gerade was heilige Texte anbelangt, auch bei vielen anderen Völkern findet, erklärt sich der oft formelhaft anmutende und rhythmisierte Sprachfluß. Beim Lesen der Texte ermüden diese Wiederholungen zuweilen, den Mönchen seinerzeit erleichterten sie hingegen das Erinnern ebenso wie das Hersagen.

24 Mönche beim Rezitieren heiliger Texte

Aber auch das wortgetreue Memorieren konnte nicht verhindern, daß es innerhalb der Mönchsgemeinde bald wieder zu Auseinandersetzungen kam, so daß nach wenigen Jahrzehnten erneut ein Mönchskonzil zusammentrat. Es waren Neuerungen vorgeschlagen worden, Auslegungen, die die Lehre Buddhas grundsätzlich nicht in Frage stellten, aber doch neu nuancierten, entsprechend den Umständen der Zeit und den jeweiligen Lehrmeinungen neuer Meister.

Diese Vorschläge stießen auf den Widerstand der Konservativen, einer Gruppe von Mönchen, die rigoros auf der alten Lehre beharrte und keinen Deut von den überlieferten Worten Buddhas abweichen wollte. Sie nannten sich fortan Theravadin, »Anhänger der Lehre der Alten«. Die Reformer hingegen sahen sich in der Mehrheit und gaben sich den Namen »Große Gemeinde«, Mahayana-Buddhisten, wie sie später genannt wurden, Anhänger des »Großen Fahrzeugs« (Mahayana), in dem mehr Menschen der Erlösung teilhaftig werden sollten als nur die kleine Schar der ›fundamentalistischen‹ Mönche, die im »Hinayana«, dem »Kleinen Fahrzeug«, der Lehre Buddhas folgten.

Der Streit nahm allerdings nie eine so blutige Wendung wie die Auseinandersetzung zwischen Protestanten und Katholiken im Christentum. Mönche beider Richtungen lebten und lehrten in einem Kloster gemeinsam, aber diese erste Trennung war der Ursprung für viele weitere Verästelungen der buddhistischen Lehre, so daß heutzutage die Vielzahl der Schulen und Lehrmeinungen kaum noch zu überschauen ist.

Die erste schriftliche Fixierung der Lehrreden und Schulmeinungen erfolgte erst spät und auch nicht in Indien selbst. Im 1. Jahrhundert v. Chr. wurde der Pali-Kanon im Felsenkloster Aluvihara auf Ceylon niedergeschrieben, und zwar nicht auf Papier oder Pergament, sondern auf getrockneten Palmblättern. Ähnlich wie beim Holzschnitt wurden dabei die Zeichen zunächst eingeritzt, dann übergoß man die Blätter mit Farbe und wischte sie sorgfältig wieder ab, so daß nur die Schriftzüge eingefärbt blieben. Die Sprache, in der das geschah, war das Pali, die Verkehrssprache der Gebildeten, die aber auch der »einfache Mann« verstand, im Gegensatz zum Sanskrit, das nur noch von Priestern gesprochen wurde. Die Textsammlung umfaßte drei Körbe, denn die beschriebenen Palmblätter wurden jeweils in Körben (Pitaka) geordnet. Im ersten sind die Mönchsregeln (Vinaya) versammelt, im zweiten die Sutra, die Lehrreden Buddhas, und im dritten, dem Korb der Disziplin, die Schulschriften.

DIE VERBREITUNG DES BUDDHISMUS

Das Symbol der buddhistischen Lehre ist das Rad, das runde Ganze, die Ruhe in der Bewegung, und wie der Siegeslauf des Rades schien auch der Buddhismus bald keine Grenzen mehr zu kennen.

Während der Hinayana-Buddhismus im wesentlichen eine Religion für Mönche blieb und sein Ideal in der Gestalt des einsamen Heiligen (Arhat) sah, versuchten die Anhänger des »Großen Fahrzeugs« den religiösen Bedürfnissen der einfachen Gläubigen mehr entgegenzukommen beziehungsweise sich den jeweiligen landeseigenen Religionen anzupassen. Diese Wandlungsfähigkeit, die zuweilen an Selbstaufgabe grenzte, garantierte andererseits den Fortbestand und die Popularisierung der Lehre.

Im Zentrum des religiösen Wollens der Mahayana-Buddhisten steht nicht mehr die Weltüberwindung des einzelnen, sondern die Erlösung der Welt, die Befreiung aller. Und wenn Buddha einst die religiöse Geschäftigkeit der Hindu-Priester verspottete, so taten nun seine Erben ähnliches. In Anerkennung der alltäglichen religiösen Bedürfnisse gaben sie den Gebeten und Riten, den Bildern und Feiern wieder einen festen Platz im Leben. Die Gläubigen, die den strengen Weg der Hauslosigkeit nicht gehen konnten, sollten zumindest durch gute Taten ihre Wiedergeburt günstig beeinflussen können. Zu diesen guten Taten gehört fortan eben auch wieder das Opfergeld, die Statuenverehrung oder das Hersagen heiliger Silben.

Auch das Nirvana, in der Lehre Buddhas ein Zustand, kein Ort, wurde dem Verlangen vieler Menschen entsprechend wieder dem Paradies ähnlicher, und Buddha selbst, der vielen zu menschlich schien, entrückte immer mehr in die Aura des Göttlichen.

Im Gegenzug wurde die Zahl der menschlichen Helfer vermehrt. Man nannte sie Bodhisattvas, »Leute wie du und ich«, die selbst den Weg des Heils gegangen waren, aber nicht bis ans Ende, nicht bis ins Nirvana, sondern im Leben verweilten, eben weil sie anderen helfen wollten. Ein Mönch der alten Generation, so beschreibt es ein Mahayana-Gleichnis, ähnelt dem Mann, der sich mit seiner Familie im Wald verlaufen hat und nur sich selbst rettet. Der Bodhisattva dagegen setzt alles daran, zunächst seine Familie in Sicherheit zu bringen.

Es gibt sehr viele populäre Bodhisattvas, die zum Teil mit den Göttern des jeweiligen Missionslandes verschmolzen, so zum Beispiel der Heilige der grenzenlosen Barmherzigkeit, Avalokiteshvara, der seiner Tätigkeit zufolge elf Gesichter und 1000 Arme besitzt, was die Bildhauer vor keine leichte Aufgabe stellte.

Eine Religion mit menschlicherem Antlitz also sollte der Mahayana-Buddhismus werden – und seine Mönche hatten Erfolg. Während der Weg der Alten nur nach Ceylon, Burma, Kambodscha und Siam führte, eroberte diese »liberalisierte« Form der Lehre Buddhas Tibet, China und Japan.

25 Landschaft bei Mahintale, Sri Lanka. Hier befand sich die Einsiedelei des Mahinda, der 270 v. Chr. den Buddhismus in Sri Lanka einführte.

In Indien allerdings geriet er um 800 n. Chr. wieder ins Abseits. Die größte Verbreitung hatte der Buddhismus dort im 3. Jahrhundert v. Chr. unter der Regentschaft des Kaisers Asoka erlangt. Nachdem dieser fast den ganzen Subkontinent unterworfen hatte und keine militärischen Ziele mehr in Sicht waren, wurde er des Kriegführens müde und bekehrte sich zu Buddhas Friedensreligion. Er berief ein Konzil ein, auf dem die Lehrreden nochmals im Geiste des Meisters revidiert und mit den Schulschriften ergänzt wurden. Er war gewissermaßen der Wegbereiter des »großen Fahrzeugs«, denn auf sein Drängen hin lockerte man

26-27 Links: Der Jizo-Bodhisattva hilft in Japan den früh verstorbenen Kindern.
Unten: Im Mahayana-Buddhismus, wie er zum Beispiel in Japan verbreitet ist, sollen Bodhisattvas (»Heilige«), die Menschen auf dem Weg ins Nirvana geleiten.

einige der strengen Ordens- beziehungsweise Glaubensregeln und paßte sie den Bedürfnissen der Gläubigen an.

Die Verehrung des Buddha auf Bildern oder in Statuen war fortan nicht länger verpönt, und der Wunderglaube fand in den rasch sich verbreitenden Buddha-Legenden die Gewähr, daß es sich um mehr als nur Philosophie handelte.

Asoka favorisierte den Buddhismus, allerdings ohne ihm – wie später Konstantin dem Christentum – einen religiösen Alleinvertretungsanspruch einzuräumen. Im Gegenteil: Er setzte ein Toleranzedikt durch, demzufolge es den einzelnen Religionen in seinem Land untersagt war, anders als im friedlichen Wettstreit zu rivalisieren, und seine Missionare, die er nach Ägypten und Syrien, Griechenland und Ceylon entsandte, gingen ohne Waffen.

Die mönchische Geschichtsschreibung dankte Asoka, indem sie ihn zum Ideal des gerechten Herrschers verklärte. Dennoch konnte sich der Buddhismus auf lange Sicht in Indien nicht durchsetzen. Teils ging er im Hinduismus auf, teils wurde er vom Islam verdrängt. Bis zum Jahr 1000 n. Chr. war er in seiner traditionellen Form verschwunden.

Nach China kam der Buddhismus bereits im 1. Jahrhundert n. Chr. Die Legende erzählt, daß der Kaiser Mingdi einen Traum hatte, der ihn anwies, eine religiöse Forschungskommission nach Indien zu senden. Die Reisenden kehrten mit buddhistischen Mönchen zurück, die bei der Übersetzung der heiligen Schriften halfen und die Lehre den örtlichen Gegebenheiten, insbesondere dem kaiserlichen Staatskult, anpaßten.

Der große Erfolg in China – die Zahl der Mönche und Nonnen nahm zwischen 450 und 525 n. Chr. von über 70 000 auf zwei Millionen zu – forderte allerdings den Widerstand der traditionellen Eliten heraus. Es kam erstmals im Jahr 714 und dann, verstärkt, 100 Jahre später, zu Verfolgungen. 4600 Tempel und 40 000 heilige Schreine wurden zerstört, über 260 000 Mönche und Nonnen wurden gezwungen, zu ihren Familien zurückzukehren beziehungsweise wieder in den Laienstand einzutreten.

Von China gelangte der Buddhismus im frühen sechsten Jahrhundert nach Japan, wo er rasch zur Staatsreligion avancierte und bis heute, unter anderem in Gestalt des Zen-Buddhismus, lebendig geblieben ist.

DER ZEN-BUDDHISMUS

Die wichtigste chinesische Neuerung des klassischen Buddhismus geht auf den Mönch Bodhidharma (6. Jahrhundert) zurück, der unter dem Namen Chan (japanisch »Zen«) eine Schule der Meditation begründete, die mit einigen bis dahin geläufigen Regeln brach.

Der Grundsatz »Ein Tag ohne Arbeit – ein Tag ohne Nahrung« wäre bei den Hauslosen zu Lebzeiten Siddharthas auf völliges Unverständnis gestoßen, während er im Zen-Buddhismus zur Regel wurde – was wiederum seiner Akzeptanz bei den wirtschaftlichen Eliten Chinas und Japans großen Vorschub leistete.

Aus der Ablehnung der Almosenmentalität folgt allerdings keineswegs, daß die Zen-Meister das Betteln prinzipiell untersagen. Im Gegenteil, es gilt auch weiterhin als eine Schule der Selbstdisziplin und der Disziplinierung anderer, die über den Umweg der Spendenbitte zu Liebe und Mitleid erzogen werden. Dabei wird der Reiche im übrigen keineswegs »bevorzugt«, weil auch den Ärmeren die Gelegenheit zum Geben und damit zur schrittweisen persönlichen Erlösung eingeräumt werden muß.

Im Zen-Buddhismus – und das ist sein eigentliches Charakteristikum – verbinden sich sehr pragmatische und sehr mystische Elemente, und vielleicht erklärt gerade diese für den Europäer zunächst etwas paradox anmutende Mischung seine Verbreitung in ganz Ostasien.

Zen-Buddhisten lehnen Theoretisieren und jede Form eines nur »redseligen« Schriftglaubens ab. Ihr Interesse gilt allen praktischen Formen der Erlösung, und dabei beziehen sie mit besonderer Vorliebe die alltäglichen Gegenstände mit ein. Alles ist heilig. Diese Würdigung des Banalen kann sich direkt auf Buddha selbst berufen. Auch er sah in der Achtsamkeit auf das Nichtige das beste Mittel, eine wachere Aufmerksamkeit für das eigene Selbst zu gewinnen.

Dieses vertrackte Hin und Her zwischen Ich und Gegenstand, Beobachtung und Selbstversenkung ist etwas grundsätzlich anderes als die wissenschaftliche Methode der Gegenstandserfassung, wie sie im westlichen Denken vorherrschend ist.

Um es an einem Beispiel zu erläutern: Der eine kommt in einen Raum und sieht ein Gewächs, strauchartig, einer zweikeimblättrigen Pflanzengattung zugehörig, in den gemäßigten Zonen heimisch, mit Fiederblättern, Stacheln, roten, weißen oder gelben Blüten, mit fünf Kron- und Kelchblättern. Der andere nennt das

28 Japanische Mönche bei der Zen-Meditation: eine der strengsten buddhistischen Übungen, die zur Erleuchtung führen kann.

Gewächs Rose und kauft davon ein Dutzend seiner Frau, weil er weiß, sie freut sich darüber. Ein dritter sticht sich an den Dornen und flucht.

Keiner von diesen dreien weiß wirklich etwas über die Rose – zumindest nach Meinung eines Zen-Meisters wie Daisetz Taitaro Suzuki, der vor etwa 50 Jahren mit der Übersetzung buddhistischer Texte der westlichen Welt den Zugang zum japanischen Zen ermöglichte:

»Die Methode des Zen besteht darin, in den Gegenstand selbst einzudringen und ihn sozusagen von innen zu sehen. Die Blume kennen heißt, zur Blume werden, die Blume sein, als Blume blühen und sich an Sonne und Regen erfreuen. Wenn ich das tue, so spricht die Blume zu mir, und ich kenne all ihre Geheimnisse, all ihre Freuden, all ihre Leiden, das heißt, das ganze Leben, das in ihr pulst. Und nicht nur das: Gleichzeitig mit meiner ›Kenntnis‹ der Blume kenne ich alle Geheimnisse meines eigenen Ich, das mir bisher mein Leben lang ausgewichen war, weil ich mich ... in Verfolger und Verfolgte, in den Gegenstand und in seinen Schatten geteilt hatte ... Jetzt kenne ich jedoch mein Ich, in dem ich die Blume kenne. Das heißt, indem ich mich in der Blume verliere, kenne ich mein Ich ebenso wie die Blume.«

»Erkenne dich selbst« – das ist Zen. Aber erkenne dich in den Dingen um dich herum. »Denke nicht! Versuche!« Und laß dich dabei nicht von den Konventionen des Denkens und Fühlens beirren. Entsprechend dieser ›revolutionären‹ Maxime sind die Zen-Meister berüchtigt für ihre oft paradox anmutenden Handlungsanweisungen, die immer nur ein Ziel haben: Verwirren, um aus der Verwirrung heraus den Blick für das Wesentliche zu gewinnen. »Wir müssen werden wie das fallende Blatt im Herbst, das, sich drehend, zur Erde gleitet – alle Seiten zeigend; ganz nackt, ganz rein, ganz absichtslos. Aber das sind nur Worte, wir müssen es leben! Wenn wir so leben, geht alles glatt, dann ist jeder Tag ein guter Tag.«

DER TIBETISCHE BUDDHISMUS

1950 marschierten rotchinesische Truppen in Tibet ein und besetzten das Land. Im Zuge der sogenannten »Kulturrevolution« wurden Hunderte von Klöstern zerstört, Tausende von Mönchen vertrieben oder getötet. Alle Appelle und Aufstände blieben ohne Erfolg. 1959 bereits ging der Dalai Lama, König und religiöser

Herrscher zugleich, ins indische Exil, 80 000 Tibeter folgten ihm. Die Daheimgebliebenen büßten den Exodus der anderen: 87 000 wurden niedergemetzelt.

In den späten achtziger Jahren kam es erneut zu Aufständen, die China nur nach der Verhängung des Kriegsrechts niederschlagen konnte. Aber es ist nicht die militärische Gewalt, die das tibetische Volk in die Knie zwingt. Die Methoden sind mittlerweile subtiler. Der Dalai Lama selbst nennt das, was derzeit geschieht, »kulturellen Völkermord«: Die Machthaber in Peking siedeln in großer Zahl Chinesen in Tibet an, so daß inzwischen nur noch ein Drittel der städtischen Bevölkerung aus Tibetern selbst besteht. An den Schulen wird chinesisch gesprochen, tibetische Tradition und Geschichte nach Belieben der Machthaber verzerrt oder gar nicht erst gelehrt. Daran hat auch die Verleihung des Friedensnobelpreises an den Dalai Lama nichts ändern können, und so scheint eine über 1200 Jahre alte Tradition buddhistischer Volksreligiosität von ganz eigener Ausprägung ihrem Ende zuzugehen.

Der tibetische Lamaismus ist eine Verquickung spätbuddhistischer Mahayana-Lehren mit Elementen der einheimischen Volksreligion sowie tantrischen Überlieferungen. Letztere sind ein nur sehr schwer einsehbares Gemenge von mystischen Geheimlehren, einschließlich diverser, nicht wenig umständlicher Sexualpraktiken, die gleichfalls zur Erlösung von der Wiedergeburt führen sollen.

Entgegen der eigentlichen Lehre Buddhas gibt es nämlich im tantrischen und später auch im tibetischen Glauben eine Fülle von Kulthandlungen, denen Erlösungswirkung zugesprochen wird. Seien es nun besagte Kopulationstechniken, Yoga-Übungen, rituelle Tänze und Gebärden beziehungsweise das auch hier im Westen geläufige Rezitieren von Mantras, heiligen Formeln, deren bekannteste, »Om mani padme hum«, übersetzt soviel heißt wie »der Edelstein im Lotus«.

So hat Buddha beispielsweise dem Volksglauben nach 5453 Namen, und für jeden Namen gibt es ein bestimmtes Bild, so daß

ein unerschöpflicher Fundus an Meditationshilfen beziehungsweise Mandalas vorhanden ist, labyrinthischen Zeichnungen, in
denen sich das buddhistische Universum in allen Verzweigungen
spiegelt.

Grundsätzlich gibt es zwei Formen von Mandalas (Sanskrit für
»Kreis«). Bei den einen geht die Bewegung im Bild von dem Einen
zum Vielen, bei den anderen von der Mannigfaltigkeit zurück zum
Einen, so daß der Gläubige beides einüben kann: den Prozeß der
Selbstauflösung und den der Konzentration und Bündelung des
Ich.

Die tibetischen Mandalas bestehen meist aus einem Zentrum,
in dem mehrere Buddhas plaziert sind, die im äußersten Kreis von
einem Ring des Feuers umgeben werden, der die Unwissenheit
symbolisiert. Der nächst nähere Kreis ist diamanten als Zeichen
der Erleuchtung, dann folgt der Kreis des achtfachen Pfads und
schließlich eine Lotuskette, symbolisches Unterpfand der spirituellen Wiedergeburt.

An der Spitze der Priesterhierarchie, die diese riesige Gebets-
mühle in Gang hält, steht der Lama, der Lehrer, dessen Macht sich
auf den Glauben gründet, daß der Buddha immer aufs neue wie-
dergeboren wird.

Siddhartha Gautama war nur einer unter vielen, in dem sich
dieses Prinzip Buddha verkörperte, ein anderer, nicht weniger be-
liebter, war beispielsweise der schon erwähnte Bodhisattva Avalokiteshvara, der Buddha des Mitgefühls.

In jeder Generation findet sich ein solcher Wiedergeborener,
und die Aufgabe der Priester ist es, diesen ausfindig zu machen.
32 Kennzeichen gibt es, an denen ein Kundiger ihn erkennen kann,
aber meist gibt der alte Dalai Lama noch selbst einen Hinweis, wo
sein Nachfolger zu finden ist. So soll der 13. Dalai Lama nach seinem Tod 1933 noch einmal den Kopf Richtung Nordosten gewen-
det haben. Und auf dem heiligen See schimmerten bald darauf
Buchstaben auf, über deren wegweisenden Sinn eine Mönchskom-
mission jahrelang beriet, bis sich schließlich der verantwortliche
Abt aus Lhasa auf die Suche machte – und fündig wurde: 1100 Kilo-

29 Tantrischer Buddhismus. Der Bodhisattva Samantabhadra in sexueller Vereinigung mit einer weiblichen Gottheit. Tibetische Seidenmalerei. Diese Verbindung, »Vater und Mutter« genannt, soll die Vereinigung des Mitleids (karuna) mit der Weisheit (prajna) ausdrücken. Sammlung Maraini, Florenz.

meter von der Hauptstadt entfernt, in einem kleinen Bauerndorf nahe dem berühmten Kloster Kumbum.

Es war ein kleiner Junge, das neunte Kind einer gläubigen, aber armen Bauernfamilie, der aufwuchs wie andere Kinder auch – bis zum Tag der Erwählung.

Eines Tages kam ein Mann mit stechendem Blick, so die Erinnerung des Dalai Lama, und legte dem Kind etliche Perlenkränze und

Gebetstrommeln vor. »Die gehören mir«, rief der Kleine und wählte die unscheinbarsten aus. Damit hatte er sich als neuer Gottkönig zu erkennen gegeben, denn die Gegenstände, die er gewählt hatte, stammten aus dem Besitz des verstorbenen Dalai Lama.

Im Jahr darauf war das Ende seiner Kindheit gekommen. Der Abt nahm den Kleinen mit nach Lhasa, wo er in den folgenden Jahren zum religiösen wie weltlichen Herrscher erzogen wurde. 1940 bestieg er den Löwenthron im 1000 Zimmer zählenden Potala-Palast. Elf Jahre später vertrieb ihn Maos Armee.

DIE GEGENWART DES BUDDHISMUS

Buddha selbst machte nie ein Geheimnis aus seiner Lehre, er mied das dunkle Wort, das Mirakel. »Wie das Leuchten der Sonne offenbar ist und nicht geheim, so ist auch das Leuchten der Lehre.« Und anders als viele, die ihm nachfolgten, legte er bei seinen mündigen Jüngern nie Wert auf sklavische Unterwürfigkeit: »Die Lehre ist ein Floß, zum Überqueren des Flusses tauglich, aber nicht zum Festhalten.«

»Alle Wesen sind in Unwissen.« Viele glauben den Erlösungsweg zu kennen, aber gerade diese Selbstsicherheit enttarnt die meisten als Hochstapler.

»Da ich manchen Träger der Kutte sehe, der gierig, gehässig, zornig, feindselig, heuchlerisch, neidisch, eifersüchtig, selbstsüchtig, listig, gleisnerisch, boshaft, falsch ist, so spreche ich keinem Träger der Kutte, weil er die Kutte trägt, das Asketentum [das heißt das Heiligsein] zu.«

Wer gehässig den Haß verleugnen will, zornig den Zorn, feindselig die Feindschaft bekriegt, der taugt nicht für die Lehre Buddhas. Denn die ist seinem eigenen Dafürhalten nach eher einem Lotosweiher zu vergleichen, »mit klarem, süßem, kühlem Wasser, hell spiegelnd, leicht zugänglich, entzückend gelegen«. Egal, woher nun der Dürstende kommt, ob von Osten oder Westen, Süden oder Norden, egal, ob er aus dem Kriegerstand in die

Hauslosigkeit zog oder aus dem Priestergeschlecht, aus dem Bürgertum oder der Dienerschaft, wo immer er herkam, er wird den Durst löschen können und die »eigene Ebbung« des Gemüts erlangen.

Eine idyllische Vision, zu idyllisch vielleicht. Aber seine Anhänger können zu Recht darauf verweisen, daß Buddha selbst keine Gebote erlassen hat; er erklärt und empfiehlt, er zwingt nicht. Es gibt keinen Gottesdienst im christlichen Sinne, keinen Zwang zur Gemeinschaft. Wer aus dem Orden wieder austreten will, muß nur die gelbe Robe ablegen.

Und auch das Haus seiner Lehre hat viele offene Türen, durch die man als Gast ein und aus gehen kann: Weder muß man den Glaubenssatz der Wiedergeburt akzeptieren, noch gar die Auslegungen all der Mönchsgenerationen nach ihm zur Kenntnis nehmen, um seine grundlegenden Einsichten zu teilen.

Wenn wir auch die Geschicklichkeit, uns eingebildete Zwecke zu verschaffen, noch so hoch steigern, so werden wir doch Glückseligkeit nicht erreichen, denn des Menschen Natur »ist nicht von der Art, irgendwo im Besitze und Genusse aufzuhören und befriedigt zu werden«.

So die zentrale Erkenntnis Buddhas mit Worten des deutschen Philosophen Immanuel Kant. Denn es ist eine zeitlose Einsicht, die von vielen Denkern immer wieder erneuert wurde: daß unser aller Leben ein Kreislauf des Leidens ist, wenn wir uns von der Gier regieren lassen. Nicht nur der körperlichen Gebrechen wegen, die jeden heimsuchen, der maßlos wird, sondern gerade auch der geistigen Krankheiten wegen. Wir wandeln, das hat dieses Jahrhundert gezeigt, auf einem sehr dünnen Eis der Humanität.

Das wußte Buddha, das wußten viele Mystiker nach ihm, nur die Fortschrittsgläubigen wollten es nicht wahrhaben.

»Das Bewußtsein des Menschen«, heißt es in einer Schrift des Begründers der christlichen Mystik, Bernhard von Clairvaux, »ist eine vielfache Hölle. Denn gleichwie die Tiefe der Hölle nicht erschöpft werden kann, so kann das Herz des Menschen nicht leer werden von seinen Gedanken.« Und die meisten unserer Gedanken folgen unseren Wünschen, nicht unserer Einsicht. Es ist der Wille zur Macht in seiner vielfachen Kostümierung, der uns alle treibt.

Der Philosoph Schopenhauer hat diesen Gedanken im letzten Jahrhundert populär werden lassen, und Buddha, dessen originäre Schriften er gar nicht kannte, als Kronzeugen seiner pessimistischen Weltanschauung aufgerufen. Nietzsche sah da klarer: »Der Buddhismus ist hundertmal realistischer als das Christentum … er kommt nach einer Hunderte von Jahren dauernden philosophischen Bewegung; der Begriff ›Gott‹ ist bereits abgetan, als er kommt.«

Eine Religion ohne Gott also, so paradox es klingt, aber eine, die dennoch nicht pessimistisch oder gar hoffnungslos ist, denn sie beharrt auf der Erlösungsmöglichkeit für jeden einzelnen. »Alles, was mir begegnet, bin ich selbst.« Gerade in dieser Vereinzelung liegt die Chance – und die Gefahr; auch das sah Nietzsche: »In der Lehre Buddhas wird der Egoismus Pflicht: das ›eins ist not‹, das ›wie kommst du vom Leiden los‹ reguliert und begrenzt die ganze geistige Diät.« Das ist der Fluch der Moderne, dem nur schwer zu entkommen ist: Aus der Verantwortung für sich selbst ist der Mensch, sofern er denn mündig sein will, nicht mehr zu entlassen.

»Richtet euch nicht«, so die Weisung Buddhas, »nach Hörensagen und Überlieferungen, nicht nach landläufigen Meinungen und der Autorität von Schriften, nicht nach Spekulationen und Schlußfolgerungen, nicht nach sinnfälligen Theorien und liebgewordenen Ideen, nicht nach dem Eindruck persönlicher Vorzüge und nicht nach der Autorität eines Meisters! Wenn ihr vielmehr selbst erkennt: Diese Dinge sind unheilsam … dann sollt ihr sie ablehnen … Und wenn ihr selbst erkennt: Diese Dinge sind heilsam und führen, wenn verwirklicht, zu Heil und Glück, dann sollt ihr sie euch zu eigen machen.«

Der Königsweg hin zu diesem Glück ist die willentliche Achtsamkeit, Meditation genannt, die im Westen mittlerweile auch außerhalb aller religiösen Bezüge als »geistige Gymnastik« immer mehr Anhänger gewinnt: unter Gläubigen, unter Laien, aber auch unter Wissenschaftlern, die zunehmend deutlicher den therapeutischen Nutzen dieser Besinnungstechnik begreifen lernen.

Einer dieser Grenzgänger der Welten, Professor in New York und zugleich Präsident des Tibet House, formuliert es so: »Meditation ist wichtig für den Alltag ... Gewöhnlich hat man doch ein

30 Thronender Buddha. Der Buddhismus kennt keinen Gott. In Buddha verehren die Gläubigen keine Gottheit, sondern einen großen Lehrer der Menschheit. Vatadage-Reliquienschrein in Polonnaruwa, Sri Lanka.

unentwegtes Plappern in sich: ›Ich sollte jetzt vielleicht dahin gehen oder dorthin, ich muß noch dies tun, ich hätte Lust auf das.‹ Es bleibt kaum Gelegenheit, dieses ewige Blabla zu überwinden. Gerade das lernt man aber in den ersten Stufen der tibetischen Meditation. Ein Gleichmaß finden, Abstand gewinnen ...« Ohne daß der Abstand allerdings zur unüberwindbaren Kluft wird, wie es die zur Unmündigkeit verpflichtenden Sekten verschiedener Erscheinungsformen wollen. Auch hier kann man sich auf die Autorität Buddhas berufen oder auf die des Dalai Lama.

Als nämlich der Nachrichtenredakteur des Magazins »Der Spiegel« den Dalai Lama interviewt hatte, bat er nach dem Ende des Gesprächs darum, daß der Gottkönig für einen kranken Freund daheim in Deutschland einen tibetischen Glücksschal segnen möge. Dem Wunsch kam der Dalai Lama auch tatsächlich nach – allerdings mit einer Einschränkung: »Sagen Sie Ihrem Freund, er soll jetzt bloß nicht denken, er könnte die Medizin absetzen.«

Es geht beides gemeinsam: Vernunft und Glaube, und wer hofft, er könne nach Tibet fliehen, sei es als touristische Vision des Paradieses auf Erden oder als neue geistige Heimat einer ungeschmälerten Naivität, der irrt.

»›Ganz ehrlich, ich frage mich auch oft, was es mit dieser Tibet-Begeisterung auf sich hat. Ob das alles auf einem Mißverständnis beruht – weil die Menschen im Westen sich von uns Instant-Erleuchtung erhoffen oder gar weil sie von besonderen tantrischen Sexpraktiken gehört haben?‹

Aus den Augenwinkeln beobachtete der Dalai Lama die Reaktion auf die Antwort, ein bißchen Gandhi, viel Groucho Marx. Dann bricht er in ein befreiendes, dröhnendes, aus den tiefsten Winkeln des Körpers losgelöstes Lachen aus.«

Das Lachen des Buddha.

Literatur

Bechert, Heinz u. Richard Gombrich (Hg.): Der Buddhismus. Geschichte und Gegenwart. München 1989.
Bercholz, Samuel u. Sherab Chödzin (Hg.): Ein Mann namens Buddha. Sein Weg und seine Lehre. Bern/München/Wien [4]1994.

[Buddha:] Also sprach der Erhabene. Eine Auswahl aus den
    Reden Gotamo Buddhos. Übertragen von Karl Eugen
    Neumann. Zürich 1986.

Craig, Mary: Kundun. Der Dalai Lama und seine Familie.
    Die Biographie. Bergisch Gladbach 1998.

Dalai Lama: Einführung in den Buddhismus.
    Die Harvard-Vorlesungen. Freiburg 1993.

Dalai Lama: Das Buch der Freiheit. Die Autobiographie des
    Friedensnobelpreisträgers. Bergisch Gladbach 1990.

Dalai Lama: Im Einklang mit der Welt. Der Friedensnobel-
    preisträger im Gespräch. Bergisch Gladbach 1993.

Dalai Lama u. Howard C. Cutler: Die Regeln des Glücks.
    Bergisch Gladbach 1999.

Die Legende vom Leben des Buddha. In Auszügen aus den
    heiligen Texten. Übersetzt und eingeführt von
    Ernst Waldschmidt (Dharma Edition). Hamburg 1991.

Schumann, Hans Wolfgang: Der historische Buddha.
    Leben und Lehre des Gotama. München 1982.

Schumann, Hans Wolfgang: Auf den Spuren des
    Buddha Gotama. Eine Pilgerfahrt zu den historischen Stätten.
    Olten 1992.

Schumann, Hans Wolfgang: Buddhismus. Stifter, Schulen und
    Systeme. München ⁴1997.

Uhlig, Helmut: Buddha. Die Wege des Erleuchteten.
    Bergisch Gladbach 1994.

Wetering, Janwillem van de: Der leere Spiegel. Erfahrungen in
    einem japanischen Zen-Kloster. Reinbek 1997.

Zotz, Volker: Buddha. Reinbek 1996.

Jesus von Nazareth – der Unbekannte aus Galiläa

von
Ingo Hermann

Die Zeit ist erfüllt,
und das Reich Gottes
ist herbeigekommen.
Jesus von Nazareth
(Markus 1,15)

DIE VERBORGENEN SCHRIFTEN

31 (Vorher-
gehende Doppel-
seite) Christus als
göttlicher
Weltenherrscher
in Begleitung von
Maria und
Johannes dem
Täufer: So ver-
ehrten ihn die
Gläubigen in die
Hagia Sophia in
Konstantinopel.
Als die Osmanen
1453 die Stadt
eroberten und die
Kirche in eine
Moschee
umwandelten,
ließen sie die
wunderbaren
byzantinischen
Mosaiken
(um 1260)
unangetastet.

Ein kleiner, etwa fünfjähriger Junge auf dem Weg zur Schule. In der Linken trägt er an einem Griff die Schultafel, die auf dem etwas groben Steinrelief eher wie ein moderner Aktenkoffer aussieht. An seinem rechten Arm wird er von einer Frau geführt, die eine Rute hält – offenbar die Lehrerin. Der Kleine ist Jesus, wie man an seinem goldenen Heiligenschein und an dem begleitenden Schwebeengel erkennen kann. Das Relief ist in einen der Schlußsteine im Chorgewölbe der Nürnberger Frauenkirche gemeißelt. Was mag den Steinmetz um die Mitte des 14. Jahrhunderts bewogen haben, »Jesu Schulgang« darzustellen? Die Bibel erzählt mit keinem Wort von einer solchen Szene. Aber der heutige Kirchenführer vermeldet: »Diese Darstellung stellt uns den Menschen Jesus deutlich vor Augen. Auch er war als wahrer Mensch an die Wege menschlichen Begreifens und Verstehens gebunden.«

Fromme Phantasie hat diese Wege ausgemalt. Von Anfang an haben sich die Menschen das Leben Jesu vorstellen wollen. Und wo die Evangelien karg und schweigsam blieben, da hat man eben die Geschichten erfunden, die man hören wollte. In der Tat sind die Evangelien des Markus, des Matthäus und des Lukas und noch mehr das des Johannes äußerst sparsam mit biographischen

Geschichten. Sie alle haben die großen Züge dieses Lebens, seine Worte und Taten und vor allem sein Leiden im Blick. Auch die Unternehmungen der Apostel werden im Neuen Testament nur in groben Strichen geschildert, gerade so viel, wie zum Verständnis der wundervollen Ausbreitung des Jesus-Glaubens notwendig war.

Die einzige Geschichte aus der Kindheit Jesu – wenn man einmal von den Erzählungen rund um seine Geburt absieht – findet sich bei den Evangelisten Matthäus und Lukas. Da pilgert die Familie Jesu nach Jerusalem, um in der Stadt Passah zu feiern. Bei der Rückreise bleibt der Zwölfjährige in Jerusalem zurück, »... und seine Eltern merkten es nicht. Da sie meinten, er befände sich bei der Reisegesellschaft, reisten sie eine Tagesstrecke weit und suchten ihn dann unter den Verwandten und Bekannten. Als sie ihn nicht fanden, kehrten sie nach Jerusalem zurück und suchten ihn dort. Nach drei Tagen fanden sie ihn im Tempel mitten unter den Lehrern sitzend, ihnen zuhörend und sie befragend. Alle, die ihm zuhörten, gerieten außer sich über sein Verständnis und seine Antworten. Als seine Eltern ihn sahen, erschraken sie und seine Mutter sprach zu ihm: Kind, warum hast du uns das angetan? Dein Vater und ich haben dich mit Schmerzen gesucht. Da sprach er zu ihnen: wie konntet ihr mich suchen? Wußtet ihr nicht, daß ich in dem sein muß, was meines Vaters ist? Sie aber verstanden das Wort nicht, das er zu ihnen sprach. Und er zog mit ihnen hinab und kam nach Nazareth und war ihnen untertan.« (Lukas 2,41–51).

Wenn wir nun sagen, dies sei die einzige Erzählung aus der Kindheit und Jugend des Jesus von Nazareth, dann beziehen wir uns auf eine merkwürdige Quellenlage. Dann meinen wir die »kanonischen« Evangelien, jene Schriften, die von der frühen Kirche als authentische Zeugenaussagen anerkannt wurden und aus denen bei den Zusammenkünften der Gemeinde vorgelesen werden durfte. Nur diese Schriften galten als »kanonisch«, also als eine Art Regelwerk. Die anderen, das waren die apokryphen, die nicht-kanonischen Schriften. Es lohnt sich aber, auch diese Schrif-

32 »Jesu Schulgang«. Eine Anekdote, wie sie nicht in der Bibel steht. Ein Schlußstein im Chorgewölbe der Nürnberger Frauenkirche (Mitte 14. Jahrhundert).

33 (Rechte Seite) Als irische Mönche das Evangelium im wunderbaren »Book of Kells« ausschmückten (8. Jahrhundert) waren die authentischen Bibelberichte von den Apokryphen längst geschieden.

ten kennenzulernen, die von der frühen Kirche des 2. bis 4. Jahrhunderts ausgesondert wurden.

Offenbar war die Nachfrage nach zusätzlichen Informationen über Jesus groß. Deshalb entstanden überall in der christlichen Welt der ersten ein- bis zweihundert Jahre, aber auch noch danach verborgene Mitteilungen über das Leben Jesu, wenngleich auffällt, daß nirgends der Versuch zu einer durchgehenden Biographie Jesu gemacht wurde. Unter der Hand wurden beschauliche und betuliche, herzige und herzliche Anekdoten wie die vom Schulgang des Jesus-Kindes erzählt, die als Heldengeschichten oder pädagogisch gemeinte Vorbildgeschichten angelegt, die vor allem aber dem Interesse an der Person des Jesus von Nazareth entsprungen waren, dem Interesse an biographischen Details, dem Interesse an einem wenigstens etwas vollständigeren Lebenslauf, der nicht gar so große Lücken aufwies wie die kanonischen Evangelien, den man ohne theologisch strengen Tiefsinn erzählen konnte wie Klatsch und Tratsch auf dem Dorf. Dennoch blieb vor allem die biographi-

bſeurรато

sche Lücke zwischen der Kindheit und dem ersten öffentlichen Auftreten Jesu im Alter von etwa 29 Jahren. Die Lust am Erzählen war aber groß und brachte Blüten hervor, die im Mittelalter und in der Renaissance oft genug größeren Einfluß auf Kunst und Literatur gewannen als die kanonischen Evangelien. Die Verfasser dieser verborgenen Schriften verliehen ihren Erzählungen Autorität, indem sie die Namen von Jüngern, Aposteln oder Würdenträgern als Urheber voranstellten, selbst aber hinter den berühmten Namen in Deckung blieben. So gibt es ein Petrus- und ein Thomas-Evangelium, ein »Protevangelium« des Jakobus, ein Nikodemus- und ein Bartholomäus-Evangelium, ein arabisches und ein armenisches Kindheitsevangelium und schließlich auch apokryphe Briefwechsel und eine apokryphe Apostelgeschichte – also ganz in Entsprechung zu den 27 Schriften der »offiziellen« Bibel des Neuen Testaments.

VON SPATZEN, WANZEN UND DER SCHÖNEN THEKLA

Der Weg zum historischen Jesus führt nicht geradeaus durch offenes Gelände, sondern folgt, wie in einem Urwald, verschlungenen Linien. Rechts und links zweigen Scheinwege ab, die leicht mit dem Hauptweg verwechselt werden und in die Irre führen können. Es sind oft wild wuchernde, phantasievolle Geschichten, deutlich anders als die kanonischen Schriften. Der Prozeß der Kanonbildung war nicht einfach. Nicht alle Zweifel an der Authentizität dieser Texte konnten ausgeräumt werden. Die Grenze zwischen den von der frühchristlichen Kirche akzeptierten und den abgelehnten Schriften ist von Inhalt und Form her bisweilen nicht klar zu erkennen. In den meisten Fällen aber liegt diese Grenze auch dem heutigen Leser der antiken Schriften klar vor Augen. Einige Texte sind so sehr von zweifelhaftem Geschmack, daß der wilde Aberglaube jener Zeiten deutlich wahrzunehmen ist.

In einem »Kindheitsevangelium des Thomas« aus der ersten Hälfte des 2. Jahrhunderts ist über den fünfjährigen Jesus zu erfahren: »Und er machte einen schlammigen Lehmteig und formte daraus zwölf Spatzen. Es war Sabbat, als er das tat. Und es waren noch viele andere Kinder mit ihm zusammen beim Spiel. Da sah aber ein Jude, was Jesus beim Spielen am Sabbat tat, und ging sporenstreichs zum Vater Joseph: ›Sieh da, dein Söhnchen steht am Bach und hat Lehm genommen und zwölf Vögel daraus geformt. Er hat mit dieser Arbeit den Sabbat entweiht.‹ Und Joseph kam an den Platz, sah's und schrie ihn an: ›Warum tust du solche Dinge am Sabbat, die zu tun doch nicht erlaubt ist?‹ Jesus aber klatschte in die Hände, rief den Spatzen zu und sagte ihnen: ›Auf und davon.‹ Und die Spatzen schlugen mit den Flügeln und machten sich schreiend davon. Als die Juden das sahen, erschraken sie und gingen hin und berichteten ihren Oberen, was sie Jesus hatten tun sehen.«

Nicht immer geht es in den apokryphen Schriften so glimpflich ab. Anderen Erzählungen aus den Kindheitsgeschichten des Thomas zufolge mußten alle mit den härtesten Strafen rechnen, die dem ebenso wundermächtigen wie temperamentvollen Knaben Jesus irgendwie in die Quere kamen. Da bohrt der Sohn des Schriftgelehrten Hannas mit einem Stock den von Jesus beim Spiel gebauten Kanal an, so daß das Wasser ausfließt. Der fünfjährige Spielkamerad Jesus sagt daraufhin: »Du gottloser und unvernünftiger Spitzbube.« Dann verflucht er den Spitzbuben, und der verdorrt auf der Stelle …

Einem anderen Jungen geht es nicht besser. Er hat das Pech, auf der Dorfstraße mit Jesus zusammenzustoßen, worauf er zu hören bekommt: »Du sollst deinen Weg nicht weitergehen.« Er fällt sofort um und stirbt.

Den Eltern Jesu war das natürlich peinlich. Sie sperrten den Sohn ein, und Joseph sagte zu Maria: »Daß du ihn nicht vor die Tür läßt! Denn die, die seinen Zorn erregen, sind des Todes.«

Natürlich geht es nicht immer so grausig zu. Es gibt auch Heilungen und Totenerweckungen wie in den biblischen Schriften. Sie folgen dem Muster für Erzählungen von Götterknaben und Wunderkindern, wie man sie aus fast allen antiken Kulturen kennt. Dann aber gibt es wieder kuriose Geschichten wie die vom

Wasserholen: »Als er sechsjährig war, schickte ihn seine Mutter, um am Brunnen Wasser zu schöpfen und nach Hause zu bringen, nachdem sie ihm zuvor einen Wasserkrug für diesen Zweck gegeben hatte. In der Menge aber stieß er mit jemandem zusammen, und der Wasserkrug ging entzwei. Jesus aber faltete das Gewand, das er umgelegt hatte, auseinander, füllte es mit Wasser und brachte es seiner Mutter. Als seine Mutter das Zeichen sah, das geschehen war, da küßte sie ihn, und sie bewahrte die Geheimnisse, die sie ihn tun sah.«

Oder die Geschichte von dem Spielkameraden Zenon, der vom Dach stürzt und von Jesus schleunigst wiedererweckt wird, nachdem die Eltern des Verunglückten unterstellen, Jesus habe ihn vom Dach geschubst. Oder die Geschichte vom Holzhacker, der sich den Fuß spaltet und von Jesus wiederhergestellt wird mit der Bemerkung: »Steh jetzt auf. Spalte weiterhin Holz und denk an mich.«

In den apokryphen Kindheitsgeschichten wird zwar, wie in den kanonischen Evangelien auch, keine zusammenhängende Biographie Jesu geboten. Die Fülle der Episoden jedoch soll eine hautnahe Atmosphäre vermitteln, in der der Held handelt, aber auch als Held erkannt und entweder geliebt oder gefürchtet wird. Oft folgt auch einer negativen die positive Geschichte: »Als Joseph den Verstand des Knaben wahrnahm und sein Alter, daß er gereift war, wurde er sich erneut schlüssig, er solle der Buchstaben nicht unkundig bleiben, und brachte ihn hin und übergab ihn dem Lehrer. Der Lehrer aber sagte zu Joseph: ›Zuerst will ich ihn die griechischen Buchstaben unterrichten, später die hebräischen.‹ Der Lehrer wußte nämlich schon vom Hörensagen von der Beschlagenheit des Knaben und hatte Angst vor ihm. Trotzdem schrieb er das Alphabet hin und traktierte es eine lange Zeit, und Jesus gab ihm keine Antwort. Dann aber sagte Jesus zu ihm: ›Wenn du wirklich ein Lehrer bist und die Buchstaben gut kennst, dann nenne mir die Bedeutung des A, und ich will dir dann die des B sagen.‹ Da wurde der Lehrer zornig und gab ihm einen Klaps auf den Kopf. Den Knaben schmerzte das, und er verfluchte ihn, und

Die wichtigsten Orte
der Bibel zur Zeit Jesu

sogleich fiel er, der Lehrer, in Ohnmacht und schlug auf den Boden hin, gerade aufs Gesicht. Der Knabe aber kehrte heim ins Haus Josephs. Joseph aber wurde bekümmert und trug seiner Mutter auf: ›Daß du ihn nicht vor die Türe läßt! Denn die, die seinen Zorn erregen, sind des Todes.‹«

Die Sache wird gut ausgehen: »Nach einiger Zeit sagte wieder ein anderer Schulmeister, ein guter Freund des Joseph, zu ihm: ›Bring mir den Knaben in die Schule. Vielleicht bin ich imstande, ihn mit Freundlichkeit die Buchstaben zu lehren.‹ Und Joseph sagte: ›Wenn du den Mut aufbringst, dann nimm ihn mit dir.‹ Und er nahm ihn mit sich in großer Angst und Sorge. Der Knabe jedoch ging gern mit. Und als er keck und ohne jede Schüchternheit ins Lehrerhaus eintrat, fand er ein Buch auf dem Lesepult liegen. Er nahm es, las aber nicht die Buchstaben, die drin waren, sondern tat seinen Mund auf und redete voll heiligen Geistes und lehrte die Umstehenden das Gesetz. Eine große Menge strömte zusammen, sie standen dabei und hörten ihm zu und wunderten sich über die Schönheit seiner Lehre und die Wohlgesetztheit seiner Worte und daß er, obwohl er ein Kind war, sich derart äußerte. Als aber Joseph das zu hören bekam, befiel ihn Angst. Er lief zum Lehrerhaus und dachte nicht anders, als auch dieser Schulmeister würde sich als unkundig erweisen. Der Lehrer aber sagte zu Joseph: ›Damit du es weißt, Bruder, ich habe zwar den Knaben als Schüler übernommen, aber er ist voller Anmut und Weisheit und bedarf meines Unterrichts überhaupt nicht. Und so kann ich dich nur bitten: Nimm ihn wieder mit nach Haus.‹ Als das der Knabe hörte, lachte er ihm sogleich zu und sagte: ›Weil du recht geredet und recht bezeugt hast, soll deinetwegen auch jener, der so schwer gestürzt ist, geheilt werden.‹ Und augenblicklich war der andere Schulmeister geheilt. Joseph aber nahm den Knaben mit sich und ging heim in sein Haus.«

Neben diesem »Kindheitsevangelium des Thomas« erzählen auch andere apokryphe Schriften aus dem Leben Jesu. Viel ernster zu nehmen ist das erst vor drei Jahrzehnten entdeckte Thomas-Evangelium. Es gibt ein Petrus-Evangelium, ein Nikodemus-

34 Nicht nur in den Apokryphen, sondern auch in den kanonischen Schriften der Bibel sind zahlreiche Wundertaten Jesu überliefert: Mit zwei Fischen und fünf Broten konnten 5000 Zuhörer gespeist werden.

Evangelium, ein Nazaräer-, ein Eboniten- und ein Hebräer-Evangelium. Außerdem apokryphe Apostelgeschichten, in denen in grellen Farben die angeblichen Taten einzelner Apostel, ihre Acta, geschildert werden: Petrus-, Paulus-, Andreas- und Johannes-Acta. Alle Motive, die man aus Märchen und Sagen kennt, finden sich auch hier. Aus den »Johannes-Akten« stammt das folgende amüsante Beispiel:

Johannes kommt mit seinen Begleitern in eine abgelegene Herberge. Als sich alle zum Schlafen legen, merken sie, daß ihre Unterkunft völlig verwanzt ist. Aus allen Ritzen rücken die Tiere vor. Da hört man auf einmal die Stimme des Johannes: »Ich sage euch, ihr Wanzen, seid alle brav und verlaßt für diese Nacht euer Haus und bleibt schön ruhig alle an einem Platz und haltet euch von den Knechten Gottes fern.« Daraufhin marschieren die Wanzen in geordneter Formation an der Wand lang zur Tür. Dort wartet die Kolonne und läßt die Männer schlafen. Am Morgen schickt Johannes die gehorsame Schar wieder in ihre Ritzen und versäumt nicht, eine kurze Belehrung anzuschließen: »Die Tiere haben nur die Stimme eines Menschen gehört, sind ruhig geblieben und haben das Gebot nicht übertreten. Wir aber hören die Stimme Gottes und überhören doch seine Gebote und werden sorglos. Wie lange noch?«

Die apokryphen Apostelgeschichten zum Beispiel fügen den Taten eines Apostels publikumswirksame, vulgärchristliche Legenden hinzu. Da werden etwa die Paulus-Akten angereichert durch die Erzählung einer schönen Verehrerin des Paulus mit Namen Thekla. Obwohl verlobt, lauscht sie so hingerissen den Worten des Apostels, daß der Bräutigam sie genervt zur Rede stellt. Sie verläßt ihn daraufhin und folgt als eine Art Groupie dem Apostel, sogar bis ins Gefängnis. Im Verlauf der Legende wird Thekla auf den Scheiterhaufen gebunden. Als die Henker schon die Flammen entzündet haben, schüttet eine Wolke so viel Regen aus, daß das Feuer erlischt, die gaffende Menge sich zerstreut und Thekla gerettet wird. Auch aus der Tierarena wird sie auf wunderbare Weise gerettet und stirbt schließlich eines sanften Todes, nachdem sie sich von Paulus verabschiedet hat (»Zieh hin und lehre das Wort Gottes«). Im Volksglauben gilt sie als Heilige der Enthaltsamkeit.

Aus heutiger Sicht sind die Erzählungen komisch oder geschmacklos. In ihrer Entstehungszeit aber war offenbar kein Ding unmöglich. Deshalb mußte die Spreu vom Weizen getrennt werden. Das dauerte etliche Jahrzehnte. Erst um 180 n. Chr. war der Prozeß der Trennung zwischen den unterschiedlichen Typen von Jesus-Geschichten und Apostel-Erzählungen abgeschlossen. Nur 27 Schriften blieben übrig, die von der frühen Kirche wie die heiligen Schriften des Judentums, das Alte Testament, als ihre heiligen Schriften anerkannt wurden.

Trotz dieser Kanonbildung wurden weiterhin Geschichten um Jesus und die Apostel erfunden und weitererzählt, wo immer das gläubige Volk danach verlangte. Auch das Leben von Adam und Eva wurde ebenso erzählt wie andere alttestamentliche Stoffe.

Offenbar war die Überfülle der apokryphen Geschichten ein Problem: Wie sollte man sich zurechtfinden und zwischen authentischen und erfundenen Geschichten unterscheiden? Auch hier half eine Legende: Eines Tages lagen alle Bücher über Jesus und die

Propheten, Maria und Joseph, die Jünger und die Apostel und all die anderen kanonischen und apokryphen Schriften auf einem großen Haufen vor einem Altar. Da hüpften plötzlich die kanonischen Bücher auf den Altar, die apokryphen aber blieben liegen.

Vergleicht man die zur Ehre des Altars erhobenen Bücher mit den anderen, frei erfundenen Anekdoten, so zeigen sich zwar Ähnlichkeiten, dann aber doch erhebliche Unterschiede. Die kanonischen Schriften sind ernsthafter, folgen eher dem Glaubensinteresse als dem Erzähltrieb, sind eher an der historischen Einbettung Jesu in die Geschichte orientiert als an phantastischen Heldengeschichten. Wer also den historischen Jesus kennenlernen will, soweit das überhaupt möglich ist, der hält sich besser an die kanonischen Evangelien als Quellen, an ihre Entstehungs- und ihre Textgeschichte.

AUFTRITT IM TEMPEL

Im Vorhof des Tempels von Jerusalem. Ein Tag wie jeder andere. Orientalisches Treiben wie an jedem Wallfahrtsort der Welt. Händler bieten Devotionalien und Opfertiere an, Geldwechsler tauschen fremde Währungen in althebräische oder phönizische Münzen, wie sie für die Tempelsteuer vorgeschrieben sind – das übliche Geschäft im Hof vor dem Allerheiligsten. Niemand nimmt Anstoß, natürlich nicht. Bis dann plötzlich ein Rabbi oder Prophet aus Galiläa in die Stadt kommt.

Der Tempel von Jerusalem. Herodes der Große hat ihn gebaut, genau an der Stelle, an der schon König Salomo das zentrale Heiligtum des Volkes Israel errichten ließ. Dieser Urtempel war im Jahre 168 v. Chr. beim Aufstand der Makkabäer zerstört worden. Der syrische König Antiochus IV. Epiphanes hatte das Heiligtum durch einen Zeus-Altar und hellenistische Götterbilder geschändet und den Tempelschatz geraubt. Im Aufruhr der Empörung über diesen Frevel war es der jüdischen Bevölkerung unter der Führung von Judas Makkabäus gelungen, ein letztes Mal politisch selbständig zu werden, den Hohenpriester als König zu installieren

und das Herrschaftsgebiet in den Grenzen des davidianischen und salomonischen Reiches wiederherzustellen. Der Staat der Freiheitskämpfer entartete aber schnell zu einem skrupellosen Machtsystem, so daß der römische Feldherr Pompeius leichtes Spiel hatte, als er 63 v.Chr. von Syrien aus die in sich zerstrittene Dynastie der Makkabäer hinwegfegte und Jerusalem eroberte. Seither sind die Römer die Herren im Lande, auch wenn den Juden zunächst noch – nach Caesars Sieg über Pompeius – die Steuerhoheit und die militärische Befehlsgewalt erhalten blieb. Bald konnte sich eine neue Herrscherfamilie mit den Römern arrangieren: Antipatros und sein Sohn Herodes (40 v.Chr.–4 n.Chr.). Herodes, der Große genannt, entwickelte als König von Roms Gnaden politische Macht und staatlichen Glanz. Er baute in Jerusalem die befestigte Königsburg (die später, zur Zeit Jesu und des Pontius Pilatus der Amtssitz des römischen Prokurators wurde), und er begann mit dem Neubau des Tempels nach salomonischem Vorbild (zu den Umfassungsanlagen gehört die heutige Klagemauer). Einer weiteren Burg gab er zu Ehren seines Gönners Antonius den Namen »Antonia«.

Als Jesus an jenem Tag, von dem die Evangelien berichten (Markus 11,15–17 und Parallelen), die Tempelanlage betritt und die Tische der Händler und Wechsler umstößt, liegt die Gerichtsgewalt in religiösen Angelegenheiten beim »Hohen Rat«, dem jüdischen Synhedrium, die Polizeigewalt und das »Schwertrecht« in allen Fragen der öffentlichen Ordnung und bei politischen Vergehen bei der römischen Justiz. Diese Konstellation wird zum Doppelprozeß gegen Jesus führen: vor dem Hohen Rat und dem römischen Prokurator.

Die Reaktion auf die Herausforderung im Tempelvorhof ist eindeutig und folgenreich: »Die Hohenpriester und Schriftgelehrten hörten davon und überlegten, wie sie ihn vernichten könnten« (Markus 11,18). Die oberste jüdische Glaubensbehörde und die römische Besatzungsmacht werden aufmerksam auf den Mann, der als politischer Rebell, vor allem aber als Widersacher der herrschenden Priesterreligion für revolutionäre Dynamik und Unruhe in der Bevölkerung zu sorgen verspricht. Am Anfang der Geschichte des Christentums steht also eine »Feuergestalt«, deren revolutionäre und reformatorische Botschaft seither die Menschheit beschäftigt, deren Quintessenz aber von eben dieser Historie zugedeckt und deren geschichtliches Fundament verdeckt wird von einer fast zweitausendjährigen Welt- und Religionsgeschichte.

DIE SUCHE NACH DEM HISTORISCHEN FUNDAMENT

Was weiß man über Jesus? Wie lebte er? Welche Charakterzüge sind erkennbar? Was weiß man über seine Herkunft, seine Familie, seine Geschwister? War er verheiratet? Hat er sich politisch engagiert? Hat er eine neue Religion begründen wollen? Welche Wege muß heute zurücklegen, wer an die historischen Ursprünge des Christentums gelangen will? Welche Hindernisse muß er überwinden? Sind die sogenannten biblischen Schriften wirklich eine hilfreiche historische Quelle oder eher ein Hindernis auf dem Weg zur Einsicht in das, was wirklich geschehen ist? Kann man sich auf die Bibel verlassen? Muß man außerreligiöse historische Quellen heranziehen, um die historische Existenz des Jesus von Nazareth beweisen zu können? Kann man sich auf »objektive« und vom religiösen Glauben unabhängige historische Zeugnisse stützen?

Was berichten die wenigen Quellen jener Zeit, die römischen Historiker Flavius Josephus und Tacitus?

In seinem Geschichtswerk »Jüdische Altertümer« schreibt im Jahr 93/94 Flavius Josephus (18. Buch, 3. Kapitel): »Um diese Zeit lebte Jesus, ein weiser Mann, wenn man ihn überhaupt einen Menschen nennen darf. Er war nämlich der Vollbringer ganz unglaublicher Taten und ein Lehrer aller Menschen, die mit Freuden die Wahrheit aufnahmen. So zog er viele Juden und auch viele Heiden an sich. Er war der Christus. Und obgleich ihn Pilatus auf Betreiben der Vornehmsten unseres Volkes zum Kreuzestod verurteilte, wurden doch seine früheren Anhänger ihm nicht untreu. Denn er erschien ihnen am dritten Tage wieder lebend, wie gottgesandte

35 Jerusalem mit dem achteckigen Felsendom (goldene Kuppel). Er steht auf uraltem religiösem Grund, der von Juden, Christen und Muslimen gleichermaßen verehrt wird.

Propheten dies und tausend andere wundersame Dinge von ihm vorherverkündigt hatten. Und noch bis auf den heutigen Tag besteht das Volk der Christen, die sich nach ihm nennen, fort.« (Dieser Text gilt heute als ein nicht reiner Josephus-Text. Er enthält offenbar spätere christliche Einschübe, zum Beispiel »Er war der Christus«, »wenn man ihn denn einen Menschen nennen darf« und wahrscheinlich auch den Hinweis auf die Auferstehung am dritten Tag.)

Tacitus schreibt in seinen »Annalen«, verfaßt unter Kaiser Traianus im Jahre 116/117, im Anschluß an seinen Bericht vom Brand Roms und das Gerücht, Kaiser Nero habe selbst die Stadt anzünden lassen: »Aber nicht durch menschliche Hilfeleistung, nicht durch Spenden des Kaisers oder die Maßnahmen zur Beschwichtigung der Götter ließ sich das böse Gerücht unterdrücken, man glaubte vielmehr fest daran: befohlen worden sei der Brand. Daher schob Nero, um dem Gerede ein Ende zu machen, andere als

36 Überall in
ihrem Herr-
schaftsgebiet –
wie hier in Phila-
delphia, heute
Amman – bauten
die Römer
Amphitheater.
Josef der Zim-
mermann soll
beim Theaterbau
in Sepphoris
(Zippori) Arbeit
gefunden haben.

Schuldige vor und belegte die mit den ausgesuchtesten Strafen,
die, wegen ihrer Schandtaten verhaßt, vom Volk Chrestianer
genannt wurden. Der Mann, von dem sich dieser Name herleitet,
Christus, war unter der Herrschaft des Tiberius auf Veranlassung
des Prokurators Pontius Pilatus hingerichtet worden; und für den
Augenblick unterdrückt, brach der unheilvolle Aberglaube wieder
hervor, nicht nur in Judäa, dem Ursprungsland dieses Übels, sondern auch in Rom, wo aus der ganzen Welt alle Greuel und
Scheußlichkeiten zusammenströmen und gefeiert werden.« (15.
Buch, 44. Kapitel).

Was Tacitus berichtet, ist einfach das, was man sich in Rom
erzählte. Von den christlichen Gemeinden in Rom hat Tacitus
keine eigenen Vorstellungen. Auch vom historischen Jesus scheint
er nichts zu wissen, denn offenbar hält er Christus für den Eigen-
namen.

Wie Carsten Peter Thiede zeigt, gibt es für den Historiker jedoch – neben den außerbiblischen Zeugnissen – auch noch zahlreiche Querverbindungen zur alltäglichen Umwelt, in der Jesus sich bewegt. »Über die Epoche, in der Jesus auftrat und in der sich das Christentum entwickelte, wissen wir mehr, als allgemein vermutet wird, und Jahr für Jahr kommen neue Informationen hinzu.« Ein Beispiel: Sechs Kilometer von Nazareth entfernt, in Zippori, wird in diesen Jahren eine Stadt ausgegraben, die Sepphoris hieß und in der zur Zeit Jesu ein riesiges Theater gebaut wurde. Dieser Bau schaffte in der Region viele Arbeitsplätze. Thiede leitet daraus zwei Erkenntnisse ab: Der Bauhandwerker (gr. tékton) Joseph und sein Sohn Joshua werden als Pendler am Bau dieses Theaters mitgewirkt haben. Zweitens: Daß Jesus in seinen Reden siebzehnmal das Wort »Heuchler« gebraucht, kann daran gelegen haben, daß das griechische Wort »hypokritái« nicht nur Heuchler, sondern auch Schauspieler bedeutet und Jesus durch seine Beobachtung des Theaterlebens in Sepphoris immer wieder auf diese Metapher kam. Natürlich sind dies unbeweisbare Vermutungen, die aber doch so viel Plausibilität in sich haben, daß mit ihrer Hilfe das historische Umfeld Jesu farbiger und alltäglicher wird, als es durch die Bibel selbst möglich ist.

DAS RÄTSEL VON TURIN

Die Sehnsucht nach historischer Vergewisserung ist wohl auch das Motiv für das außerordentliche Interesse, das – in diesen Jahren von neuem – dem sogenannten Turiner Grabtuch entgegengebracht wird.

Als bekannt wurde, im Frühsommer 1998 werde das berühmte und umstrittene Tuch mit den Abdrücken von Blut und Wundflüssigkeit einer männlichen Leiche im Turiner Dom erneut ausgestellt, sahen sich die Veranstalter mit einem außerordentlichen Interesse konfrontiert. 700 000 Karten für einen Platz in der Warteschlange wurden sofort vorbestellt, mehr als drei Millionen Besucher wurden erwartet, mehr als vier Millionen sind gekom-

men. Was sie zu sehen bekamen, war noch vor wenigen Jahren mit
Hilfe der Radiokarbonanalyse als mittelalterliche Fälschung dis-
qualifiziert worden. Erst vor kurzem aber wurde die mit beträcht-
lichem wissenschaftlichem Aufwand betriebene Analyse ihrer-
seits mit erheblichem publizistischen Aufwand als Fälschung oder
wenigstens als grobe Ungenauigkeit ausgewiesen. Ein Brand wie
der von 1532 kann – wie inzwischen nachgewiesen wurde – das alte
Gewebe mit frischem Kohlenstoff angereichert haben, so daß die
C-14-Methode zu einer entsprechend jüngeren Datierung kommen mußte.

Ist das Grabtuch also doch echt? Was heißt hier »echt«? Niemand
kann beweisen, daß das Bild auf dem Leinen die Züge des historischen Jesus trägt. Aber möglich wäre es. Denn genauere Analysen
haben erbracht, daß das Gewebe aus der Zeit Jesu stammt und die
Abdrücke eines Gekreuzigten aufweist. Gekreuzigt wurden im Römischen Reich aber nur Rebellen und Schwerverbrecher, die nach
ihrem qualvollen Tod einfach am Holz belassen wurden – als Beute
für aasfressende Tiere. Eine Bestattung fand nicht statt. Wenn also
ein Gekreuzigter vom Kreuz abgenommen und in ein besonders
großes und kostbares Leinentuch gewickelt und bestattet wurde,
dann müssen besondere Umstände zu dieser Ausnahme geführt
haben. Gibt das Tuch und seine Geschichte mehr preis als dieses
»möglich, aber nicht beweisbar«?

Auch die Geschichte des Tuches ist außergewöhnlich, selbst
wenn man die oft ans Bigotte (Frömmlerische) grenzende Reli-
quienfreudigkeit von der Antike bis ins späte Mittelalter berücksichtigt. Offenbar schon in Jerusalem wie ein Schatz gehütet, führt
der Weg der Reliquie über Edessa in Anatolien nach Konstantinopel. In den Wirren der Kreuzzüge verliert sich die Spur, aber wahrscheinlich bringen Kreuzritter die Reliquie nach Paris, wo sie am
30. September 1241 in der Sainte Chapelle ausgestellt wird. Vorher
schon hatte eine Federzeichnung in einer ungarischen Handschrift
aus dem Jahre 1192 die besondere Aufmerksamkeit dokumentiert,
mit der die Zeitgenossen den Weg des Tuches begleiten. 1353 bringt
der burgundische Ritter Gottfried von Charny die Reliquie in

seinen Besitz und schafft sie nach Lirey. 1453 überträgt eine Nachfahrin des Ritters, Margarete von Charny, dem Herzog von Savoyen die Obhut über das Leinen. Die Savoyer bewahren das Tuch zunächst in der Kapelle ihres Stammschlosses in Chambéry, wo es bei einem Brand gerade noch gerettet wird – mit Brandspuren, die bis heute zu sehen sind, und geben den über die Jahrhunderte gehüteten Schatz 1578 schließlich nach Turin, wo er, bis heute in einem Tresor verschlossen und nur gelegentlich zur Besichtigung und Erforschung freigegeben, im April 1997 noch einmal beinahe verbrannt wäre.

Das Interesse einer weltweiten Öffentlichkeit war so richtig erst am 28. Mai 1898 geweckt worden, als der Anwalt und Hobbyfotograf Secondo Pia das Tuch im Auftrag des Erzbischofs von Turin und der Königlichen Familie fotografierte, mit einer Plattenkamera, Bildformat 50 mal 60 Zentimeter. Im Rotlicht der Dunkelkammer schimmerte die Abbildung eines Körpers und das Gesicht eines Toten auf, merkwürdigerweise im Positiv und deutlicher zu sehen als auf dem Tuch selbst.

Seither wird geforscht. Die Stoffbahn von 4,36 Metern Länge und 1,09 Metern Breite kann wohl als das am intensivsten durchforschte Textil der Geschichte gelten. In insgesamt mehr als 150 000 Arbeitsstunden haben Gerichtsmediziner, Kriminologen, Chemiker, Physiker und Historiker erforscht, was zu erforschen ist. Mit Sicherheit läßt sich ausschließen, daß die Körperformen und das Gesicht auf das Leinen gemalt wurden. Es handelt sich um wirkliche Spuren von Blut der Blutgruppe AB und Wundflüssigkeit. Die Rückstände lassen erkennen, daß der Mann 1,80 Meter groß war und vor seinem Tod ausgepeitscht und gekreuzigt wurde. Die Spuren der Wunden an den Handgelenken und an den Füßen sind erkennbar. Sicher scheint auch zu sein, daß Reste von Aloe und Myrrhe – typisch für jüdische Bestattungsriten – gefunden wurden. Die Fasern des Gewebes enthalten auch Blütenstaub von Gewächsen, die für die Umgebung von Jerusalem charakteristisch sind. Von der Ferse und dem Knie des Gemarterten scheint auch die Spur von Aragonit zu stammen, einer Kalksteinart, die sich

37 (Rechte Seite) Das Turiner Grabtuch zeigt deutlich die Spuren eines Gekreuzigten. Bis heute ist nicht sicher entschieden, ob der Abdruck den Leichnam Jesu darstellt.

ebenso bei Ausgrabungen am Jerusalemer Damaskustor findet. Im Computerraster ist offenbar sogar zu erkennen, daß dem Toten eine Münze auf das rechte Auge gelegt worden war: eine Münze, die in Palästina im 16. Regierungsjahr des Kaisers Tiberius geprägt worden ist, also im Jahr 29 unserer Zeitrechnung.

Welcher Tote also wurde damals bestattet? Wenn es nicht Jesus war, wie erklärt sich dann, daß das Tuch so sorgfältig über Jahrhunderte hinweg aufbewahrt wurde? Natürlich kann alles ein Irrtum sein, und die Hüter des Linnens haben nur geglaubt, es sei das Grabtuch Jesu. Einen Beweis der Echtheit wird es wahrscheinlich nie geben. Aber auch nicht für das Gegenteil. Dennoch ist das Tuch für das historische Verständnis des Schicksals Jesu bedeutsam, weil es mehr und auch deutlicher von der furchtbaren Hinrichtungsart berichtet, der Jesus unterworfen wurde.

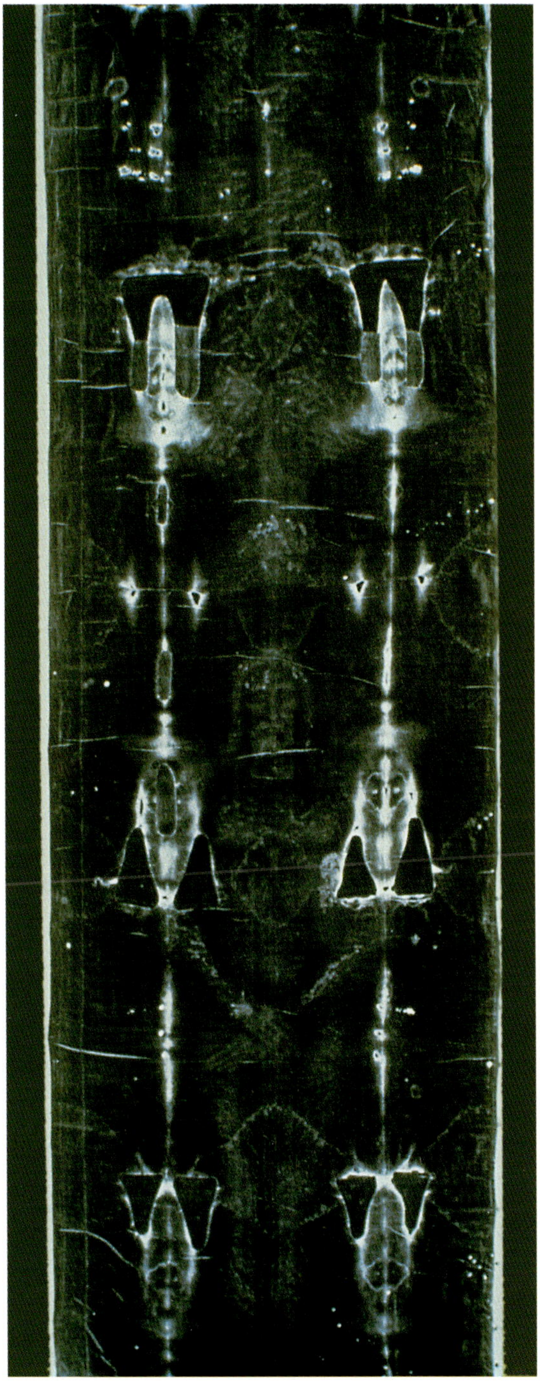

Bleikugeln am Ende der Geißelriemen verletzen den Körper des Opfers über und über. Ein Dornenhelm reißt die Kopfhaut an vielen Stellen auf. Nägel durchbohren die Handwurzeln. Die Füße werden auf ein Stützbrett genagelt, um den Gehängten zu veranlassen, sich instinktiv abzustützen und dadurch seine Qual zu verlängern. Das Opfer wurde auch brutal geschlagen, die Nase war geschwollen und wahrscheinlich gebrochen. Blut aus einer Brustwunde hat Spuren hinterlassen.

Der heutige Betrachter wird ein später Zeuge der grausamen Mißhandlung eines Menschen, der vielleicht Jesus von Nazareth war. Möglicherweise war der Mißhandelte auch jemand, der das gleiche Schicksal erlitt wie Jesus und viele andere. Für den, der historische Nähe und Vergewisserung sucht, ist dies schon viel. Er kann auf die theologisch-dogmatische Erörterung der Frage verzichten, ob man mit Hilfe des Tuches den Tod oder die Auferstehung Jesu belegen oder bestreiten kann.

Derartige Spekulationen gibt es natürlich. Die Autoren E. Gruber und H. Kersten warten in ihrem Buch »Jesus starb nicht am Kreuz« mit der alten Scheintod-Theorie auf. Jesus sei bewußtlos gewesen, als er vom Kreuz abgenommen und im Hause des Esseners Joseph von Arimathia gebettet wurde. Man habe ihn mit Aloe, Myrrhe und anderen Heilkräutern und eben dem Tuch umwickelt, um den Wundschmerz zu lindern und die Heilung zu beschleunigen. Die Frauen, die den Toten im Grab besuchen wollten, hätten folgerichtig niemanden angetroffen außer einer weißgekleideten Gestalt. Die aber sei kein Engel gewesen, sondern einer jener Essener. Er sei zum Zeichen seiner kultischen Reinheit weiß gekleidet gewesen. Als Jesus schließlich genesen und transportfähig gewesen sei, habe man ihn außer Landes gebracht. In Indien habe er dann weitergelebt.

Andere Autoren wollen die offenen Fragen um das Turiner Tuch dazu benutzen, die Auferstehung oder die Jungfrauengeburt zu beweisen oder zu widerlegen. Der französische Erkenntnistheoretiker, Mathematiker und Wissenschaftshistoriker Arnaud-Aron Upinsky sieht im Turiner Tuch den Beweis für die Auferstehung. Das Abbild zeige die Spur einer Entmaterialisierung. Der Tote sei durch das Leinen hindurch in eine materiefreie Welt entrückt worden. Geblieben seien die vorübergehenden Spuren dieses Vorgangs.

Beide Spekulationen sind alles andere als geeignet, Gewißheit in die Fragen nach dem historischen Jesus zu bringen. Derartige Konstruktionen überfordern und übersteigen jede ernsthafte Beschäftigung mit historisch greifbaren Zeugnissen über das Leben und Sterben Jesu. Sie tragen nicht einmal etwas zur Klärung der theologischen Lehrfragen in Sachen Auferstehung, Jungfrauengeburt oder anderen Wundergeschichten bei.

In Turin steht eine Reihe von Untersuchungen noch aus, die vielleicht Licht in das historische Dunkel bringen könnten. Manch einer der Verantwortlichen scheint zu zögern, weitere Blutuntersuchungen und Gen-Analysen zu veranlassen. Beobachter argwöhnen, dies geschehe, um der Feststellung zu entgehen, der Tote habe einen ganz normalen Vater gehabt. Damit geriete aber die Geschichte von der Jungfrauengeburt und dem »Nährvater« Joseph ins Zwielicht.

So verständlich der Wunsch nach außerbiblischen historischen Vergewisserungen auch ist – die historisch-kritische Erforschung der biblischen Quellen ist unverzichtbar.

DIE FRAGE VOR ALLEN FRAGEN

Woher weiß man eigentlich, daß die Texte der biblischen Schriften die richtigen Texte sind? Die Originale aller 27 Schriften des sogenannten Neuen Testaments sind ja verschollen, kein Historiker hatte je ein Original in der Hand. Woher weiß man, daß die berichteten Ereignisse und Reden, wenn sie denn stattgefunden haben, wahrheitsgetreu überliefert wurden? Immerhin liegen nach den bisher bekannten Quellenfunden zwischen den ältesten aufgefundenen Handschriften und der Abfassung der Originale Jahrzehnte und Jahrhunderte. Und zwischen den berichteten Ereignissen selbst und ihrer ersten schriftlichen Fixierung liegen ebenfalls etliche Jahre und Jahrzehnte. Auf diese Frage, die allen anderen vorausgeht, müssen die Altertumswissenschaften und die Bibelwissenschaft eine plausible Antwort finden. Können sie das? Ist der Text gesichert?

Die Bibelwissenschaft bejaht diese Frage. Wer heute zum Beispiel das Evangelium des Lukas in die Hand nehme, der lese auch tatsächlich die gleichen (griechischen) Worte, die der Verfasser in den siebziger Jahren des 1. Jahrhunderts aufgeschrieben habe.

Die Texte sind in Griechisch abgefaßt, das im Osten des Römischen Reiches die allgemeine Umgangssprache war. Die meisten Menschen in Palästina waren zweisprachig und verstanden Aramäisch und Griechisch. Auch für Jesus kann man das annehmen.

Die Methode, die die Aussage möglich macht, daß die Texte authentisch sind, nennt sich Textkritik. Das ist jene Wissenschaft, die aus Hunderten von Handschriften und Fragmenten und Tausenden von kleinen Unterschieden der Textüberlieferung den »richtigen« Text rekonstruiert. So wurden die bis heute aufgefundenen griechischen Handschriften des Neuen Testaments – es sind mehr als 2500 – in sorgfältiger Kleinarbeit gesammelt, miteinander verglichen und auf ihr Alter und ihre Herkunft hin geprüft. Bei dem hohen Alter der Handschriften handelt es sich meistens nicht um vollständige Texte, sondern um kleine Fragmente, oft nur wenige Verse oder Worte umfassende Bruchstücke. Das macht die Arbeit nicht leichter, zumal die ältesten dieser Textzeugnisse auf einem höchst empfindlichen Schreibmaterial festgehalten sind: dem Papyrus, dem gepreßten Mark der Papyrusstaude. Die neutestamentlichen Papyri stammen aus dem 2. und 3. Jahrhundert, die ältesten aus der ersten Hälfte des 2. Jahrhunderts. Ihre Zahl ist klein und liegt bei etwa 70 Fragmenten. Der Grund: Papyrus ist nicht dauerhaft. Häufiges Anfassen, Feuchtigkeit und Licht zersetzen das Material sehr oft schon nach wenigen Jahrzehnten. Begann nun eine wichtige Handschrift zu erlöschen, mußte eine Abschrift angefertigt werden. Es sind also glückliche Umstände, wenn etwa 70 Papyri bis heute erhalten blieben. Die Beschaffenheit des »Papiers« erklärt die Seltenheit der Funde, aber auch die Tatsache, daß die Urschriften, die Autographen, verschollen sind. Man hat also diese Autographen nicht achtlos verkommen lassen. Im Gegenteil: Das Interesse an den Texten war so groß, daß an

38 (Rechte Seite) Die Auferstehung Jesu. Nach griechisch-orthodoxer Tradition befreit Jesus durch seine Auferstehung auch Adam (links) und Eva (rechts) vom ewigen Tod. Griechische Ikone, um 1600.

vielen Orten ganze Textfamilien und Übertragungsgruppen entstanden, bis schließlich ein dauerhafteres Material gebräuchlich
und bezahlbar wurde: das Pergament. Die gegerbte und präparierte
Tierhaut ist dauerhaft und kann auch zu Büchern, den Codices,
gefaltet und gebunden werden. Die Zahl der bis heute erhaltenen
Bibelhandschriften steigt mit den Jahrhunderten sprunghaft an.
Aus dem 4.Jahrhundert sind es nur zwei, aus dem 5. Jahrhundert
schon sieben, aus dem 12. dann 500, aus dem 13. mehr als 2500 Per-
gament-Codices.

Diese Schriften wurden Buchstabe für Buchstabe von Hand
abgeschrieben, zumeist von Mönchen. Oft wurde der Text von
einem einzelnen vorgelesen und gleichzeitig von vielen nach
Diktat aufgeschrieben. Es ist leicht einzusehen, daß bei diesem
Vervielfältigungsverfahren so viele Fehlerquellen denkbar sind,
wie es Schreiber gibt. Ein Hörfehler beim Diktieren oder ein Seh-
fehler beim Abschreiben von Buch zu Buch führt immer zu einer
Textvariante. Zu diesen unbeabsichtigten Änderungen gesellen
sich manchmal auch absichtliche Variationen – vielleicht aus stili-
stischen, vielleicht aber auch aus inhaltlichen, dogmatischen oder
ideologischen Gründen. Die bis heute bekannten Handschriften
des Neuen Testaments bieten insgesamt etwa 250 000 Varianten.
Das sind mehr Abweichungen, als es überhaupt Wörter im Neuen
Testament gibt. In der Hälfte des Wörterbestands stimmen die
Textzeugen nicht überein. Keine einzige Handschrift bietet in allen
Teilen der 27 Bücher des Neuen Testaments einen Text, der mit
einer anderen Handschrift in allen Details übereinstimmt.

Dieses Bild scheint entmutigend zu sein. Für die historische
Wissenschaft und Textkritik ist jedoch gerade die große Zahl der
Varianten eine Hilfe. Bei einer kleinen Zahl von Varianten müßte
man die Frage der Zuverlässigkeit jeder Variante aufwerfen. Bei der
großen Zahl aber läßt sich die häufigste Variante als die sicherste
ermitteln. Der richtige Weg läßt sich um so besser finden, je mehr
Grenzmarkierungen bekannt sind. Die Fülle des Materials ermöglicht die Erkenntnis, daß es nicht nur isolierte einzelne Textzeugen
gibt, sondern ganze Überlieferungsgruppen und Textfamilien, die

einen gemeinsamen Ursprung haben und von den gleichen kulturellen Einflüssen bestimmt sind. Natürlich bleibt die Gefahr für Forscher und Laien immer gegenwärtig, aus den Funden und Befunden voreilige Schlüsse zu ziehen. Wenn man jedoch das gesamte Material der Varianten überblickt, zugleich die dahinterliegenden Tendenzen und Interessen berücksichtigt und auch die Mechanik und damit die Fehlerquellen des Abschreibens kennt, kann man behaupten: Der Text des Neuen Testaments ist textkritisch richtig und historisch gesichert. Nur etwa ein Tausendstel des Gesamttextes ist bis heute ungesichert geblieben. Dabei handelt es sich um inhaltlich belanglose Einzelheiten.

Die Textkritik führt uns also Jahrhunderte zurück bis zu den ältesten der bis heute entdeckten Handschriften. Von dort bis zu dem Papyrusblatt, das Lukas oder Paulus, Markus oder Johannes beschrieben oder unterschrieben haben, ist es nur ein sehr kleines Stück. Diese Lücke ist für den Historiker kein ernsthaftes Problem, weil die Fülle der wenig späteren Textzeugen auf eine kontinuierliche und genaue Überlieferung schließen lassen.

Es gibt im übrigen keine Schrift antiker Autoren, bei denen die Spanne zwischen der Abfassungszeit und der ältesten vollständig erhaltenen Handschrift so klein ist wie beim Neuen Testament. Bei der »Aeneis« des Vergil liegen 400 Jahre zwischen der ältesten bekannten Handschrift und dem verschollenen Original, bei Platons Schriften sind es 1300, bei Homer sogar 1800 Jahre.

An die Abfassungszeit des Neuen Testaments kommt man also mit Hilfe der Textkritik sehr nahe heran. Sehr nahe heißt hier, bis in die Zeit von 60 bis 110 n. Chr. Schon aber tut sich ein neues Problem auf. Denn das, wovon das Neue Testament in bezug auf Jesus berichtet, ist ja einige Jahrzehnte vorher geschehen. Bei Lukas zum Beispiel, der sein Evangelium in den siebziger Jahren niederschrieb, liegen etwa 40 Jahre zwischen den Geschehnissen und ihrer schriftlichen Fixierung. Genügt es bei Dichtungen und philosophischen Werken, bis zur Abfassungszeit vorzudringen, kann man beim Neuen Testament aber nicht beim Bericht stehenbleiben. Man muß vielmehr zum Berichteten selbst vorzudringen versuchen.

DER VERSCHOLLENE SCHATZ

Die Urtexte auch der 27 »kanonischen« Schriften gingen verloren. Die mühsame Annäherung über die verschiedenen später entdeckten Handschriften klingt oft wie eine Abenteuergeschichte, die von den Helden der Wissenschaft erzählt. Einer dieser Helden war der Leipziger Textforscher Konstantin Tischendorf.

Tischendorf ist Professor für Neues Testament an der Universität Leipzig. Mit 19 Jahren hat er sein Studium der protestantischen Theologie begonnen und sich sehr bald auf die historische Erforschung des Neuen Testaments, eben jener 27 Schriften des abendländischen Kanons, spezialisiert. Mit 25 Jahren erhält er die »venia legendi«, die Erlaubnis, akademische Vorlesungen zu halten. Mit 27 Jahren veröffentlicht er seine erste Ausgabe des griechischen Neuen Testaments: »Vor mir steht eine heilige Lebensaufgabe, das Ringen um die ursprüngliche Gestalt des Neuen Testaments.« Er kennt die Schwierigkeit, aus den verschiedensten Handschriften einen verläßlichen, den authentischen Text der antiken Schriften zu erschließen. Für diese Aufgabe bringt Tischendorf ungewöhnliche Voraussetzungen mit: die lückenlose Kenntnis der alten Sprachen Griechisch, Hebräisch, Koptisch, Aramäisch und Samaritanisch. Und er verfügt über eine außerordentliche Sehschärfe und eine ebenso ungewöhnliche Beobachtungsgabe. Daß er außerdem noch ebenso sportlich wie charmant, so mutig wie diplomatisch ist, wird ihm bei seinem großen Abenteuer zustatten kommen.

1840 sitzt Tischendorf in der Bibliothèque Nationale in Paris, um die bis dahin berühmteste Handschrift zu studieren, den »Codex Ephremi«, eine Abhandlung des syrischen Theologen und Bibelkommentators Ephraim aus dem 4. Jahrhundert. Der Text des antiken Autors war im 12. Jahrhundert auf jenes Pergament abgeschrieben worden, das Tischendorf vor sich hat. Aber der Codex ist ein sogenanntes Palimpsest, ein Pergament, das immer wieder beschrieben wurde. Pergament war in der Antike und auch im Mittelalter so kostbar, daß man die Buchstaben einfach abschabte, um das Blatt neu beschreiben zu können. Kann man danach die abgeschabte Schicht doch noch entziffern? Tischendorf kann es.

Ihn interessiert nicht die Abhandlung Ephraims. Er will den Text entschlüsseln, der unter den Buchstaben des Syrers verborgen ist. Das Vorhaben gelingt. Der Mann mit den vorzüglichen Augen fördert den Text einer Handschrift aus dem 5. Jahrhundert zutage: das vollständige Alte und Neue Testament, die kanonischen Schriften der Christenheit. Eine derart alte Handschrift der Bibel war bis dahin nicht entdeckt worden.

Tischendorf ist in der Welt der Wissenschaft mit einem

Schlag berühmt. Alle Türen stehen ihm offen, alle Mittel stehen ihm zur Verfügung. Im April 1844 bricht er zu seiner ersten Orientreise auf. Er hofft, im Katharinenkloster auf dem Sinai alte Bibelhandschriften zu finden, um weiteres Material für die Herstellung einer authentischen Textfassung zu gewinnen.

39 Uneinnehmbar wie eine Festung erheben sich die Mauern des weitab in der Wüste gelegenen Katharinenklosters. Hier wurden über Jahrhunderte bedeutendste Ikonen und Bibeltexte der Frühzeit aufbewahrt.

Der Gelehrte ist mehrere Wochen unterwegs: mit dem Schiff nach Alexandria, dann in vier Tagen mit einer Barke nach Kairo, von Kairo aus mit einer eigens zusammengestellten Karawane durch die Wüste. Am 24. Mai erreicht Tischendorf das Katharinenkloster. Er trifft dort auf Mönche, die sich als völlig ungebildet und uninteressiert erweisen. Tischendorf schreibt an seine Braut: »Seit acht Tagen bin ich nun im Katharinenkloster. Aber diese Bande von Mönchen! Hätte ich militärische Gewalt und Kraft, ich

würde ein heiliges Werk tun, ich würfe dieses Gesindel über die Mauern. Wie traurig, wenn man sehen muß, wie der Mensch seine Gemeinheit, seine Jämmerlichkeit mitten hinein in die wundervolle Erhabenheit dieser Bergwelt trägt.« Tischendorf durchsucht die völlig ungeordnete Bibliothek des alten, um 530 erbauten Klosters nach Bibelhandschriften. Er findet nichts. Als er schon zurückreisen will, entdeckt er in einem Abstellraum einen großen Papierkorb, in dem Papiere zum Verbrennen gesammelt worden sind. Auf dem Boden des Korbs finden sich Pergamentblätter, vierspaltig

40 Im Mai 1844 macht Konstantin Tischendorf im Katharinenkloster auf dem Sinai eine sensationelle Entdeckung.

mit griechischen Buchstaben beschrieben. Tischendorfs geübter Blick erkennt sofort, daß er einen Schatz vor sich hat. Er bittet darum, einen Teil der Blätter in sein Zimmer mitnehmen zu dürfen. Dort prüft er den Fund und weiß: Er hat die ältesten Handschriften vor sich, die er je gesehen hat. Es sind die berühmten Blätter des später sogenannten Codex Sinaiticus: 129 Pergamentblätter, beschrieben um 350 n. Chr.

43 Blätter darf Tischendorf an sich nehmen. Die anderen behalten die Mönche, die auf einmal wittern, daß sie etwas sehr Kostbares besitzen. Aber abschreiben darf er die restlichen Blätter. 1854 ist Tischendorf wieder in Leipzig. Die Ehrungen der wissenschaftlichen Welt schlagen wie eine Woge über ihm zusammen. Ihn aber treibt es von neuem hinaus auf den Sinai. 1854 bricht er wieder zum Katharinenkloster auf, um auch die übrigen 86 Blätter zu bergen. Als er ankommt und nach den Blättern der Handschrift

fragt, will niemand etwas wissen. Pergamentblätter? Ja richtig. Man erinnere sich schwach. Aber niemand will wissen, wo sie geblieben sind. Alles Suchen bleibt erfolglos. Haben die Mönche die Blätter verkauft? Die Mönche sagen: Nein, sie haben nicht verkauft. Tischendorf glaubt ihnen, muß aber trotzdem ohne die Blätter abreisen.

Zurück in Leipzig, läßt ihm die Sache keine Ruhe. Er veröffentlicht jetzt, daß er die vor sieben Jahren edierten Handschriften im Katharinenkloster erworben, dort aber weitere 86 Blätter derselben Handschrift zurückgelassen habe. Tischendorf will sich durch diese Veröffentlichung seine Priorität sichern, falls doch irgend jemand die Pergamente gekauft hat und veröffentlichen will. Bald beginnt er wieder, eine neue Forschungsexpedition auszurüsten und Geld zu sammeln. Über den sächsischen Kulturminister, den russischen Gesandten in Dresden, den Großfürsten Konstantin, die Kaiserin-Mutter und die Kaiserin erwirkt er die Unterstützung des Zaren. Dessen Protektion ist entscheidend, weil der Russische Zar der Schutzherr des Katharinenklosters ist und seit Jahren wie seine Vorgänger dem Kloster finanzielle Unterstützung gewährt. Der Zar übergibt Tischendorf für die Expedition eine beträchtliche Geldsumme, über die er frei verfügen kann und die er nicht einmal abzurechnen braucht.

Anfang Januar 1859 bricht Tischendorf erneut zum Sinai auf. Im Kloster wird er als Freund des Zaren zuvorkommend begrüßt. Die gesuchten Handschriften aber finden und finden sich nicht. Tischendorf bestellt die Beduinen für den 7. Februar, um nach Kairo zurückzureiten. Am 4. Februar unternimmt er, begleitet von einem jungen, aus Athen stammenden Mönch aus der Verwaltung des Klosters, eine Wanderung durch die steinige Wüste am Rande der Berge. Der Weg führt zu dem Platz, an dem der Legende nach die Israeliten nach dem Auszug aus Ägypten die Gesetzestafeln des Moses empfangen haben. Natürlich ist auch von den verschollenen Handschriften die Rede. Am Abend, als die beiden ins Kloster zurückgekehrt sind und Tischendorf sich von seinem Begleiter verabschieden will, lädt dieser ihn auf einen Erfri-

schungstrunk in seine Zelle ein. Dort erklärt der junge Grieche stolz, er besitze auch eine alte Handschrift, und holt ein Paket vom Regal, das in ein großes rotes Tuch eingewickelt ist: »Ich habe hier noch eine griechische Bibel. Vielleicht interessiert sie dich.« Vor Tischendorf liegt ein Bündel Pergamentblätter: die vermißten 86 Blätter der Septuaginta, des Alten Testaments in griechischer Sprache. Tischendorf darf das Bündel mit in seine Zelle nehmen. Dort entdeckt er, daß der Fund auch noch eine Handschrift mit neutestamentlichen Texten enthält. In höchster Erregung läßt der völlig überwältigte Gelehrte Blatt für Blatt durch seine Hände gleiten: 346 Blätter, eine vollständige Handschrift aller kanonischen Schriften des Neuen Testaments aus der Zeit um 350 n. Chr. und noch zwei apokryphe Schriften, den »Hirt des Hermas« und einen Barnabas-Brief – jedes Blatt ein Vermögen wert. Tischendorf schläft die ganze Nacht nicht.

Am nächsten Morgen beginnt ein verwickeltes diplomatisches Spiel. Tischendorf setzt alle seine Begabungen ein, um den Fund zu sichern. Aber die Mönche rücken die Manuskripte nicht heraus. Der Archimandrit (der Vorsteher des Klosters) sei zur Synode nach Kairo geritten, und ohne ihn ginge gar nichts. Da zum Abschreiben der Texte Papier und Tinte fehlen, macht Tischendorf sich auf den Weg nach Kairo. Dort erwirkt er die Erlaubnis, die Texte in Kairo abzuschreiben. Auf einem Rennkamel wird die Nachricht zum Kloster und das Pergamentbündel nach Kairo gebracht. Tischendorf beginnt im »Hotel zu den Pyramiden«, unter Mithilfe eines Arztes und eines Apothekers, die 110 000 Zeilen und 12 000 Korrekturen, also das Gesamtmanuskript mit allen Änderungen und späteren Zusätzen, Buchstabe für Buchstabe abzuschreiben. Zwei Monate lang.

Tischendorf aber will mehr: Er will das Original dem Zaren von Rußland überreichen. Ein diplomatisches Pokerspiel zwischen Kairo, Konstantinopel und Moskau beginnt. Tischendorf bemüht sich selbst nach Jerusalem und Konstantinopel. Schließlich erreicht der russische Gesandte, daß der Codex dem Zaren leihweise überlassen wird. Die Leihgabe sollte dann in eine Schenkung verwandelt werden, wenn vom Zaren angemessene Gegengaben übermittelt würden.

Am 9. Oktober 1859 besteigt Tischendorf mit dem Codex im Handgepäck das Schiff nach Europa. In Wien empfängt ihn Kaiser Franz Joseph, um den Codex mit eigenen Augen zu sehen, in Dresden König Johann von Sachsen, schließlich – seine Familie in Leipzig hat Tischendorf nur auf der Durchreise getroffen – in Zarskoje-Selo der Zar. Tischendorf wird mit Orden und Ehrenzeichen überschüttet und in den erblichen Adelsstand erhoben.

Als Tischendorf 1874 nach mehreren Schlaganfällen im Alter von 59 Jahren stirbt, hinterläßt er in seinem Testament auch die folgenden Sätze: »Gott hat mir ein glückliches, von seinem Segen reich geschmücktes Leben geschenkt. Mühe und Arbeit ist es gewesen, aber sie war mir in Wahrheit köstlich. Lege Gott seinen Segen auch auf das, was ich der Nachwelt hinterlasse. Es ist sein Werk.«

Den Codex Sinaiticus boten 1933 die Bolschewisten zum Verkauf an. Sie brauchten Devisen. Das British Museum in London erwarb die Handschrift für 100 000 Pfund. Die Blätter des Codex sind dort zu sehen.

NICHT BIOGRAPHIE, NICHT MYTHOS

Die historischen Wissenschaften haben versucht, Licht in eine verschüttete Welt zu bringen. Sie haben restauriert und rekonstruiert, alles Erkennbare und Wissenswerte zusammengetragen. Das Ergebnis ist bescheiden: »Mit den außerchristlichen Erwähnungen Jesu ist kein Staat zu machen.« (W. Trilling).

Ist Staat zu machen mit den christlichen Berichten über Jesus? Die Geschichten um die Geburt, das Leben und den Tod Jesu sind anrührend, phantasievoll und verwunderlich. Muß man sie heute zum mythischen Müll werfen? Oder bedürfen die in der Bibel erzählten Geschichten der überzeitlichen Interpretation? Was zum Beispiel bedeutet die Geschichte, daß Jesus von einer Jung-

41 Der Arzt, Theologe, Kulturphilosoph und Musiker Albert Schweitzer (1875–1965) hat eines der populärsten Bücher, zur Geschichte der Leben-Jesu-Forschung geschrieben.

frau geboren wurde? Was bedeuten die Erzählungen von Wundertaten wie die Speisung Tausender oder die Erzählung von der wunderbaren Heilung Kranker, der Auferweckung Toter und schließlich die Berichte vom Tod und von der Auferstehung Jesu selbst? Kann man je das Dilemma zwischen aufgeklärter Religiosität und einem naiv-fundamentalistischen Glauben überbrücken?

Zwar kann man den Text des Neuen Testaments als gesichert ansehen. Aber offen ist immer noch, von welcher Art, welcher literarischen Gattung diese unterschiedlichen Texte sind – mit anderen Worten: wie man zum Beispiel einen Evangelienbericht in bezug auf den historischen Jesu zu verstehen hat. Die Evangelien sind ja vom Glauben der Urgemeinde geprägt und nicht einfach eine Biographie Jesu. Deshalb aber sind sie noch lange kein geschichtsloser religiöser Mythos, bei dem es von vornherein ein müßiges Geschäft wäre, nach seinem Sitz in der Historie zu forschen. Seit der Aufklärung ist deshalb immer wieder versucht worden, die historischen Linien des Lebens Jesu nachzuzeichnen. Der Theologe, Musiker und Arzt Albert Schweitzer hat eines seiner Bücher diesem Thema gewidmet: »Geschichte der Leben-Jesu-Forschung«. Die erste Fassung und erste Auflage dieses Werkes erschien 1906, die bisher letzte 1984.

DAS LEBEN JESU IM STREIT DER WISSENSCHAFT

In der Antike und im Mittelalter hat sich kaum jemand die Frage gestellt, ob die Evangelien verläßliche historische Quellen sind. Man hat entweder, wie der um 330 n. Chr. lebende spanische Priester Iuvencus, eine Evangelienharmonie geschrieben, das heißt, er hat aus den vier Evangelien ein einheitliches Epos – in lateinischen Hexametern, die Vergil nachempfunden sind – verfaßt. Oder man hat gleich, wie um 430 n. Chr. der Dichter Sedulius, aus den Evangelien eine fromme Dichtung gemacht, ebenfalls in Hexametern, ein Lob- und Preisgedicht. Diese Art frommer Dichtung hat dann auch die dramatischen oder epischen Darstellungen der Christusgeschichte wie das Stabreimepos »Heliand« oder der »Krist« des Benediktiners Otfried von Weißenburg (eine in den Jahren 871 bis 873 entstandene gereimte Evangelienharmonie in rheinisch-fränkischer Mundart) inspiriert.

Erst in der Zeit der Aufklärung begann die kritische Auseinandersetzung mit den überkommenen biblischen Texten und Vorstellungen. Bahnbrechend waren die Arbeiten des Hamburger Orientalisten Hermann Samuel Reimarus (1694–1768), der seine Studien nie veröffentlichte, dessen Schriften jedoch von Lessing herausgegeben wurden und dadurch den Anstoß zu einer kritischen Leben-Jesu-Forschung geben konnten – nicht zuletzt dadurch, daß die Gedanken des Reimarus in der theologischen Welt als Skandal empfunden wurden. Reimarus nimmt gegen jede naive Wortgläubigkeit und jeden Orthodoxieanspruch Stellung und versteht Jesus als einen Menschen mit messianischem Sendungsbewußtsein, der die Nähe des Gottesreiches verkündet, am Kreuz aber den Irrtum seines Lebens erkennt. Die Jünger hätten in der Erinnerung an die Worte Jesu ein System des Glaubens erschaffen, den Leichnam Jesu aus dem Grab gestohlen und seine Auferstehung behauptet.

Derartige Darstellungen waren dazu angetan, den Streit über das historische Leben und das Selbstverständnis Jesu von Nazareth

42 Otfrieds von Weißenburg »Evangelienharmonie« (um 870) gehört zu den ältesten Literaturdenkmälern in deutscher Sprache.

anzufachen. Große Namen haben sich mit gewichtigen Äußerungen daran beteiligt: Friedrich Schleiermacher, Caspar David Strauss, Ernest Renan und andere. Strauss (»Das Leben Jesu, kritisch bearbeitet«, 1864) und Renan (»Das Leben Jesu«, 1863) wurden in mehr als hundert Gegenschriften bekämpft, vor allem in katholischen Kreisen: »Was eine Soutane trug und eine Feder rühren konnte, focht wider Renan, die Bischöfe in der ersten Reihe.« (A. Schweitzer, S. 214). Renan entfaltete mit seinem eher sentimentalen Jesus-Roman eine besonders intensive Wirkung, vor allem wegen der hohen literarischen Qualität seiner Schilderun-

gen. Für Renan war Jesus der sanfte Rabbi, der die Liebe verkündete und geliebt werden wollte, sich aber allmählich zum Revolutionär entwickelte, weil er auf den bornierten Widerstand der jüdischen Führungsschicht traf.

Albert Schweitzer schildert den Streit um das historische Selbstverständnis Jesu in der protestantischen Welt überaus anschaulich. Im Urteil der katholischen Welt hat sich die liberale protestantische Leben-Jesu-Forschung immer zu sehr von Zeitströmungen beeinflussen lassen, so daß sie oft die Balance der kirchlichen Christusgläubigkeit verlor, sei es durch Idealismus oder Fortschrittsgläubigkeit, Kulturoptimismus oder Kulturkritik, Existentialphilosophie oder Religionssoziologie. Wie der katholische Bibelwissenschaftler Franz Mussner im »Lexikon für Theologie und Kirche« schreibt, ist aber die »Hoffnung auf einen gewissen Konsens« nicht mehr unbegründet, seit auf beiden Seiten die Frage nach dem Selbstbewußtsein des historischen Jesus eine immer wichtigere Rolle spielt. In diesem Punkt wird man nie an ein Ende kommen, weil man neue Einsichten durch neue archäologische und paläographische (urschriftliche) Funde und neue Daten aus dem historischen Umfeld des Neuen Testaments nicht ausschließen kann.

Der Weg zu einem »gewissen Konsens« dürfte jedoch noch weit sein. Das erwähnte berühmte Buch von Albert Schweitzer zeigt

43 Um den See Genezareth herum fanden viele der öffentlichen Auftritte Jesu statt. Hier wurden die Zuhörer auch Zeugen der wunderbaren Brot- und Fischvermehrung.

deutlich, wie groß die Gegensätze und wie ungeklärt die Ausgangsbasis für ein unbestreitbares und historisch gesichertes Jesus-Bild bis zum Beginn des 20. Jahrhunderts waren. Sie sind es auch noch zum Ende des Jahrhunderts. Vor allem die Frage nach der Geschichtlichkeit Jesu wird immer wieder in neuen Varianten gestellt: Was haben die neutestamentlichen Jesus-Erzählungen mit dem historischen Jesus zu tun? Ja, gab es den »historischen Jesus« überhaupt? Hat sich im Lauf des 20. Jahrhunderts durch historische Parallelen wie die in den Funden von Qumran nicht herausgestellt, daß Jesus, wenn es ihn denn gab, alles andere als originell handelte und sprach und auch in seinem Selbstverständnis keineswegs unabhängig war? Und ist nicht, wenigstens in der historischen Wissenschaft und historischen Theologie, längst klar, daß Jesus gar kein Religionsstifter war, der eine neue Religion begründen wollte?

Was heute eine komplizierte und verzwickte Frage ist, die in den Schreibstuben der Gelehrten, den Hörsälen und in der interessierten Öffentlichkeit erwogen wird, gehörte noch vor wenigen Jahrzehnten zum primitiven und polemischen Kampfgetümmel ideologischer Feldschlachten. »Der Ton, in dem die Verhandlungen über Existenz oder Nichtexistenz Jesu geführt wurden, stellt der Kultur des zwanzigsten Jahrhunderts kein besonders gutes Zeugnis aus«, schreibt Albert Schweitzer, der die Schuld für den rüden Ton denen zuschiebt, die die Geschichtlichkeit Jesu bestreiten und sich obendrein auch noch als Märtyrer der Wahrheit aufführen: »Sie traten gleich zu Anfang herausfordernd auf, ohne von irgendeiner Seite gereizt worden zu sein, und taten, als ob sie allein den Mut hätten, die Stimme für die Wahrheit zu erheben, während ›die Theologen‹ aus Beschränktheit oder Ängstlichkeit noch an der Existenz Jesu festhielten und die natürlichen Konsequenzen der neuesten Forschung nicht zu ziehen wagten.« (S. 502).

Schweitzer bezieht sich auf Autoren wie Arthur Drews (»Hat Jesus gelebt?«), Peter Jensen, William Benjamin Smith, John M. Robertson und andere. Man sprach von einer »Christusmythe«. Drews veröffentlichte 1909 und 1911 sein zweibändiges Werk »Die

Christusmythe« und erklärte stellvertretend für viele andere, daß die Hauptelemente der Evangelien aus der Mythologie stammten.

DIE MÜNDLICHE BIBEL

Lange Zeit hat man angenommen, die Evangelisten berichteten aus eigener und unmittelbarer Erinnerung. Erst als man die verhältnismäßig späte Abfassung der Evangelien erkannt hatte – bei der Datierung spielt das Jahr 70 mit der Zerstörung des Jerusalemer Tempels durch die römischen Truppen eine wichtige Rolle –, mußte man andere Wege gehen. Wie soll man die Jahrzehnte überbrücken, die der Niederschrift der Evangelien vorausgehen? Mit anderen Worten: Was hatten die neutestamentlichen Schriftsteller – literarisch und überlieferungsgeschichtlich, nicht theologisch gesehen – zur Verfügung, als sie darangingen, ihre Bücher über die Taten und Reden des Jesus von Nazareth zu schreiben?

Zwar kann man annehmen, daß es schon sehr früh schriftliche Einzelquellen gab, die von den Evangelisten benutzt werden konnten. Ein Blick auf die Literaturformen, die Überlieferungstechnik und die kulturellen Eigenheiten des 1. Jahrhunderts lehrt, daß den Evangelisten eine viel reicher strömende Quelle zur Verfügung stand: die mündliche Weitergabe von Sprüchen und Taten Jesu. Dieser Stoff war schon im vorliterarischen Stadium in feste Formen geprägt. Die Weitergabe bestand also nicht einfach in einem formlosen und unkontrollierten Erzählen. Die knappen, sprichwortartigen Aussprüche, die formelartigen Bildworte, die einfach und zum Teil rhythmisch gebauten Gleichnisse, die pointierten und stilisierten Streitgespräche Jesu mit seinen Gegnern zeigen den typischen Überlieferungsstil einer Kultur, die sich auf das gesprochene Wort stützt und sich nur schwer zu einer schriftlichen Festlegung entschließt. Das mündliche Tradieren aber war genau und zuverlässig, nicht zuletzt aufgrund der damals üblichen hohen Gedächtnisleistung. Deshalb kann man durchaus sagen, daß der heutigen schriftlichen Bibel eine »mündliche Bibel« vorausging. Und diese festgefügte mündliche Tradition ist das Verbin-

44 Mit biblischen Szenen ausgemalte Kirchen – wie die »Manasija« in Despovac (Serbien) aus dem 15. Jahrhundert – stehen in der Tradition des mündlichen Erzählens. Wer nicht lesen oder sich keine gedruckte oder handgeschriebene Bibel leisten konnte, für den waren die Bilder Gedächtnisstütze und Anschauungsmaterial.

45 Ruinen des
Herodes-Palastes
in Jericho

dungsglied zwischen dem Auftreten Jesu von Nazareth und der
Niederschrift der Ereignisse. Die Evangelisten haben gesammelt
und redigiert, was sie im Strom der Überlieferung fanden. Darum
ist die Form der heutigen Bibel nur aus der Vorgeschichte ihrer
Einzelelemente zu verstehen.

DER TEXT LEBT

Es ist klar, daß die mündlich wei-
tergegebenen Überlieferungsele-
mente, die kurzen Geschichten und Aussprüche »gelebt« haben.
Das heißt: Sie haben sich entwickelt und nach bestimmten Gesetzen abgeschliffen oder ausgeformt. Diese Gesetze kann man studieren. Die Bibelwissenschaft hat dafür eine Methode ausgebildet,
die der evangelische Bibelwissenschaftler Martin Dibelius 1919
»Formgeschichte« genannt hat. Diese Methode geht davon aus,
daß auch die bloß mündliche Überlieferung formalen Gesetzen
gehorcht: »Diesen Gesetzen nachspüren, die Entstehung jener
kleinen Einheiten begreiflich machen, ihre Typik herausarbeiten
und begründen und solcherart zum Verständnis der Überlieferung
gelangen – das heißt Formgeschichte des Evangeliums betreiben.«
Dabei stellt sich schnell heraus, daß manche Ereignisse oder Worte

in einen Rahmen hineingestellt sind. Der einzelne Schriftsteller bietet einen »redaktionellen Rahmen«, zum Beispiel überleitende Bemerkungen mit Zeit- und Ortsangaben. Dieser Rahmen kann dann durchaus abweichen vom Rahmen eines anderen Evangelisten, auch wenn der Kern des Berichts sachlich und oft sogar wörtlich gleichlautend ist. Auf diese Weise erkennt man die Komposition von Redestoff und Erzählungsstoff. Man durchschaut die Unterteilungen des Redestoffs in Weisheitsworte (Logien) wie »*Wo dein Schatz ist, da ist auch dein Herz*«, in prophetische oder apokalyptische Worte, die zur Umkehr auffordern, in Gesetzesworte und Gemeinderegeln wie die Antithesen der Bergpredigt »*Ich aber sage euch ...*« oder in »Ich-Worte«, in denen Jesus von sich selbst und von seinem Auftrag spricht, und schließlich in Gleichnisse, Lehrstücke und Beispielerzählungen wie »*Es war ein Mensch, der ging von Jericho hinauf nach Jerusalem ...*«

Alle diese Überlieferungstypen kann man nun miteinander und mit anderen Erzähltraditionen der jüdischen oder griechischen, der buddhistischen oder islamischen Antike vergleichen. Dabei zeigt sich, daß sie alle einen »Sitz im Leben« haben, das heißt, sie fügen sich in das Leben der bewahrenden und weitergebenden Menschen und werden von diesen mitgeformt. So kann das Wort »Wer sein Leben verliert, wird es retten« in dieser, zugleich aber in der erweiterten Form übermittelt werden: »Wer sein Leben *um meinetwillen* verliert, wird es retten.«

DIE GEHEIMNISVOLLE QUELLE »Q«

So ist verständlich, daß es überhaupt mehrere Gestaltungen der Worte und Taten Jesu von Nazareth gibt und diese unterschiedlichen Gestaltungen voneinander abhängig sind. Die Abhängigkeiten und Unterschiede haben zu einem kühnen Rückschluß geführt, der sich ausnimmt wie der Rückschluß auf einen neuen Stern in der Astronomie, den noch niemand gesehen hat, dessen Existenz jedoch unbestritten angenommen oder berechnet wird. Dieser Rückschluß versucht folgendes nahezu detektivisch zu erklären: daß die untereinander in Anlage und Stil sehr verschiedenen und unabhängig voneinander geschriebenen Evangelienberichte des Matthäus und des Lukas sich einerseits an das frühere Markus-Evangelium anlehnen und sich jeweils 661 Verse des Markus einverleiben, andererseits aber auch losgelöst von Markus wörtliche Übereinstimmungen aufweisen. Der Rückschluß: Matthäus wie Lukas haben neben Markus eine zweite schriftlich Quelle benutzt, als sie ihr Evangelium niederschrieben. Diese Quelle mit Aussprüchen Jesu – in der Forschung kurz mit Q bezeichnet – ist literarisch nicht erhalten geblieben. Es muß sie aber gegeben haben, weil sonst die Übereinstimmung der beiden voneinander unabhängigen Autoren in 240 Fällen nicht zu erklären ist. Erst die »Zwei-Quellen-Theorie«, wie man sie genannt hat, gibt den Schlüssel zum Verständnis der verschiedenen Variationen in die Hand.

Daß dieses Eindringen in die literarische Struktur der Evangelien kein überflüssiger Aufwand, sondern ein Mittel der Erkenntnis ist, mag das folgende Beispiel erläutern. Lukas erzählt folgende Geschichte: »*Er sprach zu den Volksscharen: Wenn ihr im Westen eine Wolke aufsteigen seht, sagt ihr sofort: ›Es gibt Regen‹ und es trifft zu. Spürt ihr den Südwind wehen, sagt ihr: ›Es wird heiß‹ und es trifft ein. Ihr Heuchler, das Aussehen des Himmels wißt ihr zu deuten. Warum könnt ihr diese Zeichen nicht deuten? Warum beurteilt ihr nicht auch von selbst, was recht ist? Wenn du nämlich mit deinem Gegner zur Obrigkeit gehst, gib dir unterwegs Mühe, von ihm loszukommen, damit er dich nicht vor den Richter schleppen kann, der Richter dich dem Gerichtsdiener übergibt und der dich in den Kerker wirft. Ich sage dir: Du wirst von da nicht herauskommen, bis du auf den letzten Heller bezahlt hast.*«

Der Satz über »diese Zeit« zeigt, daß es um die Zeichen der Zeit vor dem Gottesgericht geht, vor dessen Anbruch man umkehren soll. Bei Matthäus wird die Episode in einen ganz anderen Zusammenhang gestellt: »*Wenn du deine Gabe zum Altar bringst und dich erinnerst, daß dein Bruder etwas gegen dich hat, so laß deine Gabe dort vor dem Altar und versöhne dich mit deinem Bruder. Und dann komm und opfere deine Gabe. Versöhne dich mit deinem Wider-*

*sacher ohne Verzug, solange du mit ihm auf dem Weg bist, damit er
dich nicht dem Richter übergibt und der dem Gerichtsdiener und du
in den Kerker geworfen wirst. Ich sage dir: Du wirst nicht von da
herauskommen, bis du den letzten Heller bezahlt hast.«*

Hier ist der Text mit dem Blick auf das Gemeindeleben geändert. Er ist jetzt eine Regel der Klugheit, die zur Verständigung mit dem Prozeßgegner rät. Das Gottesgericht am Ende der Zeit tritt in den Hintergrund. Man spürt die bewußt gestaltende Hand eines Mannes, der nicht nur Überlieferungsgut sammeln, sondern die Vorlage im Blick auf seine Adressaten gestalten will. Er redigiert (überarbeitet) den überkommenen Text. Wir haben es mit der Redaktionsgeschichte der Evangelien zu tun.

Alle diese Methoden aber – die Textkritik, die Formgeschichte, die Redaktionsgeschichte – sind Erkennungsmarken am Weg zu den Inhalten der Bibel und letztlich am Weg zur historischen Gestalt Jesu von Nazareth.

DER MANN AUS GALILÄA

Die Wege der Wissenschaft haben durch Ausdauer und Genauigkeit immer näher an den Ursprung der Überlieferung herangeführt, der schriftlichen wie der mündlichen. Dieser Ursprung kann heute als historisch gesichert gelten. Die Zweifel, ob Jesus von Nazareth überhaupt gelebt habe, sind längst ausgeräumt. Dennoch scheiden sich an der Gestalt und der Botschaft dieses Jesus nach wie vor die Geister. Zu Recht. Es ist durch die Jahrhunderte so geblieben, wie es damals war, als Jesus sich auf den Weg »hinauf nach Jerusalem« machte.

Begonnen hat der Weg Jesu in Galiläa, im kleinen Dorf Nazareth, wo er wahrscheinlich auch geboren ist und wo sein Vater Joseph als Bauarbeiter (»tékton«, wie im Wort »Architekt«) sein Brot verdient. Die meistens übliche Berufsangabe, wonach Joseph »Zimmermann« war, führt zu sehr in die Vorstellungswelt der Holzverarbeitung. Holz aber war im damaligen Galiläa Mangelware. Von der Holzverarbeitung hätte niemand leben können.

46 Der »Stern von Bethlehem« in der Geburtskirche in Bethlehem: An dieser Stelle soll Jesus geboren worden sein.

47 Traditionelle jüdische Thora-Lesung anläßlich der Bar-Mizwa-Feiern an der Klagemauer in Jerusalem.

Die Geburt Jesu in Bethlehem – von der die Evangelien des Matthäus und des Lukas erzählen – ist wohl eine »theologische Ortsbestimmung«, ebenso wie die Erzählungen vom Kindermord und von der Flucht nach Ägypten: Nach dem Propheten Micha wird die Geburt des Messias in Bethlehem, der Stadt König Davids, erwartet: »*Und du, Bethlehem, die du klein bist unter den Tausenden Judas, aus dir soll mir der Herrscher in Israel hervorgehen, dessen Ursprung von Urzeit und Ewigkeitstagen her besteht.*« (5,1–3)

Nur dies scheint für Matthäus und Lukas wichtig zu sein, denn in den näheren Angaben stimmen sie nicht überein. Bei Lukas führt die Volkszählung die Eltern Jesu nur kurz nach Bethlehem, dann zurück nach Nazareth. Für Matthäus wohnen Joseph und Maria in Bethlehem, fliehen nach Ägypten und ziehen dann nach Nazareth.

Der jüdische Philosoph und Theologe Schalom Ben-Chorin bemerkt gerade aus seiner jüdischen Sicht: »Die gesamte Geburtsgeschichte Jesu ist von typischen Sagenmotiven durchsetzt.« Ben-Chorin rechnet dazu auch das »Märchen« von den weisen Magiern aus dem Morgenland und die »Heldengeschichte«, in der Jesus das Massaker des Herodes überlebt – eine Geschichte, die nach dem Muster des Moses-Mythos von der Ermordung aller Neugeborenen Knaben durch den Pharao und der wunderbaren Rettung des Moses erzählt wird.

Trotz der literarischen Gestaltung der Geschichten um Herkunft und Kindheit Jesu wird – anders als in den apokryphen Geschichten – immer wieder das Bemühen erkennbar, die Jesus-Geschichten in der Geschichte zu verankern. Die Mutter Jesu heißt Maria (Mirjam). Der Handwerker und seine Frau geben dem Sohn den Namen Joshua, einen häufig gebrauchten Namen. Joshua lernt lesen und schreiben und geht wie seine Brüder – im Neuen Testament ist von vier Brüdern die Rede (Jakobus, Joses, Juda und Simon), wobei der Ausdruck Bruder auch für Vetter stehen kann – in die Thora-Schule. Die Schwestern – ihre Zahl und ihre Namen erfährt man nicht – müssen zu Hause bleiben und im Haushalt helfen, wie es eben ist in einer patriarchalischen Gesellschaft.

Joshua lernt die heiligen Schriften des Judentums kennen – später wird man ihn selbst Rabbi nennen. Als Beruf erlernt er wohl das Handwerk des Vaters.

Das Leben in Galiläa ist alles andere als eine Idylle. Die Leute sind bitterarm. Die kleinen Lehmhäuser drängen sich in den Dörfern eng zusammen. Man wohnt beengt, meistens in einem einzigen Raum, der die Großfamilie und auch noch Tiere beherbergen muß. Die Menschen haben wenig zu essen, sie leiden unter der Kargheit des Bodens und unter der Steuerlast. Die politischen Verhältnisse sind unklar und wechselnd. Die kleinen Leute müssen jährlich den Zehnten zahlen: Zehn Prozent aller landwirtschaftlichen Erträge sind an die Priesterschaft des Tempels zu entrichten. Hinzu kommt die Tempelsteuer für den Neubau des Tempels. Neben dieser religiös begründeten Abgabe sind aber auch noch die Steuern für die Römer aufzubringen. Die römische Besatzungsmacht treibt gnadenlos die Gelder ein: die Warenzölle und eine Kopfsteuer. Viele Juden des besetzten Landes geraten in Verschuldung oder Sklaverei.

Die bedrängte Lage bringt radikale Bewegungen hervor wie die Zeloten, die Eiferer, die zum Widerstand gegen die Römer aufrufen, sie aus dem Land vertreiben und den jüdischen Staat mit Waffengewalt wiedererrichten wollen.

Die Römer hatten schon im Jahre 63 v.Chr. unter dem Feldherrn Pompeius Judäa und Jerusalem besetzt. 40 v.Chr. wird Herodes der Große zum König über Judäa und Samaria ernannt. Das Volk lehnt ihn ab, weil er mit den Fremden kollaboriert. Nach seinem Tod folgen ihm die Söhne Herodes Antipas (für Galiläa) und Archelaos (für Judäa und Samaria). Sie teilen sich also den väterlichen Herrschaftsbereich. Die Teilsouveränität der beiden Könige von Roms Gnaden findet aber schon im Jahre 26 ein Ende, als Pontius Pilatus Statthalter in Palästina und die Provinz direkt den Römern unterstellt wird. Pontius Pilatus wird als Präfekt der Provinz in den Prozeß gegen Jesus hineingezogen werden. Inzwischen ist Tiberius Kaiser des Römischen Reiches, die Stadt Tiberias am Westufer des Sees Genezareth ist nach ihm benannt.

48 Johannes
tauft Jesus im
Jordan. Stehen
sie mit den
Essenern aus
Qumran in
Verbindung?
Altarbild von
J. B. Enderle,
um 1700.

Jesus wächst also in einem spannungsgeladenen politischen Umfeld auf. Seine Zugehörigkeit zur jüdischen Unterschicht wird später seine Parteinahme für die Erniedrigten und Beleidigten, die Unterdrückten und die Ausgebeuteten mitbestimmen. Um die Worte der sogenannten Bergpredigt nicht falsch zu verstehen, muß man die politische Konstellation dieser Zeit sehr genau beachten, wie noch gezeigt wird.

Aus der Sicht eines thoratreuen Juden ist die politische Lage nicht die einzige Belastung. Was für ihn ebenso schwer wiegt, ist die religiöse Zerstrittenheit innerhalb des jüdischen Volkes selbst. Soll man zum Aufstand gegen die Besatzer aufrufen wie die pharisäischen Zeloten? Soll man sich in die Wüste zurückziehen wie die Essener? Oder soll man flexibel mit den Römern zusammenarbeiten wie die Sadduzäer? Und was kann man gegen die Überfremdung des jüdischen Glaubens durch die alles relativierenden Mischreligionen tun, vor allem bei den Juden in der Diaspora?

Für ein öffentliches Auftreten des Bauhandwerkers und thoratreuen Predigers aus Nazareth ist es also durchaus eine recht heikle Mission, in dieser Lage religiöse Verkündigung zu betreiben. Die Evangelien spiegeln ja auch immer wieder die Provokationen und Fangfragen, die zu seinen Begegnungen mit den Menschen in Galiläa und schließlich in Jerusalem gehören wie die tägliche Sorge um Essen und Trinken.

WAR JESUS VERHEIRATET?

In den letzten Jahren ist immer wieder die Frage aufgeworfen worden, ob Jesus verheiratet war und eine Familie gründete. Der Heidelberger Neutestamentler Klaus Berger widmet 1995 dieser Frage ein ganzes Kapitel. Er kommt zu dem Ergebnis: »An der Ehelosigkeit Jesu zu zweifeln, besteht kein Anlaß.« Berger führt die Ehelosigkeit Jesu auf alte Tabuvorstellungen zurück, die eine Konkurrenz zwischen Sexualität und Gottesdienst, zwischen Sexualität und Heiligkeit voraussetzen. Im Judentum ist Gott – anders als die Götter im religiösen Umfeld Israels – nicht verheiratet. Deshalb wird auch von einem Hohenpriester sexuelle Enthaltsamkeit erwartet. Auch wer Visionen und Offenbarungen empfängt und wer ein Prophet ist, bleibt im Judentum unverheiratet. Jesus zeigt darüber hinaus sogar eine gewisse Reserve gegenüber jedem Familienzwang. Er verlangt von den Jüngern, Ehepartner und Kinder, Eltern und Schwiegereltern für die Zeitspanne bis zum Weltenende zu verlassen.

DER TOD DES TÄUFERS

Wie sieht die religiöse Verkündigung Jesu in ihrem Kern aus, wenn wir versuchen, sie in ihrem Sitz im Leben zu begreifen, das heißt, sie historisch aus den regionalen, politischen und religiösen Bedingungen heraus zu verstehen?

Der erste Schritt in ein öffentliches Auftreten Jesu hat mit Johannes dem Täufer zu tun. Dessen Lebenswerk will Jesus fortsetzen, wenngleich auf eigene Weise: ohne Taufe und nur mit dem Wort und der helfenden Tat.

Johannes der Täufer steht möglicherweise mit den Essenern von Qumran in Verbindung. Seine Kleidung, das umgürtete härene Gewand, und seine Ernährungsweise, gebratene Heuschrecken und wilder Honig, lassen vielleicht darauf schließen, daß Johannes zeitweise dieser Gemeinde angehört hat. Dazu paßt auch, daß er keine berauschenden Getränke zu sich nimmt. Daß Johannes Menschen tauft, ist wahrscheinlich eine Besonderheit seines Auftretens. Vor ihm gibt es zwar die kultische Reinigung mit Wasser, aber die vollzog jeder Gläubige an sich selbst. Die Taufe durch einen anderen ist neu. Jesus übernimmt diesen Brauch nicht und verzichtet darauf, selbst zu taufen.

Die Taufe des Johannes ist eine kultische Symbolhandlung. Das Untertauchen symbolisiert den Tod, das Auftauchen die Auferstehung. Auch die wohl bewußt ausgesuchte Stelle im Jordan hat symbolische Aussagekraft: Hier, am Ostufer, hat Joshua nach dem Auszug aus Ägypten das Volk Israel von Ost nach West über den Jordan ins Gelobte Land geführt. Dieser Erinnerung will sich Jesus offenbar anschließen, als er sich der Taufe durch Johannes unterzieht. Alle Evangelien berichten davon. Sie verstehen diesen Akt als eine Art heilsgeschichtliche Weihe, als Einführung in und Autorisierung für das eigene Auftreten. Die Überlieferung der Urgemeinde hat in der Johannes-Taufe sogar die Proklamation zum Messias gesehen, später dargestellt durch die Taube, das Symbol des Heiligen Geistes.

Auch der gewaltsame Tod des Täufers findet das Interesse der Evangelisten. Besonders ausführlich berichtet das älteste Evangelium, das des Markus: »*Dann kam der Tag, an dem Herodes seinen Geburtstag mit den Großen, den Hauptleuten und den Vornehmen Galiläas mit einem Gastmahl feierte. Da kam die Tochter der Herodias und führte einen Tanz auf. Sie gefiel dem Herodes und den Gästen. Da sagte der König: Verlange, was du willst – ich will es dir geben …*«

Wie die Geschichte ausging, ist bekannt: Nach Beratung mit ihrer Mutter verlangt das Mädchen den Kopf des gefangenen Johannes. Der Henker bringt den abgeschlagenen Kopf auf einem Teller herein. Von Flavius Josephus (»De bellum Iudaicum«; »Antiquitates Iudaicae«) wissen wir auch, warum Herodes Antipas den Täufer und Prediger hatte ergreifen und (in seiner Festung Machairus, östlich vom Toten Meer gelegen) töten lassen: Johannes hatte die Eheschließung des Herodes mit einer Verwandten – in der Thora verboten – angeprangert.

DER KERN DER NEUEN BOTSCHAFT

Nach dem Tod des Täufers zieht sich Jesus nach Galiläa zurück und beginnt, die Bußpredigt des Täufers weiterzuführen. Er sammelt die ersten Jünger um sich: Er erklärt, das »Reich Gottes« stehe unmittelbar bevor, und er erläutert dies in Gleichnissen: vom Sämann, vom Unkraut im Weizen, vom Senfkorn. Er lehrt wie ein jüdischer Rabbi in den Synagogen, predigt aber auch im Freien, am See, auf dem Feld, am Brunnen. Und er spricht mit den Menschen, die ihm zuhören. Er tritt nicht

152

49 Das
griechisch-
orthodoxe
Georgskloster im
Wadi el-Kelt
wurde bereits um
das Jahr 480
gegründet. Die
harten Lebens-
bedingungen
zeugen von
einer tiefen
Religiosität.
Durch diese
Schlucht kam
auch Jesus auf
seinem Weg nach
Jerusalem.

auf wie ein Neuerer. Er interpretiert vielmehr das Gesetz, erinnert an die Propheten. Aber er kritisiert auch die jüdische Tradition. Er mißt sie am Wohl des Menschen: *Der Sabbat ist für den Menschen geschaffen und nicht der Mensch für den Sabbat.*

Dieser Satz formuliert eine Befreiung des Menschen, die nur der voll erfassen kann, der die Unfreiheit einer Gesetzesreligion erlebt hat. Die Befreiung von bedrückender Religiosität beginnt schon mit der familiären Bezeichnung Gottes als »Abba«, was Vater, ja sogar Väterchen heißt. Damit betont er nicht die patriarchale Autorität des Familienoberhauptes, wie sie mit dem Vaternamen verbunden war. Er meint auch nicht Unterwürfigkeit oder Infantilität als Verhaltensmuster gegenüber Gott. Vielmehr beschwört er die vertrauliche Intimität, die zwischen Eltern und Kindern das Leben prägen kann und die auch auf die Nähe zwischen Gott und Mensch hinweist.

Was also gehört zum Kern, zur Quintessenz dessen, was Jesus in die Geschichte eingebracht hat – wenn man alle historisch-kritischen Erkenntnisse über den Menschen Jesus von Nazareth zusammennimmt, einmal von den späteren Veränderungen und

Interpretationen seiner Lehre absieht und zugleich in den Evange-
lienberichten selbst das jesuanische Urgestein zu trennen sucht
von den Einschüben durch Glaubensverkündigung und Gemeindeleben?

Bei dieser Fragestellung geht es nicht darum, echte Worte und
Taten Jesu von den unechten zu trennen. Diese Trennung ist gar
nicht immer möglich. Es geht vielmehr darum, aus dem gesamten
Material, so wie es nun einmal überliefert ist, die Substanz der
jesuanischen Botschaft herauszuhören.

Der Kern der Jesus-Botschaft und die Faszination seiner Lehre
besteht in einer religionshistorischen Befreiung. Die Befreiung des
Menschen, wie Jesus sie vertritt, schließt die Überwindung jener
zwanghaften Unterscheidung von rein und unrein, heilig und
profan, gut und böse ein, wie sie für die antike Welterfahrung kon-
stitutiv war. »Eine kopernikanische Wende in der religiösen Welt-
deutung ist damit vollzogen.« (P. Hoffmann).

Dazu gehört nicht nur die Befreiung von falscher Religiosität,
sondern auch die Befreiung von kollektiven Triebveranlagungen
wie zum Beispiel der Habgier. Mit dem Spruch »*Ihr könnt nicht
Gott dienen und dem Mammon*« (Matthäus 6,24) setzt Jesus eine
klare Priorität und formuliert ein neues Verhältnis zu Geld und
Besitz – in der gerade aufkommenden Geldwirtschaft in Palästina
ein deutliches Signal, für das die Jünger mit eigener Besitzlosigkeit
geradestehen sollen.

Man hat oft versucht, die gesellschaftspolitische Bedeutung der
Botschaft Jesu aufzuweichen, indem man behauptete, die ethischen Forderungen Jesu würden nur für die individuelle Moral
gelten. Eine Übertragung auf die Ebene des gesellschaftlichen und
politischen Lebens sei fehl am Platz. Diese Auffassung findet in der
historischen Kernbotschaft Jesu keine Stütze. Im Gegenteil: Zu
den – religionsgeschichtlich betrachtet – als Befreiung erkennbaren
ethischen Grundaussagen gehört auch eine neue Ordnung der
gesellschaftlichen Verhältnisse.

Diese neue Ordnung setzt immer bei den Möglichkeiten des
einzelnen an. Der Umgang des einzelnen mit dem Mitmenschen

soll anders sein als gesellschaftlich üblich. Dafür wird die normale Hackordnung auf den Kopf gestellt: »*Was ihr dem Geringsten meiner Brüder getan habt, das habt ihr mir getan.*« Jesus identifiziert sich also mit dem Geringsten, um »dem da in der letzten Reihe« ein Gesicht zu geben, ihn zur Person zu machen. Vor der Folie der kommenden Welt, die für ihn auch zu einer Änderung der Mentalität führt, will er schon jetzt die Umkehrung der naturwüchsigen Verhältnisse herbeiführen: »*Ihr wißt, die Herrscher unterjochen die Völker und die Großen tun ihnen Gewalt an. Nicht so bei euch. Wer groß werden will unter euch, der sei Diener aller. Und wer der Erste sein will, der sei aller Knecht.*« (Markus 10, 42f.).

Der Bezug zu der normalen politischen Kultur seiner Zeit zeigt, daß Jesus sich der politischen Brisanz seiner Botschaft bewußt ist. Er zielt wissentlich auf eine grundlegende Veränderung der Gesellschaft. Die Herrschaft von Menschen über Menschen soll abgelöst werden. An die Stelle soll die Bereitschaft zu dienen treten.

Das gleiche gilt für die Forderung der Einehe in einer Kultur, die dem Mann das Recht gibt, seine Frau ohne Rechtsschutz zu entlassen und eine andere zu heiraten. Es gilt auch für die Überwindung jenes Denkens, für das »der Nächste« nur der Angehörige der eigenen Gruppe ist. Für die jesuanische Ethik wird diese Grenze überwunden und gefragt: »Wem werde ich der Nächste?« – unabhängig von der Zugehörigkeit zum eigenen Clan oder Volk. Die Grenze wird so weit gezogen, daß sogar ein Feind zu denen gehören kann, die die Nächsten sind und denen man Gutes tun soll (Matthäus 5, 43f.). Diese Revolte ist nicht nur für den privaten, zwischenmenschlichen Bereich des Lebens gedacht. Es soll auch für die öffentlichen und staatlichen Bereiche gelten. Damit wird ein neuer politischer Stil, ein neuer Zugang zur Überwindung des Freund-Feind-Schemas gefordert – wobei das Neue immer vor dem Hintergrund der Erneuerung der Welt durch den Anbruch der Gottesherrschaft gedacht wird. Und für Jesus ist das Bevorstehende schon jetzt potentielle Wirklichkeit. Zu seinen aus dem Judentum überkommenen Denkmustern gehört die Fähigkeit, Gegenwart und Zukunft als Einheit zu sehen und so etwas wie die

»Fülle der Zeit« zu denken. Damit hat Jesus die Überwindung der mörderischen Wolfsgesellschaft (Lukas 10,3) als Möglichkeit in die Geschichte eingebracht. In der Entschiedenheit und Klarheit dieser Option kündigt sich die bleibende revolutionäre Kraft seiner Botschaft und seiner symbolischen Handlungen an.

Diese ethische und politische Kraft äußert sich vor allem in der Parteinahme für die Armen. Jesus solidarisiert sich, zur Verblüffung seiner Umgebung, mit den Kranken, den Aussätzigen, den Unreinen, den entrechteten Frauen und Kindern, den öffentlichen Sündern und verachteten Zöllnern – was ihm prompt die verächtliche Zensur einbringt, er selber sei ein »Fresser und Säufer« und ein Komplize der Zöllner und Sünder.

Kein anderer Text des Neuen Testaments zeigt die Solidarisierung mit den Unangesehenen am Rande der Gesellschaft so einfach und so klar wie die Seligpreisungen der sogenannten Bergpredigt (Matthäus 5,3–12; Lukas 6,20–23). In dieser Zusammenstellung von Worten Jesu werden die Armen, die Hungernden, die Weinenden und die Verachteten seliggepriesen. Dabei geht es um die Einlaßbedingungen in das Reich Gottes. Der Beginn dieses Reiches wird nicht als ewiges Jenseits nach dem individuellen Tod gedacht, sondern als ein geschichtlich bevorstehendes Ereignis.

Von diesen Seligpreisungen gibt es wiederum zwei Versionen, deren Unterschiede bemerkenswert sind. Die Version des Matthäus lautet: »*Selig die Armen im Geiste, denn ihrer ist das Himmelreich. Selig die Trauernden; denn sie werden getröstet werden. Selig die Sanftmütigen, denn sie werden das Land besitzen. Selig sind, die Hunger und Durst haben nach der Gerechtigkeit, denn sie werden gesättigt werden. Selig die Barmherzigen, denn sie werden Barmherzigkeit erlangen. Selig, die ein reines Herz haben, denn sie werden Gott schauen. Selig die Friedensstifter, denn sie werden Kinder Gottes genannt werden. Selig sind, die Verfolgung leiden um der Gerechtigkeit willen, denn ihrer ist das Himmelreich.*«

Die Version des Lukas lautet: »*Selig ihr Armen, denn euer ist das Gottesreich. Selig, die ihr jetzt hungert, denn ihr werdet gesättigt werden. Selig, die ihr jetzt weint, denn ihr werdet lachen. Selig seid*

NORDAMERIKA

Montreal
Chicago
San Francisco
Salt Lake City
New York

Mexico City

ATLANTIK

Äquator

0°

PAZIFIK

SÜDAMERIKA

La Paz

Rio de Janeiro

Santiago de Chile
Buenos Aires

Hels

London
Berlin
Paris

EUROI

Madrid
Rom
Ath

Rabat

Tripolis

AFRIK

Lagos

Kinshasa

Johanne

Das hauptsächliche Verbreitungsgebiet des Christentums

kau

Novosibirsk

Almaty

Ulaan Baatar

Wladiwostok

A S I E N

Beijing (Peking)

Tehran

Tokyo

usalem

New Delhi

Lhasa

Mekka

Hongkong

Hanoi

PAZIFIK

Yangon

Manila

dis Abeba

Äquator

0°

airobi

Jakarta

INDISCHER OZEAN

Darwin

AUSTRALIEN

Perth

Canberra

Melbourne

Wellington

ihr, wenn euch die Menschen hassen, ausstoßen und schmähen, euch um euren guten Namen bringen, um des Menschensohnes willen. Freut euch an jenem Tag und frohlockt ...«

Die Unterschiede zwischen den beiden Überlieferungsformen fallen sofort auf: Matthäus bringt acht, Lukas vier Seligpreisungen – dafür aber vier Weherufe, die bei Matthäus ganz fehlen. Matthäus läßt Jesus in der dritten Person reden (»Selig die Armen...«), bei Lukas spricht Jesus die Gemeinten direkt an (»Selig ihr Armen...«). Die Knappheit und Unmittelbarkeit des Lukas läßt vermuten, daß er die ältere, ursprünglichere Fassung bewahrt hat. Selig ihr Armen – das ist ein Trostwort an die Mittellosen, die kein Geld und Gut und keine Macht, nicht einmal Einfluß auf ihr eigenes Geschick haben. Selig die Armen *im Geiste* – da ist ein Zusatz, der den sozialen Klang der ursprünglichen Fassung zurücknimmt und den Gedanken nahelegt, daß auch ein Reicher »arm im Geist sein« kann. Ähnliches bewirkt auch die Erweiterung des Satzes von den Hungernden und Dürstenden: Nicht mehr die, die jetzt hungern, werden angesprochen, sondern von all denen ist die Rede, die hungern und dürsten *nach der Gerechtigkeit.* Das ist kein Trostwort mehr, sondern der Hinweis auf die Tugend, sich nach Gerechtigkeit zu sehnen.

Die knappen Anreden bei Lukas geben ein Grundmuster im Denken Jesu wider. Mit den Armen sind wirklich die Armen gemeint. Die Botschaft ist: Gott steht auf der Seite der Armen. Wie in der jüdischen Tradition der Psalmen und der Propheten ist Gott einer, der die Armen trösten wird, indem er sie real aus dem Schmutz und Staub ihres Daseins heraushebt, und die Niedergedrückten belebt, indem er selbst bei den Geschlagenen und Gedemütigten »thront«. Aus der Sicht einer Jenseitsreligion klingt es hart, daß für das Denken der jüdischen Tradition und damit für das Denken Jesu die Sorge Gottes den Armen gilt, dieser Gott also Partei ergreift für die soziale Unterschicht. Man hat immer wieder versucht, die Armen (Anawim) als die Frommen (Chassidim) zu verstehen und so das versprochene endzeitliche Heil loszulösen von den äußeren Lebensumständen eines Menschen: Hauptsache fromm. Daran ist richtig, daß die Armen nicht seliggepriesen werden, *weil* sie arm sind, sondern weil sie in ihrer Not Ausschau gehalten haben nach einer Rettung von Gott her. Weil sie von der Welt nichts zu erwarten haben, können sie alles von Gott erwarten. Und dabei werden sie nicht enttäuscht. In der Vorstellungswelt Jesu ist das eine Aussage über die Verhältnisse beim Anbruch der Gottesherrschaft, und dieser Anbruch steht unmittelbar bevor, noch zu Lebzeiten dieser Generation. Es handelt sich also nicht um eine allerweltsreligiöse Vertröstung der Armen mit irgendwelchen Vergünstigungen im Jenseits. So hat man die endzeitlichen Aussagen Jesu oft mißdeutet, um die durchaus eindeutige Endzeitvorstellung Jesu nicht zusammenprallen zu lassen mit der Tatsache, daß sich die Naherwartung des Weltuntergangs als nicht zutreffend erwiesen hat. Anders als für den historisch Denkenden ist es für den dogmatisch Denkenden offenbar ein Problem, daß Jesus sich geirrt haben könnte.

Man muß hier sehr sorgfältig den Zusammenhang der Aussagen über die Armen mit der Verkündigung des bevorstehenden Weltendes und der beginnenden Gottesherrschaft sehen. Jesus begeht hier einen Tabubruch. Bald wird die Attacke gegen den Tempel, also gegen die religiöse Ordnungsmacht der Herrschenden folgen.

TOD IN JERUSALEM

Die Evangelien berichten, daß Jesus es für angebracht hält, nun von Galiläa nach Jerusalem zu gehen. »*Ein Prophet darf nirgendwo anders umkommen als in Jerusalem*«, lautet die Begründung bei Lukas. Dem Weg »hinauf nach Jerusalem« schenken die Berichte besondere Aufmerksamkeit und geben Anlaß für die Vermutung, die Verlagerung des Wirkens in die Hauptstadt habe politische Bedeutung und könne vielleicht mit den Plänen der Aufständischen zu tun haben. Jedenfalls entwickeln die Evangelien eine immer dichter werdende Dramaturgie: Die Wiedergabe von Aussprüchen Jesu wird immer präziser und schärfer, die Handlungs-

folge wird schneller und immer mehr zugespitzt.

In Jerusalem findet die religiöse und politische Provokation durch den Prediger und Wunderheiler Jesus ihren Höhepunkt und endet mit einem Prozeß gegen ihn, an dessen Ende die Verurteilung zum Tode und die Hinrichtung am Kreuz durch die Besatzungsmacht der Römer stehen.

Offenbar fühlt Jesus sich in Jerusalem von vornherein bedroht: »*Tagsüber lehrte er im Tempel, nachts aber ging er aus der Stadt hinaus und übernachtete am Ölberg.*«

Die Menschen in der Stadt sind erregt. Die Vorbereitungen zum Passahfest bestimmen den Tagesablauf: Alles Unreine muß entfernt werden, die Häuser werden gesäubert und die Opferlämmer für die Schlachtung vorbereitet. Nach den Berichten der Evangelisten will auch Jesus mit seinen Jüngern Passah feiern. Es ist jedoch möglich, daß es dazu nicht mehr kam. Die »Nacht- und Nebelaktion« seiner Verhaftung war bereits angelaufen. Das Schnellverfahren sollte noch vor dem Fest beendet sein. Es ist ein doppeltes Verfahren: vor dem Synhedrium, dem Hohen Rat, also der zentralen religiösen Autorität des Judentums, und vor dem römischen Statthalter des Kaisers als der politischen Autorität. Dem doppelten Verfahren entspricht die doppelte Anklage: Er sei ein Gotteslästerer, der den Tempel und die Grundfesten der Religion erschüttere – und außerdem sei er ein politischer Rebell, der die öffentliche Ordnung

50 In den Kreuzwegstationen wird der Weg Jesu dargestellt. Die 14. und letzte Station zeigt die Grablegung Christi (spätgotische Tafelmalerei).

51 (Linke Seite) Der gegeißelte Jesus. Volkstümliche religiöse Kunst (süddeutsch, um 1720).

und die Herrschaft der römischen Besatzung gefährde. Beide Anschuldigungen treffen sich in der Einschätzung, daß durch das publikumswirksame Auftreten Jesu die Stabilität des Status quo bedroht ist und diese Ursache revolutionärer und reformatorischer Umtriebe beseitigt werden muß.

Nach welchem Recht aber soll gerichtet werden, dem jüdischen oder dem römischen? Das oberste Gericht der jüdischen Religionsbehörde hätte einen Gotteslästerer und Tempelfrevler auch aus eigener Autorität zum Tode verurteilen und steinigen lassen können. Warum wird dann mit der Anschuldigung, Jesus mache sich zum »König der Juden«, auch die politische Karte gezogen? Nach den vorliegenden Berichten ist es schwer, das Knäuel politischer, religiöser, prozeß- und strafrechtlicher Fragen zu entwirren. Die Prozeßberichte sind bis heute für mehrere Deutungen offen, weil die Schilderung des historischen Hergangs sich immer wieder vermischt mit dem Glaubensbekenntnis der Erzähler. Auch die politische Beurteilung der Lage beeinflußt die Berichte: Die Juden werden belastet, Pilatus und die Römer jedoch entlastet.

Wie sehr die Berichte ganz unterschiedliche Deutungen zulassen, zeigt das Buch »Der Prozeß und Tod Jesu aus jüdischer Sicht«. In diesem 1997 erschienenen Werk vertritt der frühere Justizminister Israels, Richter und Hochschullehrer Chaim Cohn eine Sicht des Prozesses gegen Jesus, in der die Römer die Alleinverantwortlichen für den Prozeß wegen Aufstands und Hochverrats, das Urteil und die Hinrichtung Jesu seien. Die Juden dagegen hätten Jesus geschätzt und geschützt. Jesus sei im Volk beliebt gewesen, die religiösen Führer hätten ihn als großen Lehrer Israels anerkannt und hätten ihn bewegen wollen, den Titel »König der Juden« abzulegen, der ihn bei den Römern als Aufständischen brandmarke. In der Sitzung des Hohen Rates habe Jesus es jedoch abgelehnt, Vernunft anzunehmen und seinen Anspruch auf die Königswürde aufzugeben, nur um sein Leben zu retten. Die jüdischen Autoritäten hätten somit mehr als Jesus selbst und sogar gegen seinen Willen sein Leben schützen wollen. Die Evangelisten hätten später jedoch die Schuld am Tod Jesu nicht den Römern, sondern immer mehr der Synagoge zugeschoben, um die Jüngergemeinde auf beiden Seiten zu befreien: vom politischen Druck der Römer und zugleich von der übermächtigen Glaubensautorität der Synagoge.

Was man den Quellen auf jeden Fall entnehmen kann, ist das Zusammenwirken beider Autoritäten und die Einigkeit in der Verfahrensfrage: Es muß schnell gehen, *»damit kein Aufruhr entsteht«*. Der Zeitrahmen war eng. Denn das jüdische Recht verbietet, daß die Zeugenvernehmung, das Urteil und die Vollstrekkung an einem einzigen Tag stattfinden. Und eine Hinrichtung am Passahfest schließlich war völlig undenkbar. Man hätte sich den Vorwurf der Rechtsbeugung nahezu mutwillig zugezogen.

Die Kreuzigung als Strafvollzug war erst durch die Römer in den jüdischen Kulturkreis eingeführt worden. Die brutale und entwürdigende Hinrichtungsart wurde auch nur gegen politische Rebellen und Aufständische verhängt. Römische Staatsbürger durften nicht gekreuzigt werden (weshalb später zum Beispiel Paulus enthauptet und nicht, wie Petrus, gekreuzigt wurde).

Das Kreuz ist meist wie ein T geformt. Der Todgeweihte wird an den Querbalken genagelt, die Nägel werden durch die Handwurzeln geschlagen, um ein Ausreißen der Hand zu vermeiden (entsprechend der Befund auf dem Turiner Tuch). Dann wird der Querbalken hochgezogen, die Füße auf einer Stütze am Längsbalken festgenagelt oder mit Stricken festgebunden. Der Tod tritt erst nach Stunden oder gar Tagen ein, entweder durch Ersticken oder durch einen Kreislaufkollaps.

Die Evangelisten berichten über den Vorgang – gerade im Vergleich zur Ausführlichkeit der Leidensgeschichte, außerordentlich knapp. Es heißt lapidar: »Und sie kreuzigten ihn.« Vermutlich ist die Vollstreckung des Urteils und der Tod am Kreuz derart schmachvoll, daß die Jünger einen genaueren Bericht schier unerträglich fanden. Die Gläubigen der ersten Zeit haben sich deshalb wohl auch nicht entschließen können, das Kreuz als Symbol ihres Glaubens anzunehmen. Erst nach dem Verbot der Kreuzigungs-

52 Das traditionelle Osterpassionsspiel in Balmaseda im Baskenland: Das Volk, vor die Wahl gestellt, ob Barabbas oder Jesus freigelassen werden sollte, rief »Barabbas« (Spielszene).

strafe durch Kaiser Konstantin (337 n. Chr.) wurde allmählich die Auseinandersetzung mit dem Kreuzestod Jesu möglich. Jetzt wurde es sogar zum Zeichen des Sieges und die Grausamkeit des Geschehens zum Gegenstand intensiver Leidensmystik.

Die Überlieferung der christlichen Urgemeinde stellt – bei aller Knappheit des Berichts über die Kreuzigung selbst – die Ereignisse und ihre theologische Bedeutung ausführlich dar, zum Beispiel in den Apostelbriefen. In den ersten Jahrzehnten nach dem Tod Jesu entsteht eine Religion, in deren Mittelpunkt die religiöse Interpretation eines historisch-politischen Vorgangs steht: der Tod Jesu am Kreuz als Erlösung der gesamten Menschheit und die Auferstehungsgeschichte als Überwindung des Todes und Öffnung des Horizonts in eine ganz andere, neue Zukunft.

Die Quellen sind jedoch auch hier nicht einhellig. Es gibt Widersprüche sogar innerhalb der einzelnen biblischen Zeugnis-

se, zum Beispiel zwischen den sogenannten Synoptikern (Markus, Matthäus und Lukas) und dem Evangelisten Johannes. Man hat den Eindruck, gerade die Tatsache, daß es mehrere Versionen der Ereignisse gibt, führe zu Unklarheiten und Widersprüchen. Kein einziges Datum der Geschichte Jesu steht wirklich fest. Es bleibt ein ungeklärter Rest, auch wenn man immerhin sagen kann, daß die öffentliche Wirksamkeit Jesu in den Zeitraum von Herbst 27 bis Frühjahr 33 fällt.

53 Über der mutmaßlichen Grabstätte Jesu wurde in Jerusalem die Heiliggrabkirche errichtet. Kreidelithographie von D. Roberts, um 1838.

FALSCHE SCHLÜSSE AUS DER RELIGIONSGESCHICHTE

Die Nähe der Bibel zu den religiösen Vorstellungen des Mittelmeerraums hat zu manchen Erkenntnissen, aber auch zu manchen Fehlschlüssen und Irrtümern geführt. Albert Schweitzer schreibt: »Solange man nur die griechi-

sche Mythologie genauer kannte, war an eine mythische Erklärung
der Entstehung des Christentums ernsthaft nicht zu denken, da
das Material zu gering war und keine besonders frappanten Beziehungen zu dem neutestamentlichen Erzählungskreis aufwies.
Aber dann tat sich das Chaos der orientalischen Überlieferungen
und Vorstellungen vor den erstaunten Blicken der Forscher auf.
Papyri, Tonscherben, Inschriften, Gräber und im Sande verwehte
Städte gaben ihre Geheimnisse preis. Hinter der neuen Anschau-
ungswelt wurden Ideen sichtbar, die die Vorstellungen belebten
und sie fort und fort neu gestalteten. Die Mythologie hörte auf,
eine Sammlung von Götterfabeln zu sein. Man erkannte, daß sie in
sinnfälliger Einkleidung entwicklungsfähiges, religiöses Denken
einschloß.« (S. 455).

In der ersten religionsgeschichtlichen Entdeckerfreude unterlief
den Forschern jedoch mancher Denkfehler. Einer der Fehlschlüsse,
die durch Wiederholung nicht geringfügiger werden, ist die Vorstellung, eine Person könne schon deshalb historisch nicht existent
sein, weil sie mit Namen oder Titeln mythologischer Gestalten belegt wird. Wenn es zum Beispiel im alten Palästina die Vorstellung
von Halbgöttern gab, die die Züge eines Sonnengottes trugen, und
einer von ihnen auch noch Joshua genannt wurde, dann läßt sich
daraus noch lange nicht einfach schließen, daß Jesus (Joshua) eine
mythische Phantasiegestalt, aber kein real existierender Mensch
war – auch dann nicht, wenn es weitere Parallelen als den Namen
gibt: das Symbol des Lammes etwa oder eine Kulttradition des
babylonischen Gottes Tammuz in der Davidstadt Bethlehem, kultische Mahlfeiern und Mysterienspiele um Geburt und Passion aus
den Dionysos-Geschichten, die Speisung von 5000 Menschen, das
Reiten eines Gottes auf einem Esel oder die Metaphorik von Fels
(Petrus) und Schlüssel aus dem Mithras-Kult. Dies alles bedeutet
nicht, daß sich die Erzählungen der Evangelisten in geschichtslose
Mythen auflösen, deren Held nur in der religiösen Phantasie exi-
stiert, aber keinerlei »Sitz in der Geschichte« hat.

In jüngster Zeit haben theologische Autoren die Befunde der
Religions- und Bibelkritik des 18. und 19. Jahrhunderts wieder auf-

gegriffen, um die kirchliche Dogmengeschichte zu charakterisie-
ren. Karlheinz Deschner zum Beispiel diskutiert die Historizität
Jesu, den historischen Quellenwert der Evangelien und die Ungereimtheiten der Überlieferung, um »die wahren Hintergründe der
kirchlichen Lehren« aufzudecken. Deschner sieht in der Bibel und
der gesamten Tradition »Widerspruch über Widerspruch« und
versteht die zahlreichen Varianten der Überlieferung als Fälschung
und frommen Betrug. Deschner reflektiert die Quellenlage über
Jesus und faßt zusammen: »Es ist möglich, daß Jesus gelebt hat,
wahrscheinlich sogar wahrscheinlicher als das Gegenteil; doch
auch dieses ist nicht ausgeschlossen ... Denn ein sicherer Beweis
fehlt, ist auch heute unerbringlich ... Die Nichtexistenz freilich
läßt sich ebensowenig erweisen.«

Sodann stellt Deschner noch einmal die Ungereimtheiten der
Bibelüberlieferung zusammen: Neben all den Abweichungen und
Varianten, redaktionellen Veränderungen, Kürzungen und Erwei-
terungen gibt es auch die Widersprüche zwischen den einzelnen
Autoren der verschiedenen biblischen Schriften: daß die frommen
Frauen den Balsam für den Leichnam des Gekreuzigten einmal am
Tag *vor* und einmal am Tag *nach* dem Sabbat (Markus) einkaufen;
die Frauen den Auferstehungsengel einmal *im* Grab Jesu (Markus)
und einmal *vor* dem Grab treffen (Matthäus); einmal *ein* Engel
(Markus) oder einmal *zwei* Engel (Lukas) verkünden, daß Jesus
auferstanden sei. Das ist natürlich mehr als der Aufweis von
Widersprüchlichkeiten und wissenschaftliche Quellenkritik. Es
ist ein Angriff auf die dogmatischen Lehrgebäude späterer Zeit,
wonach jedes einzelne Wort der Bibel von Gott inspiriert sei, deshalb nicht falsch sein könne und die Widersprüche eben ein
Geheimnis seien. Hier wird vor allem die Glaubwürdigkeit einer
Kirche in Frage gestellt, die auf historisch unsicherem Fundament
ein sicheres Lehrgebäude zu errichten versucht.

Die Frage nach dem historischen Jesus und dem, was er in die
Geschichte eingebracht hat, ist aber unabhängig von all dem sinn-
voll, was die Jüngergemeinde und schließlich die Kirchen aus der
Gestalt Jesu von Nazareth gemacht haben. Jesus kann nicht dafür

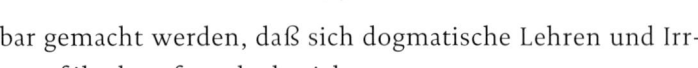

haftbar gemacht werden, daß sich dogmatische Lehren und Irrlehren auf ihn berufen oder beziehen.

Wer in einer fundamentalen Kirchenkritik nicht mehr unterscheidet zwischen der Dogmengeschichte und den historisch greifbaren Mythen als Ausdrucksformen religiösen Glaubens, begeht einen Denkfehler. Es ist nicht das Problem, daß die Auferstehungsevangelien Parallelen zu den Auferstehungsmythen von Osiris und Attis erkennen lassen. Das Problem ist, daß die mythologisch gefaßten Erzählungen rund um Jesus in eine philosophische, oft sogar naturwissenschaftlich geprägte Begrifflichkeit übertragen und dadurch zeitbedingte Mißverständnisse und überzeitliche Einsichten miteinander verwechselt werden. Man müßte also die Dogmengeschichte entmythologisieren und interpretieren, anstatt mit rationalistischer Spitzfindigkeit zum Beispiel bemerken, daß Maria und Joseph oder Johannes der Täufer offensichtlich an Gedächtnisschwäche litten.

Auch bei Taufe und Abendmahl muß man die Dogmengeschichte und die Bibeltexte auseinanderhalten. Die Taufe mit Wasser, in der späteren Dogmenentwicklung als »Sakrament« verstanden, ist zur Zeit Jesu ein magischer Ritus, der im Judentum (Johannes der Täufer und die Essener-Gemeinde von Qumran) ebenso bekannt war wie in den hellenistischen Mysterienkulten die Taufe mit dem Blut eines Opferstieres oder ebenfalls mit Wasser. Jesus hat sich von Johannes taufen lassen, aber nicht selbst getauft. Der Taufbefehl an die Jünger (*»Gehet hin in alle Welt und lehret alle Völker und taufet sie im Namen des Vaters, des Sohnes und des Heiligen Geistes«*) ist offensichtlich eine Einfügung aus der Gemeindetradition und Jesus in den Mund gelegt – eine Tradition, die vor allem den hohen Stellenwert der Taufe für das Urchristentum belegt und so von sich aus die christliche Tradition historisch begründet. Die Gestalt Jesu wäre in ein völlig falsches Licht gerückt, wollte man dem kultfeindlichen und religionskritischen Prediger historisch die Einsetzung eines kultischen Brauches unterstellen. Hier muß man also Dogmengeschichte und Bibelinterpretation trennen. Das raubt dem Dogma seinen religionsbe-

54 (Rechte Seite) In seinem berühmten Gemälde stellt Michael Pacher eines der zahlreichen Wunder Jesu dar: die Auferweckung des Lazarus (1481).

gründenden Rang keineswegs, denn für die frühe Kirche war der Taufritus sogar eine wichtige Übernahme aus der religiösen Welt der traditionellen Kultmysterien, um den Gedanken der Wiedergeburt, der Sündenvergebung und des Zusammenhangs von Tod und Auferstehung mit dem Glauben an Jesus in Verbindung zu bringen. Das Ritual der Taufe wird dadurch in der antiken Welt zum Vehikel der Begegnung mit Jesus – wobei es zu den tragischen Entwicklungen in der Religionsgeschichte des Christentums gehört, daß die Denkmuster des historischen Jesus in den Regeln religiöser Riten immer mehr verblaßten.

Alle diese Riten haben ihren eigenen Rang in der Geschichte, weil sie auf die Sehnsucht der Menschen nach magisch-kultischen Handlungen antworten. Die Einweihung, die Aufnahme in eine Gemeinschaft, die Errettung aus Verworfenheit und Todesbedrohung, die Erleuchtung, die Reinigung, die Umkleidung mit einem neuen Gewand – alle diese kultischen Symbolhandlungen der hellenistischen Mysterienreligionen im Umkreis von Isis, Osiris, Attis, Dionysos und Mithras konnten, historisch gesehen, dem jungen Christentum die sogenannte Inkulturation, die Einpflanzung in die Geschichte der Menschheit, erleichtern.

Dieses Gesetz der historischen Inkulturation wird auch in der Geschichte des rituellen Abendmahls wirksam. Im religiösen Denken der Menschen im Mittelmeerraum und in Vorderasien zur Zeit Jesu gab es – sozusagen selbstverständlich – das Opfermahl, das symbolisch zur Vereinigung und Identifikation mit einer Gottheit führen sollte. Dionysos, Sohn des Zeus und einer sterblichen Frau, der als leidender, sterbender und wiederauferstehender Gott zum Inbegriff eines Gottessohnes in Menschengestalt wird, gilt als Weinstock, dessen Frucht die Gläubigen als Blut des Gottes trinken, und sie verzehren in orgiastischen Feiern das Fleisch des Gottes, um durch die mystische Vereinigung unsterblich zu werden.

Auch der Mithras-Kult kennt die mystische Kommunion mit der Gottheit. Die Gläubigen verzehren Brot, Wein und Wasser und feiern die Vereinigung mit Mithras als Gedächtnis, als kultische Erinnerung an ein Mahl des Gottes mit seinen Eingeweihten.

Die antiken Mysterienkulte – Dionysos und Mithras sind nur stellvertretend genannt – haben alle die Muster entwickelt, nach denen auch das frühe Christentum seine Riten und Gebräuche entfaltet. Dies bedeutet aber nicht, daß etwa die christliche Vorstellung vom Abendmahl Jesu mit seinen Jüngern und dessen kultisches Gedächtnis eine »entlarvende« Kopie (Deschner) sind. Es bedeutet vielmehr, daß die frühen Christen – vor allem Paulus – die Vorstellungs- und Vergegenwärtigungsmuster ihrer religiösen Umwelt aufgegriffen haben, um Jesus von Nazareth und den Glauben an ihn in dieser Kultur zu verankern. Die zeitlosen Vorstellungen wurden gewissermaßen historisiert, in die Geschichte eingebracht. Dazu war es sinnvoll, die kultischen Mysterienhandlungen auf den historischen Jesus zurückzuführen – ohne daß dies als Fälschung oder Betrug verstanden wurde.

Natürlich hat Jesus selbst die Verbindung zu seinen Jüngern und seine Lehre nicht nach der Gesetzmäßigkeit antiker Mysterien verstanden. Dafür stammte er viel zu sehr aus der jüdischen Lebenswelt, die ganz andere Denkmuster mitbrachte. Nüchterner als alle Mysterienkulte hat Jesus das Abschiedsmahl verstanden, das er mit seinen Getreuen vor seinem Prozeß abhielt. Diesen Abschied erzwang nicht nur der bevorstehende Tod, sondern in der Vorstellung Jesu auch das bevorstehende Weltende, das dem individuellen Tod vieler Zeitgenossen zuvorkommen würde. Deshalb konnte gar nicht an eine Wiederholung »zu meinem Gedächtnis« gedacht sein. Der »Stiftungsbefehl«, wonach Jesus das Abendmahl als kultische Wiederholung eines historischen Ereignisses gestiftet hat, findet sich auch nur im Lukas-Evangelium, einer relativ späten Evangelienschrift, allerdings auch in dem sehr viel früheren Brief des Paulus an die Gemeinde in Korinth.

Dieser Befund ist jedoch kein Anlaß, von einem Betrug der Jünger oder des Paulus zu sprechen. Die Anbindung gängiger Kultformen an den historischen Jesus ist vielmehr die Vermittlung und Interpretation der Überzeugung, daß der historische Jesus für die Entfaltung allgemeiner religiöser Existenzformen von einmaliger

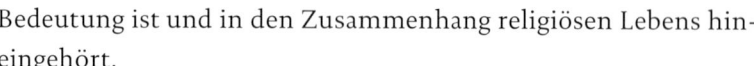

Bedeutung ist und in den Zusammenhang religiösen Lebens hineingehört.

Jede Ankoppelung des christlichen Glaubens an die Lehre Jesu – und nicht nur an die Verkündigung der Urkirche – wird heute zum Beispiel von dem Göttinger Theologen Gerd Lüdemann verweigert. Er will in seinem Buch »Der große Betrug« (1998) Rechenschaft darüber ablegen, »warum ich selbst fortan einen Rückgang auf die Verkündigung Jesu als Begründung des christlichen Glaubens für illegitim halten muß« (S. 7). In einem sehr persönlich und vertraulich gehaltenen »Brief an Jesus« schreibt Lüdemann: »... das allermeiste, was Du der Bibel zufolge gesagt bzw. getan hast, hast Du gar nicht gesagt und getan. Außerdem bist Du gar nicht der, als den Dich Bibel und kirchliche Tradition darstellen ... sie haben Dich zu Unrecht in Anspruch genommen.« (S. 10).

Für Lüdemann ist Jesus ein Wanderprediger, der wie ein Magier Dämonen ausgetrieben, die Ankunft des Gottesreiches und den Zusammenbruch der Welt erwartet und einen »grandiosen Verhaltenskodex« gelehrt hat. Diese Verhaltenslehre interpretiert »das mosaische Gesetz im Lichte der Liebe« und verkörpert damit die besten Traditionen Israels. So ist für den Autor der historische Jesus selbstverständlich gestorben und selbstverständlich nicht auferstanden. Das Grab war nicht leer, der gewaltsam Getötete ist verwest. Der Rest ist das Wunschdenken, sind die Projektionen und Visionen der Jünger.

Lüdemann will offenbar das Haus der Bibel aufräumen und trennt echte und unechte Worte, echte und unechte Taten Jesu. Als »echte Taten« bleiben bei ihm nur wenige: die Taufe durch Johannes, die Berufung der Jünger, die Austreibung von Dämonen (Exorzismen), sein Kontakt zu zwielichtigen Personen (Fressern, Weinsäufern, Huren, Zöllnern und öffentlichen Sündern) und schließlich die Reinigung des Jerusalemer Tempels vom Treiben der Geldwechsler und Händler. Alles übrige ist für Lüdemann unecht: die Naturwunder (Stillung eines Sturms, Vermehrung von Broten und Fischen), die Wunderheilungen und Totenerweckungen und vor allem die Einsetzung des kultischen Abendmahls.

Zu den unechten Worten Jesu rechnet der Theologe unter anderem die Verdammung Israels und seiner Führer (die Weherufe über Schriftgelehrte und Pharisäer, die Gleichnisse von den bösen Weingärtnern und vom Hochzeitsmahl), die Voraussagen seines Leidens und Sterbens, den Missionsbefehl an die Jünger, die Verleihung von Binde- und Lösegewalt an die Kirche und die Worte am Kreuz. Zu den echten Worten Jesu dagegen zählt er die Seligpreisungen *(»selig die Armen ...«),* die Bitte um die Ankunft der Gottesherrschaft *(»dein Reich komme...«),* die Verschärfungen des Gesetzes *(»Was dem Kaiser gehört, gebt dem Kaiser, und was Gott gehört, gebt Gott ...«),* die Ausrichtung des Gesetzes an den Menschen *(»Der Sabbat ist um des Menschen willen geschaffen und nicht der Mensch um des Sabbats willen ...«)* und die Gleichnisse von Gegenwart und Zukunft des Gottesreiches (von der selbst wachsenden Saat, vom Senfkorn, vom Sauerteig).

Man wird diese nach recht simplen Kriterien verfügten Unterscheidungen zwischen echt und unecht kritisch betrachten und differenzieren müssen. Wer aber überhaupt den historischen Jesus, die Ursprünge und die Geschichte des Christentums kennenlernen und verstehen will, kann sich der Diskussion von echt und unecht nicht entziehen. Wie wir der »Geschichte der Leben-Jesu-Forschung« von Albert Schweitzer entnehmen können, sind diese Fragen auch nicht so neu, daß man sie allein deswegen ignorieren könnte.

DIE SENSATION AUS DEN HÖHLEN

Die berühmten Handschriftenfunde in den Höhlen von Qumran am Toten Meer haben von einer ganz anderen Seite her zu Spekulationen und haltlosen Fragen geführt. Zum Beispiel: Muß die Geschichte des Christentums neu geschrieben werden? Gab es Christen vor Jesus? Ist der »Lehrer der Gerechtigkeit« identisch mit Jesus oder mit Johannes dem Täufer? Was ist dran an derartigen Fragen?

Im Frühjahr 1947 fand der junge Beduine Muhammad edh-Dhib vom Stamm der Ta'amireh zufällig – er suchte nach einer

Ziege, die von der Herde abgekommen war – in einer Höhle bei Qumran am Nordwestende des Toten Meeres, etwa 12 Kilometer südlich von Jericho, Tonkrüge mit beschriebenen Lederrollen. Noch wußte er nicht, daß er eine antike Handschriftenrolle entdeckt hatte, die zu den ältesten Schriftfunden der Geschichte gehört. Die Beduinen vom Stamm der Ta'amireh brachten – wahrscheinlich im Juli 1947 – einem christlichen Schuster in Bethlehem einige der weiteren inzwischen gefundenen Lederrollen, wohl in der Absicht, aus dem Leder Schuhe oder Sandalen fertigen zu lassen. Der Schuster Khalil Iskander Schahin, allgemein Kandun genannt, erklärte das Leder für ungeeignet, nahm die Rollen aber an sich, zahlte ein paar Münzen dafür und übergab bald darauf das beschriftete Material dem syrischen Metropoliten in Jerusalem. Kandun hatte erkannt, daß es sich um religiöse Texte handelte, die da auf Leder geschrieben und zu einer Rolle zusammengeklebt waren. Der Metropolit zahlte dem Schuster ungefähr 92 US-Dollar. Später erzielte er selbst einen Preis von 250 000 US-Dollar dafür.

Auch der Händler, der am 23. November 1947 in Jerusalem, am Stacheldrahtzaun zwischen dem jordanischen und dem jüdischen Teil der Stadt, eine beschriftete Rolle aus Ziegenleder anbot und dem jüdischen Archäologen Eleazar Sukenik verkaufte, wußte nicht, was er für wenige Dollar aus der Hand gab.

Die Neuentdeckungen wurden untersucht, und bald war klar, daß es sich um die ältesten Handschriften der jüdischen Glaubenstradition handelte. Sofort begann die Suche nach weiteren Zeugen der Vergangenheit. 270 Höhlen im Gebiet von Qumran und En Feschcha wurden durchforscht. In elf dieser Höhlen fand man Tonkrüge, zum Teil in Scherben zerbrochen, Schriftrollen aus Leder und Kupfer sowie Fragmente von Texten, die offenbar zur Zeit der römischen Besatzung, vor allem kurz vor der Zerstörung des Jerusalemer Tempels im Jahre 70 n. Chr. in den umliegenden Höhlen versteckt worden waren. Bald wechselten die Fundstücke ihre Besitzer. Das Interesse der Altertumswissenschaften daran wuchs und wuchs. Das Material wurde – vor allem an der Hebräischen Universität im jüdischen und dann israelischen Teil und im Rockefeller-Museum im jordanischen Teil Jerusalems – geborgen und gesichert, um es erforschen und auswerten zu können.

DIE TEXTE VON QUMRAN

Die Funde von Qumran enthalten den fast vollständigen Text des Propheten Jesaja, eine Nacherzählung des 1. Buches Mose (in Teilen), Kommentare zu Prophetenschriften, Psalmen, theologische Abhandlungen wie die zur sogenannten Zwei-Geister-Lehre, Vorschriften für das Jahresfest, Gemeindeordnungen, Disziplinarvorschriften, Segensformulare, apokalyptische Texte über den Endkampf zwischen den Mächten des Lichts und den Mächten der Finsternis, Hymnentexte und schließlich die neun Meter lange »Tempelrolle«, die unter anderem einen Bauplan des Tempels von Jerusalem enthält. Die meisten dieser Handschriften stammen aus der Zeit von 100 v.Chr. bis 68 n.Chr., dem Jahr, in dem die Siedlung von Qumran von römischen Truppen zerstört wurde. Paläographen haben das hohe Alter der Texte mit Hilfe von Analysen des Schriftverlaufs und des verwendeten Schreibmaterials bestimmt. Erstaunlich ist die Genauigkeit, mit der die Fachleute eine Abweichungsspanne von plus/minus 50 Jahren erreicht haben. Ein Text etwa, der auf das Jahr 100 v.Chr. datiert wird, ist nicht früher als 125 v.Chr. und nicht später als 75 v.Chr. niedergeschrieben worden. Diese konventionellen Zeitbestimmungen wurden 1990 durch die Radiokarbonmethode (C-14-Methode), die mit der Halbwertzeit von Kohlenstoffisotopen rechnet, bestätigt.

DIE SIEDLUNG VON QUMRAN

In den Jahren 1952 bis 1958 legte eine internationale Forschungsgruppe von Archäologen nahe den Höhlen die Ruinen einer Siedlung frei, deren unterste Schicht aus dem 9. vorchristlichen Jahrhundert stammt, deren Neuerrichtung aber in die Zeit um 100 v.Chr. fällt, also in jene Zeit, in der die Schriften versteckt wurden.

55 In solchen
Tonkrügen
wurden die
Schriftrollen
von Qumran
aufbewahrt
(Rekon-
struktion).

Was hat die Siedlung und ihre Wohnungen, Gemeinschaftsräume, Stallungen und Zisternen mit den Texten aus den Höhlen zu tun?

Was die Wissenschaftler ausgruben, waren zunächst die Spuren eines dramatischen Kampfes: verkohltes Baumaterial, Pfeilspitzen, Waffen, Münzen. Dann, unter der Brandschicht und den Sandverwehungen, kamen Gebäudereste und Grundmauern zum Vorschein. Langsam rundete sich das Bild zu den Ruinen einer Siedlung: ein Wohnbereich, Wirtschaftsgebäude mit einer Gerberei und einer Töpferei, Stallungen, Zisternen, Wasserleitungen und Brennöfen. Auch die Grundmauern eines großen Saales fanden sich, der als Versammlungsraum oder Speisesaal gedient haben könnte. Alle Spuren deuten auf eine eng zusammenlebende Gemeinschaft hin. Ein ähnliches Bild ergaben auch die Ausgrabungen in En Feschcha, drei Kilometer südlich von Qumran, ebenfalls über dem Toten Meer. Auch einen Schreibraum und eine Bibliothek konnten die Archäologen ausmachen.

Versucht man, sich aus den Grabungen, den Höhlenhand-schriften und weiteren historischen Nachrichten (etwa von Plinius dem Älteren und Flavius Josephus) eine Gesamtvorstel-lung zu machen – wie es vor allem der Altertumsforscher Hartmut Stegemann getan hat –, so entsteht das Bild einer jüdischen Gemein-schaft, die sich Yachad, Union, nannte und zur Glaubensrichtung der ultraorthodoxen Essener gehörte, einer strenggläubigen Gemeinschaft, die aus kalendarischen Gründen den Opferkult im Tempel von Jerusalem ablehnte, aufs genaueste die kultischen Reinheitsvorschriften einhielt und vor jeder gemeinsamen Mahl-zeit rituelle Bäder vorschrieb und die schließlich von einem bald bevorstehenden Ende der Welt überzeugt war.

Plinius der Ältere (24–79 n. Chr.) berichtet seinen Lesern in Rom: »Westlich vom Toten Meer wohnen die Essener, ein ein-sames und wunderliches Volk, das sich von allen übrigen Bewoh-nern der Erde unterscheidet. Es lebt ohne Frauen, überhaupt ohne

56 Die trockenen Höhlen von Qumran, in denen 1947 ein Hirtenjunge auf die archäolo-gische Sensation des Jahrhunderts stieß: die rund 2000 Jahre alten Schriftrollen vom Toten Meer, die Einblick in das religiöse Leben zur Zeit Jesu geben.

alle Gemeinschaft mit dem weiblichen Geschlecht, ohne Geld und nur in Gesellschaft seiner Palmen.« Plinius entwirft also das Bild einer strengen, in der Abgeschiedenheit lebenden Klostergemeinschaft. Ihm folgen bis heute viele Wissenschaftler. Die anderen halten sich mehr an Flavius Josephus und sehen in den Essenern die neben den Pharisäern und Sadduzäern dritte in allen Städten lebendige jüdische Religionsgemeinschaft, die sich so intensiv um die heiligen Schriften kümmerte, daß ein Kenner wie Stegemann vermutet, diese Essener seien gemeint, wenn im Neuen Testament von den »Schriftgelehrten« die Rede ist. Dann wären die Leute von Qumran eine von mehreren essenischen Gemeinden gewesen, deren Besonderheit allenfalls darin bestand, daß sie in der Wüste am Toten Meer eine Schriftrollenmanufaktur betrieben.

JESUS UND QUMRAN

Für die Frage nach Jesus und den historischen Zeugnissen über ihn werden immer wieder die Essener im allgemeinen und die Gemeinde von Qumran im besonderen herangezogen, um die Eigenständigkeit des Christentums zu bezweifeln. Entweder wird vermutet, Jesus selbst habe die 40 Tage in der Wüste (Markus 1,12) genau hier in der Gemeinde von Qumran verbracht – deshalb die Ähnlichkeiten und Übereinstimmungen zwischen den überlieferten Worten Jesu und den Texten von Qumran. Oder aber man nimmt an, Johannes der Täufer sei ursprünglich einer aus Qumran gewesen, von der Gemeinschaft aber ausgeschlossen worden, habe deshalb »von Heuschrecken und wildem Honig« gelebt und sei in ein »härenes Gewand« gekleidet gewesen.

In jedem Fall wird von vielen Autoren seit 1947 ein starker Einfluß auf Jesus und das frühe Christentum angenommen, der von Qumran ausgegangen sein soll. Wer wen beeinflußt hat, wird jedoch nie ganz geklärt werden können. Ohnehin werden viel eher alle religiösen Bewegungen dieser Zeit auf dem engen Raum des alten Palästina aus einem begrenzten Reservoir religiöser Grundvorstellungen geschöpft haben – zumal sie alle aus dem großen Strom der jüdischen Geschichte gespeist wurden, auch wenn hier und da ägyptische, syrische oder babylonische Einflüsse wirksam geworden sind.

Textvergleiche zeigen immer wieder, daß zwar im einzelnen große Ähnlichkeiten zwischen Qumran-Texten und den neutestamentlichen Schriften zu erkennen sind, daß aber die Unterschiede doch stärker ins Gewicht fallen als die Ähnlichkeiten. Wenn es zum Beispiel im Matthäus-Evangelium heißt: »*Wer sich selbst erhöht, wird erniedrigt werden, und wer sich selbst erniedrigt, wird erhöht werden*«, dann kann der Wortlaut wohl kaum als Plagiat bezeichnet werden wie zum Beispiel im »Spiegel« (2/1998, S. 132, unter der Rubrik »Wissenschaft«), bloß weil 200 Jahre zuvor schon ein ähnliches Wort bekannt war: »Du hast Strauchelnde aufgerichtet durch deine Kraft, doch Hochgewachsene fällst du, um sie zu erniedrigen.« In beiden Sentenzen gibt es den gleichen Gedanken. Aber er wird auf sehr unterschiedliche Weise formuliert. Der Gedanke ist Bestandteil einer Tradition – der jüdischen nämlich –, die breiter und älter ist als beide Formulierungen.

Die Ähnlichkeiten und Unterschiede zwischen Qumran und den biblischen Texten zeigen also durchweg, wie sehr Jesus und die frühe Christengemeinde in einer Tradition wurzeln, die auch Qumran hervorgebracht hat. Das dürfte nur den wundern, der in der Vorstellung befangen ist, das Christentum sei vom Himmel gefallen und müsse deshalb unter allen Aspekten einzigartig und ursprünglich sein.

Die Erforschung der Siedlung und die der Höhlenschriften ergänzen sich natürlich. Das Material ist umfangreich: Etwa 900 zum Teil viele Meter lange Schriftrollen – eine Jesaja-Handschrift zum Beispiel ist 7,34 Meter lang – konnten bisher gesichert und zum größten Teil veröffentlicht werden.

Die Eigentumsrechte sind kompliziert. Sie liegen vor allem bei der Hebräischen Universität von Jerusalem und beim jordanischen Staat (der 1961 die Handschriften im Rockefeller-Museum verstaatlicht hatte). Weitere Eigentumsrechte für jeweils Teile der

Funde werden von den USA, England, Frankreich, den Nieder-
landen, Deutschland und dem Vatikan gehalten.

Der Hinweis auf die Eigentums-
verhältnisse ist interessant, weil

DAS GESCHÄFT
MIT DEN FUNDEN

von hier ein Licht auf einen merk-
würdigen Schwindel und eine der seltsamsten Phantasieblüten in
der Geschichte der Qumran-Literatur fällt.

1991 erschien in Deutschland ein Buch mit dem Titel »Verschlußsache Jesus. Die Qumran-Rollen und die Wahrheit über das
frühe Christentum«. Verfasser sind die US-amerikanischen
Autoren Michael Baigent und Richard Leigh. Das Buch wurde
allein in Deutschland über 300 000 Mal verkauft. Der Anspruch
der Autoren ist, eine Verschwörung aufzudecken, in deren Mittelpunkt der Vatikan steht. Zunächst wird behauptet, nur 25 Prozent
des Materials seien bisher veröffentlicht worden. Die Verzögerun-
gen bei der Edition der Texte gehe auf finstere Machenschaften des
Vatikans zurück. Die römische Kirche habe nämlich ein Interesse
daran, die Publikation der Schriften von Qumran zu verhindern.
Sie wolle ein Bekanntwerden der Inhalte unterdrücken, weil hier
das von der Kirche vertretene Jesus-Bild zerstört werde. Jesus sei
nicht die friedliche Lichtgestalt, die das Neue Testament schildere,
sondern ein politischer Rebell, der auch vor Mord und Totschlag
nicht zurückgeschreckt sei. Dieser politische Jesus sei mit Maria
Magdalena verheiratet gewesen und habe mit ihr eine Tochter
gehabt. Da dies alles der römischen Kirche nicht passe, habe sie
eine verschworene Geheimhaltungspolitik betrieben, deren Chef-
ideologe Kardinal Ratzinger sei, der Präfekt der obersten römischen Glaubensbehörde.

Die Argumente von Baigent und Leigh wurden gründlich
widerlegt. Die Autoren Otto Betz, Rainer Riesner (»Jesus, Qumran
und der Vatikan«, 1993) und Hartmut Stegemann (»Die Essener,
Qumran, Johannes der Täufer und Jesus«, 1993) und andere haben
gezeigt, daß das Buch der amerikanischen Bestsellerautoren eine

57 (Linke Seite)
Ganz in der Nähe
des lebens-
feindlichen Toten
Meeres liegt die
Ruinenstätte von
Qumran.

fatale Mischung aus inkompetenter Recherche, falschen Schlüssen und haltlosen Unterstellungen ist und daß nicht einmal die einfachsten Fakten stimmen. Ein Beispiel:

Als die Autoren behaupteten, erst 25 Prozent der Schriften von Qumran seien veröffentlicht und der Rest werde der Öffentlichkeit bis heute vorenthalten, waren in Wahrheit bereits mehr als 80 Prozent ediert. Die Autoren hatten nur die Publikationen des Rockefeller-Museums in der Reihe »Discoveries in the Judaean Desert« gezählt und dabei übersehen, daß das meiste Material außerhalb dieser Reihe veröffentlicht worden war ...

Als Beispiel für die verwegenen Unterstellungen von Baigent und Leigh in Sachen Vatikan mag das folgende genügen: Die Autoren unterstellen eine Einflußnahme des Vatikan auf die Veröffentlichungspraxis – unter anderem aufgrund finanzieller Beteiligung am Kauf der Eigentumsrechte. In Wahrheit hat der Vatikan sich 1955, wie andere Institutionen und Staaten auch, den Erwerb von Teilen der Funde gesichert, damit aber nur die Eigentumsrechte, nicht die Veröffentlichungsrechte und auch nicht den Besitz der Schriftteile erworben. Die Eigentumsrechte an den Teilen aus Höhle 4 in der Größe von 3000 Quadratzentimetern (allein die Jesaja-Rolle umfaßt 19 230 Quadratzentimeter) wurden mit einem Betrag von 3000 britischen Pfund bezahlt (ein Pfund entsprach damals 14 DM). Für diese Rechte darf der Vatikan allenfalls hoffen, die Fragmente einmal in den Vatikanischen Museen ausstellen zu dürfen. Von einem Einfluß auf die Veröffentlichungspraxis aufgrund der »Finanzkraft des Vatikans« zu sprechen ist ebenso absurd wie die anderen Behauptungen, Rückschlüsse und Unterstellungen des Buches »Verschlußsache Jesus« auch.

ZUR GESCHICHTE DES CHRISTENTUMS

1,9 Milliarden Menschen sind es am Beginn des dritten Jahrtausends, die sich Christen nennen, mehr als ein Drittel der heutigen Weltbevölkerung. Rund um den Erdball kommen Christen zusammen. Sie alle beziehen und

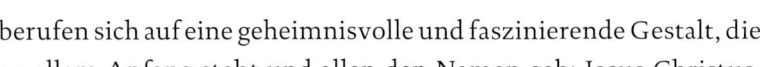

berufen sich auf eine geheimnisvolle und faszinierende Gestalt, die an allem Anfang steht und allen den Namen gab: Jesus Christus.

Ein Atlas der Weltreligionen zeigt für die Gegenwart die Ausbreitung des Christentums über alle Kontinente. Griechische und russische Orthodoxe, Katholiken und Protestanten bilden die Mehrheit in den beiden amerikanischen Kontinenten, in Europa, den Staaten der GUS und in Australien. Indonesien, Indien, Südafrika, Nigeria, Zaire, Tansania, Kenia und Äthiopien haben starke Anteile an Christen in der Bevölkerung. Selbst China und afrikanische Staaten wie Tschad, Sudan, Angola, Sambia oder Namibia kennen christliche Bevölkerungsanteile, die in die Millionen gehen.

Die verschiedenartigsten Rituale, Glaubensvorstellungen und Lebensformen sind in fast zwei Jahrtausenden gewachsen. Unterschiedliche, oft kontroverse Lehrgebäude wurden aufgebaut. Man hat um den »richtigen«, den »wahren« Glauben und die Reinheit der Lehre gekämpft. Man hat sich bekämpft, entsprechend dem Geist der Zeiten und der Natur des Menschen nicht selten mit Gewalt. Oft genug auch wurden die Untertanen der Mächtigen kurzerhand zu Christen gemacht, ob sie wollten oder nicht.

Aber auch die furchtbarsten Geschehnisse haben nicht verhindert, daß die Geschichte des Christentums eine Erfolgsgeschichte ist: Unaufhaltsam wuchs die Zahl der Mitglieder all dieser Gemeinschaften, die bis heute – trotz aller Unterschiede und Feindseligkeiten – den Grund ihrer Existenz zurückführen auf eine Lichtgestalt, die im 1. Jahrhundert der christlichen Zeitrechnung eine revolutionär neue Ausformung religiösen Lebens in die Geschichte brachte: Jesus von Nazareth, genannt der Christus, das heißt der Gesalbte, der Messias.

Kaum einer »ist fertig mit ihm«, auch nicht in rein historischem Sinn. Immer wieder scheint es, als gebe es noch einmal eine neue Sicht auf ihn – aufgrund neuer historischer Entdeckungen oder aufgrund neuer Erkenntnisse. War Jesus eine historische Gestalt wie viele andere, etwa wie Moses und die jüdischen Propheten oder wie Buddha oder Mohammed? Kann man überhaupt bis zu seiner

Existenz und bis zu seiner Person vordringen? Sicher ist, daß ganze Welten zusammenbrächen, sollte sich herausstellen, daß Jesus gar nicht gelebt hätte oder daß die historische Vermittlung seiner Botschaft nichts wäre als frommer Betrug, Irrtum oder Lüge.

Sicher ist aber auch, daß die historisch-kritische Erforschung der Evangelien gezeigt hat, daß der Jesus der Geschichte in den Evangelien nicht mehr unmittelbar zugänglich ist, sondern nur in der Auslegung, die die vorangehende mündliche Gemeindeüberlieferung durch die Evangelisten erfuhr. »Nur durch eine sehr komplizierte literar- und traditionsgeschichtliche Analyse der so entstandenen Texte läßt sich ein Zugang zu jenen ältesten Schichten gewinnen, die uns einen authentischen Eindruck Jesu vermitteln.« (P. Hoffmann).

Zwar läßt sich das Profil Jesu nur wie in einem Schattenriß erkennen, aber trotzdem wird das Charakteristische der historischen Gestalt sichtbar.

Die Bemühung, dieses Charakteristische freizulegen, hat seit der Mitte des 20. Jahrhunderts zu einer Renaissance der Jesus-Forschung geführt, nachdem man sich zuvor, gewissermaßen resignativ, mit dem Erforschen der Verkündigung über ihn, des sogenannten Kerygma der Urkirche, begnügt hatte. Offensichtlich hatte schon die Verkündigung des 1. Jahrhunderts ein hohes Interesse daran, die Geschichte nicht aus den Augen zu verlieren und sich so vom Einfluß hellenistisch-römischer Religiosität abzusetzen. Auch heute muß es im Interesse der Christen liegen, sich der Bindung an den historischen Jesus zu versichern. Nach

58 Die Wüste von Judäa, an deren Rand Qumran liegt, war auch meditativer Rückzugsort Jesu.

2000 Jahren Geschichte des Christentums ist es eine tödliche Gefahr, nur eine Mischung aus Erbaulichkeit, Mirakelglaube und Fundamentalismus zu propagieren, der sich auf das Für-wahr-Halten von dogmatischen Sätzen beschränkt.

Am Ende eines Jahrtausends ist es angemessen zu fragen, wie die weltweite Verbreitung einer Religion begonnen hat und wie die Entstehung eines neuen Glaubens überhaupt möglich war. Am Anfang waren es ja nur wenige Menschen, die damit begannen, sich aus ihren angestammten Lebensformen und ihren religiösen Riten, Bräuchen und Weltanschauungen zu lösen und sich zu einer meist winzigen Gemeinschaft zusammenzuschließen.

Die Ausbreitung des Christentums in den Stadtgemeinden des Mittelmeerraumes ist ja eine historische Entwicklung, die weder durch militärische Eroberungen (wie später die Ausbreitung des Islam) noch durch staatliche Machtbündnisse zu erklären ist. Man mag die Ausbreitung des Christentums nach dem Religionsedikt Kaiser Konstantins am Beginn des 4. Jahrhunderts darauf zurück-führen, daß die staatlichen Machtstrukturen den Erfolg garantier-ten, sobald das Christentum Staatsreligion des Römischen Reiches wurde. Das erklärt aber nicht die Ausbreitung in den ersten drei Jahrhunderten, in denen trotz grausamer Christenverfolgungen die Zahl der Christen ständig wuchs.

Was machte die neue Religion so attraktiv? Wahrscheinlich ist es in erster Linie das blühende Gemeindeleben, die menschliche Solidarität in der Unterschicht, aus der die frühen Gemeinden ent-standen. Weniger also die »Lehre« im Sinne einer Dogmatik und auch nicht die Botschaft von der Erlösung. Denn »Erlöser« und Erlösungskulte gab es in den traditionellen Religionen zuhauf (Mithras und andere). Es muß der Bezug zum »eigentlichen Leben« des Menschen sein, der die Jesus-Religion attraktiv machte für die spätzeitlich abgeschlafften Hellenen und Römer, aber auch für die auf der Suche nach Lebensraum kreuz und quer durch Europa wan-dernden Germanen.

Gerade die Nähe zum praktisch-alltäglichen Leben, die reli-giöse Lebensqualität in den frühen Christengemeinden begründete die historische Dynamik des Christus-Glaubens. Sie begründete aber auch Widerstand gegen ihren Anspruch. Dabei waren die Christenverfolgungen durch die römischen Kaiser und die Widerstände germanischer Stämme nur die »außenpolitische« Bedrohung. Viel gefährlicher für die Jesus-Religion war die innere Aushöhlung und Einebnung der revolutionären Dynamik des Evangeliums durch den Versuch, aus dem Christentum eine Institution zu machen, die alle Merkmale konventioneller Religionen aufweist: die Hierarchisierung, die Ausgrenzung abweichender Gruppierungen, die Ausformung orthodoxer Lehrsysteme mit gleichzeitiger Bekämpfung von Abweichungen und »Irrlehren«, der Schulterschluß mit den staatlichen und militärischen Ordnungsmächten und der Ausbau einer Rechtsstruktur, die bald auch über das Evangelium selbst verfügte.

So etwa wurde den Gläubigen zeitweise verboten, in der Bibel zu lesen beziehungsweise die Bibel in der Landessprache zu drucken. Jeder Rückbezug auf den Ursprung sollte abgeblockt werden. Die Kirche als Mittlerorganisation setzte sich selbst an die Stelle des zu Vermittelnden. So muß die Kirchengeschichte unter anderem auch als der Versuch verstanden werden, die Dynamik des Jesus-Glaubens zu verflüssigen, das heißt zu liquidieren und auf die Beachtung von Dogmen und Riten zu reduzieren. Die Dynamik der Jesus-Botschaft wurde durch die Kirche bestimmt und der religiösen Umwelt angepaßt – um den Preis, daß das Christentum zu einer »normalen« Religion mit Priestern und Hierarchen wurde, die eine Mittlerrolle zwischen Himmel und Erde beanspruchten.

Dem wurde innerhalb der christlichen Kirchen allerdings das Prinzip von der »ecclesia semper reformanda«, der »immer zu erneuernden Kirche«, entgegengesetzt, so daß das »Prinzip Erneuerung« und das reformatorische Prinzip der Rückkehr zu den Ursprüngen auch weiterhin zum Kraftpotential des Christentums gehören wird. Dabei geht es wirklich um die Rückkehr zur Kernbotschaft Jesu von Nazareth, nicht nur zu den biblischen Texten. Der frühchristliche Antijudaismus – ein besonders folgenreiches Beispiel für viele, wie er sich vor allem in den Texten über

59 und 60 (Nachfolgende Doppelseite) Das Christentum hat sich in den unterschiedlichsten Ausprägungen über die ganze Welt verbreitet. Bereits seit dem 4. Jahrhundert ist das Christentum Staatsreligion in Äthiopien. Im 12. Jahrhundert haben Tausende von Steinmetzen die Georgs-Kirche des äthiopischen Felsenklosters von Lalibela in acht Jahren aus dem Felsen geschlagen.

Judas zeigt (siehe H.-C. Huf, (Hg.): »Quo Vadis« II, S. 264–285) – kann nur dadurch überwunden werden, daß man auch schon die früheste Überlieferung an der Botschaft Jesu mißt. Daß dies zu einer Selbstrelativierung der Kirche führt, ist sicher zumutbar, wenn man bedenkt, daß gerade die Kirche sich an den historischen Jesus ankoppeln müßte.

Nur eine solche Ankoppelung kann die Aufgaben der Zukunft lösen: den Dialog mit dem Judentum, dem Islam und dem Buddhismus, die ökumenische Verständigung und Einigung und schließlich auch die Annahme des »Prinzips Verantwortung« für die Zukunft der Erde und für die Entwicklung eines Weltethos, das für alle Menschen gleichermaßen gilt.

Literatur

Ben-Chorin, Schalom: Bruder Jesus. München 1967.

Berger, Klaus: Qumran und Jesus. Stuttgart 1993.

Berger, Klaus: Wer war Jesus wirklich? Stuttgart 1995.

Bornkamm, Günther: Jesus von Nazareth. Stuttgart 1956.

Braun, Herbert: Jesus – Der Mann aus Nazareth und seine Zeit. Gütersloh 1989.

Deschner, Karlheinz: Der manipulierte Glaube. München 1971.

Deschner, Karlheinz: Der gefälschte Glaube. München 1988.

Geiselmann, Joseph Rupert: Die Frage nach dem historischen Jesus. München 1965.

Glasenapp, Helmuth von: Die fünf Weltreligionen. München 1963/1997.

Hermann, Ingo: Der Sündenbock. Bemerkungen über Judas, in: Quo vadis. Augenblicke der Geschichte. Verräter, Skandale und Prozesse, hg. von Hans-Christian Huf, Bergisch Gladbach 1998, S. 264–285.

Hoffmann, Paul: Das Erbe Jesu und die Macht der Kirche. Mainz 1991.

Lapide, Pinchas: Jesus – Ein gekreuzigter Pharisäer?

Gütersloh 1990.

Laudert-Ruhm, Gerd: Jesus von Nazareth. Das geschichtliche
Basiswissen. Stuttgart 1996.

Lüdemann, Gerd: Der große Betrug. Lüneburg 1998.

Renan, Ernest: Das Leben Jesu. Paris 1863/Zürich 1981.

Schierse, Franz Josef (Hg.): Jesus von Nazareth. Mainz 1972.

Schmidt, Wolf-Rüdiger: Der Mann aus Galiläa.
Gütersloh 1990.

Schweitzer, Albert: Geschichte der Leben-Jesu-Forschung.
Tübingen 1906/1984.

Stegemann, Hartmut: Die Essener, Qumran, Johannes der Täufer
und Jesus. Freiburg 1993.

Thiede, Carsten Peter: Ein Fisch für den römischen Kaiser. Juden,
Römer, Griechen. Die Welt des Jesus von Nazareth.
München 1998.

Trilling, Wolfgang: Fragen zur Geschichtlichkeit Jesu.
Düsseldorf 1966.

Trilling, Wolfgang: Die Botschaft Jesu. Freiburg 1978.

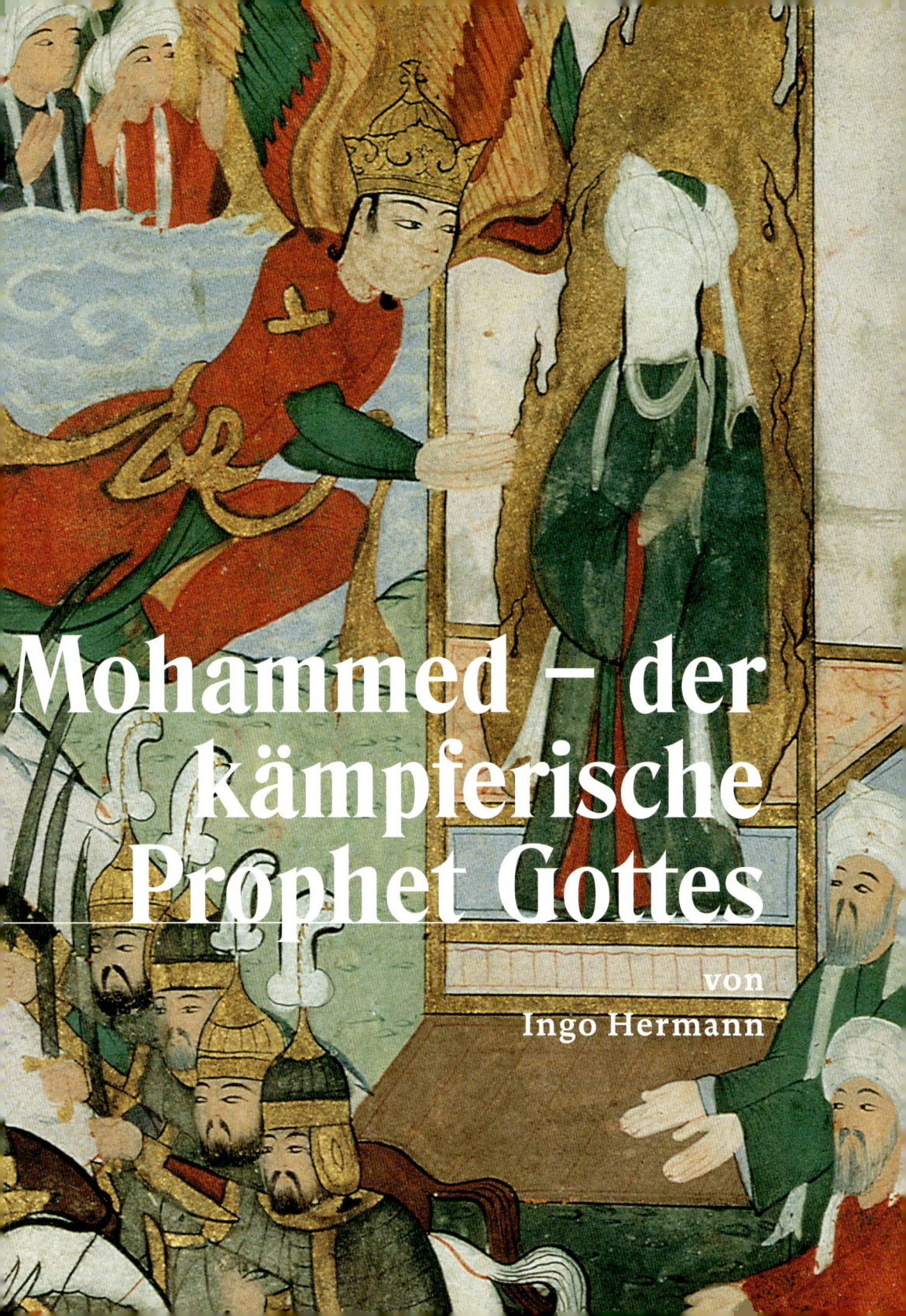

Mohammed – der kämpferische Prophet Gottes

von

Ingo Hermann

Mein Herz ist aller Formen fähig.

Es ist ein Weidegrund für die Gazellen,

ein Kloster für die christlichen Mönche,

ein Tempel für die Götter,

die Ka'ba der Pilger,

die mosaischen Gesetzestafeln

und das Buch des Koran.

Ibn al-'Arabi (13. Jahrhundert)

WER KANN DICH VOR MIR RETTEN?

61 (Vorher-
gehende
Doppelseite)
Gläubige
Muslime sehen
Mohammed als
Lehrer der
Weisheit. Er
versteht es aber
auch, eine Armee
zu führen.
Aufgrund des
islamischen
Bilderverbots
wird Mohammed
nur selten mit
Gesicht
dargestellt.
Miniatur aus dem
»Siyar-e-Nabi«
von Mustafa
Darir (um 1595).

Eine Legende erzählt: »Eines Tages, als der Prophet bei Medina im Schatten einer Palme ausruhte, näherte sich ihm Durfur, ein Krieger aus Mekka. Der Klang der Schritte weckte den Propheten aus seinen Träumen. Er blickte empor und sah den Krieger mit gezücktem Säbel vor sich stehen. Ein Araber erschlägt aber seinen Gegner nicht, ohne ihm vorher seine Verachtung ausgedrückt zu haben. ›O Mohammed‹, rief auch Durfur, ›wer kann dich jetzt vor mir, dem Krieger Durfur, retten?‹ Mohammed blickte ihn gelassen an und antwortete: ›Gott.‹ Da stürzte sich der Krieger voll Wut auf den Propheten. In seiner Hast stolperte er aber über einen Stein, und der Säbel entglitt seiner Hand. Blitzschnell ergriff der Prophet den Säbel, schwang ihn über dem Kopf Durfurs und rief nun seinerseits: ›O Durfur, wer kann dich jetzt retten?‹ Und der Krieger erwiderte voll Demut: ›Mich kann niemand retten.‹ – ›So lerne von mir, gnädig zu sein‹, sagte der Prophet und entließ den Krieger.«

Die Legende zeigt ein Bild des Propheten Mohammed, das heute manchen Beobachter des Islam überraschen mag. Aber

dieses Bild erzählt von der Gründergestalt einer Religion, zu der sich am Ende des zweiten Jahrtausends einige hundert Millionen Menschen bekennen. Allein deshalb ist es reizvoll, sich mit Leben und Wirken dieses charismatischen Menschen zu befassen. Zu greifbar ist die weltgeschichtliche und aktuelle Bedeutung des Islam, zu gegenwärtig ist die islamische Kultur, als daß der Westen sie ignorieren könnte. Der Islam hat heute in allen Kontinenten eine Heimat gefunden, im gesamten Orient und in Afrika, in Indien und Pakistan, in China (mit etwa 20 Millionen Gläubigen), in Rußland, Afghanistan, Tadschikistan, Usbekistan und in Europa.

Die Geschichte Europas ist eng mit der arabischen Kultur verwoben. Europa verdankt ihr nicht nur die (arabischen) Zahlen und bedeutende Erkenntnisse der Mathematik, sondern auch die Vermittlung der antiken griechischen Philosophie und der frühen Astronomie. Aber auch die leidvolle Geschichte gegenseitiger Eroberungskriege und gewalttätiger Schädigungen legt eine Beschäftigung mit dem Islam in Auseinandersetzung und Verständigung zwischen den Religionen und Kulturen nahe.

Es ist jedoch für einen Menschen, der in der abendländisch-christlichen Kultur aufgewachsen ist, nicht unkompliziert, sich mit dem Islam und seinem Begründer zu befassen. Historisch und kulturell bedingte Mißverständnisse lauern auf Schritt und Tritt. Nur die Entschlossenheit, die »fremde« Religion und Kultur aus ihrem Selbstverständnis heraus betrachten zu wollen, schützt vor voreingenommenen Interpretationen und ermöglicht den Zugang und den Austausch in gegenseitigem, kritischem Respekt.

Wie bei der Erforschung der Ursprünge des Christentums ist auch bei der Annäherung an den Islam eine beträchtliche historische Distanz zu überbrücken. Zahlreiche Einzelheiten bleiben für immer im Dunkel der Geschichte verborgen. Viele Quellen sind versiegt oder unzugänglich geworden, oder der Staub von Jahrhunderten hat das Wasser getrübt. Dennoch gibt es Wegweiser zum Ursprung des Islam und unter diesen vor allem den Koran (Qur'an, wörtlich: »Lesung«, »Vortrag«). Die Biographien Mohammeds beziehen sich darüber hinaus auch auf die Hadith–Sammlungen

Arabien zur Zeit Mohammeds

ARAL SEE

Fergl

SCHWARZES MEER

KAUKASUS

KASPISCHES MEER

Samarkar

Buchara

Konstantinopel
(Byzanz/Istanbul)

Tiflis

ARMENIEN

Merw

Trapezunt

Nikaia

Herat

OSTRÖMISCHES
REICH

Mossul

MESOPOTAMIEN

IRAN
(PERSIEN)

Antiocheia

Samarra

Euphrat

Bagdad

Isfahan

Damaskus

Tigris

MITTELMEER

Hira

Wasit

Alexandria

Jerusalem

Basra

Schiras

Fustat (Kairo)

PERSISCHER GOLF

Hormuz

ÄGYPTEN

Tebuk

NEDSCHD

Sara

Maska

Taima

Bosacha

OMAN

HEDSCHAS

Chaibar

Uhud

ARABIEN

Akraba

Hadschar

Assuan

Medina (Jathrib)

JEMAMA

Nil

Mekka

Taif

NUBIEN

ROTES MEER

JEMEN

Nedschran

Marib (Saba)

ARABISCHE
MEER

Sana

HADRAMAUT

ABESSINIEN
(ÄTHIOPIEN)

Mokka

Aden

1.000 km

und die Sira. Die Hadith-Sammlungen enthalten Aussprüche des Propheten und Berichte über seine Taten. Die Sira gilt als älteste chronologische Biographie Mohammeds, die schon im 8. Jahrhundert zusammengestellt wurde.

DIE GESCHICHTE EINES GLÜCKLICHEN MANNES

Die islamische Soziologin Fatema Mernissi schreibt: »Der Islam ist die Geschichte eines glücklichen Mannes, der in seiner Jugend von einer anderen Welt träumte und alle seine Träume in reifen Jahren und im Alter voller Lebenskraft verwirklichte, der Erfolg hatte bei den Frauen und militärische Triumphe errang, wobei er seine größten Widersacher in die Knie zwang. Als uns Lalla Fquiha (unsere Lehrerin in der Koran-Schule) zum ersten Mal von Christus und dem Christentum erzählte, murmelte sie am Ende ihres Vortrags: Ein recht trauriges Leben, das des Massih (Messias), ja, recht traurig, er hat alles verloren, selbst das Leben, im Gegensatz zu unserem Propheten, der bis zum endgültigen Triumph weitergekämpft hat.«

Zur Zeit, als Abu'l-Qasim – wahrscheinlich im Jahre 571 – in Mekka geboren und schon bald Mohammed (Muhammad), der Gepriesene, genannt wird, liegt die arabische Halbinsel nahezu außerhalb der zivilisierten Welt der Mittelmeerregion, obgleich wichtige Handelsstraßen durch das Gebiet führen. Karawanen ziehen durch das Land zwischen dem Roten Meer, dem Golf von Aden, dem Arabischen Meer, dem Persischen Golf und der Syrischen Wüste. 90 Prozent des Landes – 1200 Kilometer breit und 2200 Kilometer lang – bestehen aus lebensfeindlicher Wüste. Es gibt hier keinen Staat, keine Zentralgewalt, keine formellen Gesetze. Als Ordnungsmacht fungieren die Sippen. Sie schützen jedes einzelne ihrer Mitglieder und bekämpfen alle Angreifer. Der Anführer des familiären Großverbands bestimmt die gesamte Lebenswelt des Nomadenstammes. Wer sich gegen die Interessen des Stammes vergeht, wird streng bestraft. Die härteste Strafe ist die Ausstoßung aus dem Familienverband. Wer ausgestoßen wird, ist vogelfrei und kann von jedermann beraubt und getötet werden.

62 Die Ka'ba in
Mekka im
19. Jahrhundert
(Holzstich nach
C. Tristram)

Niemand wird ihn rächen. Wer dagegen akzeptiertes Mitglied seines Stammes ist, der wird verteidigt und geschützt. Er nimmt teil an der Macht und dem Reichtum der Sippe, der einige tausend Menschen angehören können.

Mohammed gehört der Sippe der Hashimiten an. Sein Stamm heißt Quraysh und war vor der Zeit von Mohammeds Vater reich und mächtig. Die Familie hat in Mekka auch zur Zeit der Geburt Mohammeds noch das Privileg, den Pilgern, die jedes Jahr zur Ka'ba wallfahren, das Wasser aus dem Brunnen Zemzem zuzuteilen.

Die Ka'ba ist ein etwa 15 Meter hoher und 10 Meter langer würfelförmiger Steinbau, in dessen Wand ein schwarzer Meteorit eingelassen ist. Der Steinwürfel – der Name Ka'ba leitet sich von einem Wort für Würfel ab – ist von Götteridolen umgeben. Einmal im Jahr versammeln sich hier die Pilger, um ihren Göttern Reverenz zu erweisen und siebenmal das Heiligtum zu umrunden. Hier halten sie außerdem ihre Märkte ab und tauschen alle wichtigen Neuigkeiten aus.

Die Wände im Inneren des Gebäudes sind mit figürlichen Darstellungen des Menschen geschmückt, die Mohammed unmittelbar nach der Eroberung Mekkas entfernen läßt. Das Heiligtum selbst zerstört er nicht, sondern baut es in die Rituale seiner Religion ein. Heute ist die Ka'ba der Mittelpunkt der islamischen Welt. In Richtung Mekka verneigen sich tagtäglich Millionen von Muslimen zum Gebet. Und die Ka'ba ist das Ziel der Pilgerreisen, zu denen der Koran jeden Gläubigen wenigstens einmal im Leben verpflichtet.

Unzählige Legenden umranken
die Herkunft, die Geburt und die
Jugend Mohammeds. Schon die

WOHLGERÜCHE, FRAUEN UND GEBETE

Geschichte von der Errettung seines Vaters 'Abd-Allah deutet die mythische Dimension der Erzählungen über die Herkunft Mohammeds an: Sein Großvater 'Abd al-Muttalib leidet darunter, daß ihm keine Söhne geboren werden, da er so als jemand erscheint, dem Gott ungnädig ist. Da schwört der Mann, sollten ihm zwölf Söhne geboren werden, wolle er einen von ihnen den Göttern der Ka'ba opfern. Er bekommt zwölf Söhne und macht sich auf zur Ka'ba, um seinen Sohn 'Abd-Allah zu opfern. Als 'Abd al-Muttalib das Messer zückt, ertönt eine Stimme und befiehlt, das Kind am Leben zu lassen und statt dessen hundert Kamele zu opfern. So kann der durch eine himmlische Stimme Gerettete zum Vater des Propheten werden. Dieses Kind wird Amina heiraten und mit ihr den Sohn Mohammed, den Gepriesenen, zeugen.

Die Ähnlichkeit zur Abraham-Legende der jüdischen Tradition ist unverkennbar. Beide Geschichten spiegeln zu unterschiedlichen Zeiten den Übergang vom Menschen- zum Tieropfer. In den Erzählungen des Koran findet man häufig die Spuren der alten israelitischen Religion.

Mohammeds Vater 'Abd-Allah stirbt, als Mohammed gerade geboren ist. Der Sohn hat seinen Vater nicht mehr bewußt erlebt. Wie es in vielen Familien üblich ist, wird der ein- bis zweijährige Sohn zu Beduinen in die Wüste gegeben. Dort soll er etwa zwei Jahre lang die Wüstenluft atmen und das Gesetz der Wüste kennenlernen. Die Wüstenluft und die Milch einer Beduinenfrau gelten als gesund, die Erziehung durch Beduinen als Einübung in den Stolz des Arabers.

Legenden begleiten auch die Berichte über Mohammeds Leben: Bei seiner Geburt jubeln die Engel im Himmel, die Dämonen und Geister der Finsternis aber sind tief beunruhigt, ohne zu erkennen, warum. Als der Junge herangewachsen ist, neigen sich die Schafe vor ihm, der Mond steigt zu ihm herab, und Gras sprießt, wo sein Fuß die Erde berührt. Eine andere Legende beschreibt die Befreiung Mohammeds von der Erbsünde: Als der Vierjährige mit seinem Milchbruder spielt, erscheinen plötzlich die beiden Engel Michael und Gabriel, legen den Jungen auf den Rücken, nehmen ihm das Herz aus der Brust und reinigen es vom schwarzen Tropfen der Erbsünde.

Nach seiner Zeit in der Wüste wohnt Mohammed wieder bei seiner Mutter Amina in Mekka, doch sie stirbt, als er erst sechs Jahre alt ist. Von nun an kümmern sich sein Onkel Abu Talib und sein Großvater 'Abd al-Muttalib um ihn, doch auch der Großvater lebt nicht mehr lange: Mohammed ist bei dessen Tod erst acht Jahre alt. Außer daß er den Jungen, wie für Kinder seines Alters üblich, die Kamele und die Schafherden hüten läßt, sorgt Abu Talib auch für eine gute Ausbildung seines Schützlings, den er auf seinen Geschäftsreisen mit den Karawanen nach Norden mitnimmt. Die beiden kommen wahrscheinlich bis nach Basra in Syrien. Mohammed lernt die Heimat von Abraham, Moses, David und Jesus kennen, die im Islam einmal als Propheten verehrt werden sollen, erlebt den Glanz der römisch-byzantinischen und der persischen

Kultur und übt sich im geschäftlichen Umgang mit den Handlungsreisenden.

Noch kann er nicht ahnen, daß er einmal Briefe an die Kaiser des Römisch-Byzantinischen und des Persischen Reiches schreiben wird. Einer dieser Briefe, in denen Mohammed die Herrscher zur Annahme des islamischen Glaubens auffordert, hat in gewisser Weise Weltgeschichte gemacht: Der persische Kaiser antwortet in einem Schreiben an seinen Gouverneur im Jemen: »Dieser Araber, der aus dem Hidjaz aufgetaucht ist, hat uns einen ungebührlichen Brief geschrieben. Schicke zwei intelligente Männer aus, um ihn mir in Ketten vorzuführen, damit ich überlegen kann, wie mit ihm zu verfahren ist. Wenn er sich weigert, auf meinen Befehl, den ich ihm überbringen lassen werde, zu kommen, dann suche ihn mit einer Armee und schicke mir seinen Kopf.« Nur 16 Jahre später wird das Reich dieses Kaisers erobert und islamisiert.

Auf seinen Reisen mit dem Onkel lernt Mohammed auch jüdische und christliche Gemeinden kennen und begegnet christlichen Mönchen, deren Spiritualität ihn so beeindruckt, daß der Koran (5, 85) davon spricht: »*Du wirst finden, daß den Gläubigen diejenigen, die sagen ›Wir sind Nazarener‹, am freundlichsten gegenüberstehen. Und dies, weil unter ihnen Priester und Mönche sind und weil sie nicht hoffärtig sind.*«

Diese freundliche Bemerkung ist erstaunlich, zumal ihr ein Satz vorausgeht, der Juden und Christen (»*die Allah Götter zur Seite stellen*«) als die Menschen bezeichnet, die »*den Gläubigen am meisten feind sind*«.

Eine Darstellung, auf der Mohammed mit seinen Kamelen den christlichen Mönch Bahira begrüßt und sich vor ihm verneigt, befindet sich in der Universität Edinburgh. Der Respekt vor den Mönchen ist erstaunlich, weil Mohammed eigentlich ihre Askese und die Verdammung des Fleisches und der Sinneslust verachtet: »*Wohlgerüche, Frauen und Gebete sind mir die schönsten Dinge auf Erden*«.

In der Tat wird berichtet, daß Mohammed alle Düfte des Nahen und des Fernen Ostens nutzt, um sich mit angenehmen Gerüchen

63 Mit 25 Jahren wird Mohammed Karawanenführer im Dienst einer reichen Witwe namens Khadidja.

zu umgeben. Dieser Vorliebe entspricht die Abscheu gegen schlechte Gerüche, zu denen er auch Knoblauch und Zwiebeln zählt. Wer nach Knoblauch und Zwiebeln riecht, erregt sein Mißfallen.

KARAWANEN UND KHADIDJA

Mit 25 Jahren wird Mohammed selbst zum Karawanenführer, und zwar im Dienst einer reichen Witwe namens Khadidja. Er wird sie heiraten. Er trägt in dieser Lebensphase pomadisiertes Haar, das in zwei Zöpfe gebunden ist und bis auf die Schultern herabhängt. Mohammed ist mittelgroß, hat helle, leicht rötliche Haut. Seine Augen sind schwarz. Er trägt einen üppigen Bart. »Sein Gesicht strahlte so viel Güte aus, daß man sich nicht von ihm losmachen konnte, wenn man einmal in seiner Gegenwart war. Wer ihn gesehen hatte, gestand, niemals, weder vor ihm noch nach ihm, einen Mann getroffen zu haben, dessen Rede so verzauberte«, schreibt der Historiker at-Tabari aufgrund von Zeitzeugenberichten. Der junge Mohammed ist elegant gekleidet und genießt das öffentliche Auftreten in der Stadt. Er ist glücklich mit Khadidja und seiner Familie, zu der auch 'Ali gehört, der Sohn seines Onkels Abu Talib. Mohammed strahlt Heiterkeit und Lebensfreude aus. Er bringt den Göttern der Ka'ba Opfer dar und hofft, von Schicksalsschlägen verschont zu werden. Er gilt als zuverlässig und ist geachtet in der überschaubaren Gemeinschaft der Mekkaner. Durch die Heirat mit Khadidja hat er Ansehen und Macht gewonnen. Khadidja ist fünfzehn Jahre älter als er. Das Paar lebt zwanzig Jahre lang monogam und glücklich zusammen und bekommt sieben Kinder. Die meisten dieser Kinder sterben früh. Die Tochter Fatima heiratet und schenkt den Eltern Enkelkinder.

LIES LAUT IM NAMEN DEINES HERRN

Als Mohammed 40 Jahre alt wird, erscheint ihm das gesellschaftliche Leben in der Stadt Mekka immer fragwürdiger. Vor allem der Verlust der Söhne ist für ihn ein harter Schicksalsschlag und der Anfang einer großen Lebenskrise. Er beginnt, die Geschäfte zu vernachlässigen – was in Mekka ganz und gar unerhört ist. Er erscheint immer seltener auf dem Basar und in der Ka'ba und läßt seine sozialen Kontakte verkommen. Er bietet das Bild eines Kranken: Fiebrig und verwahrlost, mit zerrissenen Kleidern irrt er umher, kehrt nur selten in sein Haus zurück, verbringt Tage und Nächte vor einer Höhle am Rande der Stadt sitzend. Sogar als Sonderling wird er respektiert. Seine Frau aber scheint zu ahnen, daß tiefgründige Fragen ihn bedrängen. Sie läßt ihn gewähren und wird später zu seinen überzeugtesten Anhängern gehören.

Durch die Krise findet Mohammed zu einer neuen Sicht seiner Umwelt. Ihn verletzt die Erbarmungslosigkeit der meisten Menschen gegen die Not der Armen. Ihn empört die bedenkenlose Leichtlebigkeit seiner Zeitgenossen in der Stadt. Ihn stört die Vielzahl der Götterstatuen, die rund um die Ka'ba errichtet werden.

In ihm reifen Einsichten, die er selbst noch nicht versteht. Aber: *»Der Mächtige und Starke hat ihn alles gelehrt. So wurde er der voll-*

kommene Prophet.« (vgl. 53, 1–18). Dann aber trifft ihn das Berufungserlebnis: In einer Vision sieht er den Engel Gabriel, der ihm eine beschriftete Stoffrolle hinhält und ihn, den Analphabeten, auffordert zu lesen:

> *»Lies laut im Namen deines Herrn, der alles erschaffen hat,*
> *Und der den Menschen aus geronnenem Blut erschuf.*
> *Lies laut, bei deinem Herrn, dem glorreichsten,*
> *Der den Gebrauch der Feder lehrte*
> *Und den Menschen lehrt, was er nicht gewußt.«* (96, 1–5)

Nach den biographischen Überlieferungen ist Mohammed äußerst verwirrt. Er hört eine Stimme, die ihn als den Gesandten Gottes anspricht. Er sieht einen übergroßen Engel zunächst am Horizont, dann hinter, dann neben sich. Verstört eilt er nach Hause zu seiner Frau Khadidja. Er legt seinen Kopf in ihren Schoß und berichtet von seiner Vision. Khadidja glaubt ihm und macht ihm Mut. Überliefert ist die folgende Szene: »Erschöpft kam er schließlich heim, rief Khadidja und erzählte ihr das Vorgefallene. ›Ich weiß nicht‹, sagte er, ›ist es ein guter Geist oder ein Dämon, der mich verfolgt.‹ Khadidja war eine kluge Frau. Sie wollte ihrem Mann helfen und wußte, was sie tun sollte. ›Setze dich auf mein linkes Knie‹, sagte sie, ›siehst du dann noch den Geist?‹ – ›Ja‹, antwortete Mohammed. ›Setze dich auf mein rechtes Knie‹, befahl sie. ›Ich sehe ihn immer noch‹, sprach Mohammed. Da seufzte Khadidja tief auf, entblößte ihren Körper und legte sich liebend zu Mohammed. ›Siehst du ihn noch?‹ fragte sie dann. ›Ich sehe ihn nicht‹, antwortete Mohammed. ›Dann, o Mohammed, ist es wahrlich ein guter Geist, denn ein böser Geist würde sich der Schande freuen, ein guter aber verzieht sich voll Scham.‹«

Mohammed wird später sagen: »Als er arm war, hat Khadidja ihn bereichert; als alle ihn verließen, hat sie ihn getröstet; als er der Lüge bezichtigt wurde, hat sie an ihn geglaubt.«

Trotzdem bleibt Mohammed voller Schrecken und denkt daran, sich selbst zu töten. Er zieht sich wieder ins Gebirge zurück, geht noch einmal in die Höhle seines Berufungserlebnisses. Und wieder spricht der Engel zu ihm:

> *»Bei dem hellen Tag*
> *Und bei der dunklen Nacht:*
> *Dein Herr hat dich nicht verlassen,*
> *auch haßt er dich nicht ...*
> *Wahrlich, das zukünftige Leben wird besser*
> *für dich sein als das gegenwärtige.*
> *Und dein Herr wird dir eine Belohnung geben,*
> *Womit du vollkommen zufrieden sein wirst.*
> *Hat er dich nicht als Waise gefunden*
> *Und Sorge für dich getragen?*
> *Hat er dich nicht im Irrtum gefunden und*
> *dich recht geleitet?*
> *Hat er dich nicht arm gefunden und dich*
> *reich gemacht?*
> *Darum bedrücke nicht die Waise*
> *Und verscheuche nicht den Bettler,*
> *Sondern verbreite die gnädige Wohltat*
> *deines Herrn.«* (93, 1–11)

Drei Jahre lang schweigt Mohammed. Nur wenige Mitglieder seiner Sippe wissen von dem Berufungserlebnis: seine Frau Khadidja, sein Adoptivsohn, ein Vetter, sein Schwiegersohn und sein Schwiegervater. Immer wieder irrt Mohammed durch die Wüstenlandschaft. Er hat Visionen, hört Stimmen. Voller Schrecken wirft er sich zu Boden. Er verhüllt sein Gesicht, Schaum tritt auf die bebenden Lippen. Stundenlang hockt er dann an einer Stelle. Moderne Beobachter glauben, die Symptome einer Epilepsie diagnostizieren zu können. Mohammed selbst sieht sich von Dämonen besessen und fürchtet sich vor dem Wüstenwahn.

Erst nach Ablauf von drei Jahren akzeptiert Mohammed seine Berufung und beginnt seine Existenz als Verkünder göttlicher Weisungen und als Prophet. Seine Visionen schlagen sich nieder in

gestammelten Sätzen, die von Freunden und Anhängern niedergeschrieben werden. Im Koran sind diese Weisungen und Visionen
zusammengefaßt.

DER KORAN

Das heilige Buch des Islam enthält die Botschaft, die Lehre
Mohammeds, wie sie zwischen 610 und 632 entstanden ist. In
114 Suren (wörtlich »Abschnitte einer Reihe«) aufgeteilt, wird der
Rezitationstext schon kurz nach Mohammeds Tod unter dem
zweiten Khalifen 'Omar als Sammlung von Einzeloffenbarungen
zusammengestellt und dann vom dritten Khalifen 'Uthman
(644–656) im wesentlichen der Größe nach geordnet.

Khalif 'Uthman läßt aus den schriftlichen Sammlungen (denen
eine mündliche Überlieferung vorausging) eine offizielle Koran-
Ausgabe herstellen und in die vier Hauptstädte des Islam, nach Medina, Damaskus, Kufa und Basra, verschicken mit der Auflage, alle
abweichenden Lesarten zu vernichten. Diese sehr frühe »Kanonbildung« schafft, wenn man von der autoritären Prozedur einmal
absieht, frühe Klarheit. Man hat einen verbindlichen Text, auf den
allein man sich verlassen will und der in jeder Hinsicht als Wun-
derwerk Gottes verstanden wird, auch in sprachlicher Hinsicht. Die
Texte werden auf Papyrus, Palmenholz oder Häute geschrieben, in
Tontöpfe oder auf die Schulterblätter von Hammeln graviert.

Oft wird gefragt, wer eigentlich als das Subjekt, also als Verfasser des Koran angesehen werden soll: Allah oder Mohammed. Mag
für den Historiker selbstverständlich sein, daß Mohammed der
Autor der Sprüche und Texte ist, so gehen die Theologen und die
Gläubigen davon aus, daß die Offenbarungen von Allah selbst
stammten, zumal Mohammed die einzelnen Passagen des Koran in
einem mystischen Zustand seelischer Trance empfing. Wenn
Mohammed das Herannahen eines solchen Zustands spürte, ließ
er sich einen Mantel reichen, weil er zu frieren begann. Er stöhnte
und schrie, litt unter Schweißausbrüchen, Kopfschmerzen,
Rötungen des Gesichts und krampfartigen Muskelverspannungen.

Die niemals bestrittene Autorität des Koran leitet sich aus eben diesem übernatürlichen Offenbarungscharakter jedes einzelnen Verses ab. Der Gläubige sieht in den Texten des Koran die Abschrift einer nicht erschaffenen Urschrift, die im Himmel aufbewahrt wurde, bis sie durch das Medium Mohammed auf die Erde gelangte. Auf den Vorgang dieser Übermittlung hatte, so die Überzeugung, nicht einmal der Prophet selbst Einfluß.

Die Überlieferung weiß sogar von Situationen, in denen Mohammed anderer Meinung war als die Offenbarung: *Ich wollte eine Sache, und Gott wollte eine andere.* Weil also der Text von jeder menschlichen Einflußnahme ausgenommen ist, ist er so zuverlässig und unfehlbar wie Allah selbst. Der Koran ist deshalb auch nicht hinterfragbar und kann weder zum Gegenstand einer allegorischen Auslegung (wie die christliche Bibel bei den Kirchenvätern der ausgehenden Antike) noch zum Gegenstand einer historisch-kritischen Interpretation gemacht werden – wie zum Beispiel die Bibel durch die christliche Theologie nach der Aufklärung.

DIE SPRACHE

Um die Stellung des Koran in der arabischen Kultur in seiner zentralen Bedeutung zu verstehen, muß man erkennen, welch hohen Rang die Sprache im allgemeinen und die arabische Sprache im besonderen für die islamische Kultur gewonnen hat. Zum theologischen Verständnis des Koran gehört die Vorstellung, daß dieses Buch auch der sprachlichen Form nach in schon immer dagewesener Form dem Propheten in sein Inneres gelegt worden ist, die Formulierungen also von Gott selbst stammen. Ähnlich wie in der christlichen Inspirationstheorie die Bibel als »Wort Gottes« verstanden wird, das wörtlich den irdischen Verfassern der Schriften diktiert wurde, so gilt im Islam der Text des Koran als unmittelbar von Gott formuliert. Daß Gott sich des Arabischen bediente, adelt diese Sprache, die ohnehin als die reichste und schönste der Welt aufgefaßt wird.

64 Mohammed
(mit verbor-
genem Gesicht)
und die ersten
drei Kalifen 'Abu
Bakr, 'Omar und
'Uthman auf dem
legendären
Reittier Buraq.
Islamische
Miniatur.

Für die arabische Welt ist die Sprache das Einende und Gemeinsame, vor allem in der überhöhten Form des Gesangs und der Poesie. Sie erst macht aus den verschiedenen Stämmen ein Volk: »Vier Gnadengeschenke gab Gott dem Araber. Zuerst den einfachen Wüstenturban, der ihm besser steht als eine Krone. Dann das Zelt, das bequemer ist als ein Palast. Dann das Schwert, das ihm mehr Schutz verleiht als die höchste Mauer. Das vierte und beste Geschenk des Himmels aber ist die schöne Kunst des freien Gesangs. Dies ist das köstlichste Gut des Arabers.«

Die Poesie ist für den Araber öffentliche Meinung, politische Nachricht und dichterische Schönheit. »Der Araber beherrscht seine Sprache meisterhaft. Er kennt alle hundert Synonyme (sinnverwandte Namen) des Kamels oder des Schwertes, gebraucht freudig die schwierigsten Redewendungen und verachtet aufrichtig die armseligen Völker, die nicht über eine ebenso reiche Sprache verfügen«, schildert Essad Bey, ein kritischer Bewunderer der arabischen Kultur.

Für den gläubigen Anhänger des Koran ist es deshalb selbstverständlich, daß Allah sich der arabischen Sprache bediente und einen Araber zum endgültigen Propheten berief, der die Offenbarung nach Moses und Jesus vollendete.

»Dieser Koran konnte von keinem anderen außer Allah verfaßt werden. Denn er bestätigt das, was vor ihm offenbart wurde. Und er erklärt die Schrift. Es ist daher kein Zweifel daß er vom Herrn der Welten stammt« (10, 38).

DER SCHWARZE STEIN

Das Jahr 620 ist für Mohammed das »Jahr der Trauer«. Der Förderer und Beschützer, sein Onkel Abu Talib, stirbt, ohne daß er der Lehre des Neffen gefolgt wäre. Für den Onkel ist es undenkbar, die Glaubensvorstellungen seiner Vorfahren aufzugeben und dem neuen Propheten zu folgen. Kurze Zeit später stirbt auch die von Mohammed über alles geliebte Frau. Mohammed wird nie aufhören, sie zu verehren, auch wenn er in der Folgezeit noch viele Frauen haben wird.

Mohammeds Lehre von dem einen Gott, der alles geschaffen hat, stößt bei den Beduinenstämmen rund um Mekka auf Widerspruch und Gleichgültigkeit. Man hat sich arrangiert mit dem diffusen Glauben an eine Vielzahl von Göttern und führt ohne sonderliches theologisches Interesse sein Leben und seine Geschäfte.

Für die Leute in Mekka ist die Religion der vielen Götter ein gutes Geschäft. Jedes Jahr kommen die Pilger nach Mekka, um die Ka'ba zu umrunden, zu handeln und zu verhandeln und ihre Töchter zu verheiraten. Eine Reduzierung der Götter würde, so fürchten die Geschäftsleute, auch zu einer Reduzierung der Geschäfte führen. Mekka ist die Handelsmetropole der Region. Hier kreuzen sich die Karawanenstraßen. Kaufleute haben sich angesiedelt und feste Wohnsitze gebaut. Aus nomadisierenden Beduinen sind Araber geworden. Ihre Häuser gleichen befestigten Burgen, in denen die Großfamilie wohnt. Die Häuser sind so nah wie möglich an die Ka'ba gebaut. Je reicher und mächtiger eine Sippe ist, desto näher darf sie an das Heiligtum heranrücken. Natürlich rivalisieren die Sippen untereinander. Es gibt Streitereien und blutige Kämpfe, die innerhalb der Stadt ausgetragen werden. Eine Zentralgewalt gibt es nicht, keine formelle Regierung, keine Gesetze. Allein die Familienoberhäupter bestimmen, was zu geschehen hat.

Will man sich ein Bild von der Größenordnung des geschäftlichen Lebens in Mekka machen, muß man sich vergegenwärtigen, daß eine Handelskarawane 2000 bis 3000 Kamele umfassen kann, die von einer militärischen Schutztruppe von 400 bis 600 Bewaffneten begleitet wird. Alles, was auf der arabischen Halbinsel gekauft und verkauft wird, gehörte zum Transportgut: Gewürze und Waffen, Perlen und Edelmetalle, Parfum, Schminke und Farben, Datteln und Leder, Sklaven und Frauen. Und Kamele.

Mekka, die Königin der Wüste, ist die Handelsmetropole inmitten einer abweisenden Landschaft. »Wenn es keinen Handel gäbe, würde kein Mensch in Mekka leben«, soll ein Araber damals

gesagt haben. Und ein Dichter schrieb: »Wenn Mekka irgend-
welche Reize zu bieten hätte, würden schon längst Prinzen der
Himyar an der Spitze ihres Heeres zu der Stadt geeilt sein. Doch
sind dort Winter und Sommer gleich öde. Kein Vogel fliegt über
Mekka, kein Gras blüht. Es gibt kein Wild, das man erjagen könnte.
Nur der elendste unter den Berufen, der Handel, blüht dort.«

Dennoch ist Mekka schon in den Zeiten vor Mohammed eine
einzigartige Stadt. Was sie einzig und unverwechselbar macht, ist
das Heiligtum der Ka'ba. Der Gott des Schwarzen Steines ist der
Gott der Araber, Allah, der Vater aller Götter und Menschen. Die
schlauen Mekkaner haben seinen Sitz in der Ka'ba für alle umliegenden Stämme attraktiv gemacht, indem sie erlaubten, daß jeder
rund um Allahs Sitz sein Idol aufstellen durfte. Etwa 360 Götterbilder umstehen die Ka'ba. Jeder Stamm hat hier einen Platz für
seine Gottheit. Grund genug, einmal im Jahr zu einem gewaltigen
Fest hierherzukommen, um den Göttern zu opfern. Waren es in
grauer Vorzeit Menschenopfer, so sind es jetzt Tieropfer, vor allem
Kamele. Monatelang strömen die Beduinen Arabiens nach Mekka,
um zu feiern. Siebenmal umkreisen sie den Heiligen Stein in der
Ka'ba und küssen ihn.

Der Wein fließt in Strömen. Persische und griechische Mädchen bieten sich als Dienerinnen der Liebe an. Wettspiele treten an
die Stelle der Blutfehden. Ein Hauch von Toleranz und Lebensfreude liegt über der Stadt.

Auch jüdische und christliche Stämme kommen nach Mekka.
Sie stellen Abbilder von Moses, Maria und Jesus auf, geschützt von
den Kaufleuten, die ein hohes Interesse haben am lebenslustigen
Treiben, das nicht durch Krieg und Blutrache beeinträchtigt wird.
Die vornehmsten der Kaufleute unterhalten sogar ein permanen-
tes Gericht, das jeden Streit sofort schlichtet.

Die Hochschätzung der Sprache und des Liedes regt die Dichter
und Sänger Arabiens an, in hymnischen Versen und Geschichten
die Götter, den eigenen Stamm, die geliebten Frauen und die Freiheit des Beduinen zu besingen. Am nächtlichen Feuer werden die
Sieger des Dichterwettbewerbs gefeiert, ihre Verse werden mit

goldenen Buchstaben auf schwarze Seide gestickt und für ein ganzes Jahr an der Ka'ba aufgehängt.

MEKKA – ICH VEREHRE NICHT DAS, WAS IHR VEREHRT

65 Die Oasenstadt Yathrib/Medina, die Stadt des Propheten, wo Mohammed am 8. Juni 832 starb. Kolorierte Fotografie vom Anfang des 20. Jahrhunderts.

Zu den Götterpilgern des Jahres 620 gehören auch Leute aus der Oase Yathrib. Die etwa 3000 Menschen in der Oase, die bald Medina, die Stadt des Propheten, heißen wird, sind zwar wohlhabender als die Leute von Mekka, aber sie sind zerstritten. Zwei arabische und drei jüdische Stämme stehen sich feindlich gegenüber und behindern sich gegenseitig. Während der Pilgerfahrt kommen einige von ihnen auf die Idee, den frommen Propheten aus Mekka in die Stadt einzuladen, damit er den Dauerstreit endlich schlichten möge. Die Männer stellen in Aussicht, Allah als den einzigen Gott anzuerkennen und alle anderen Götter aufzugeben. Sie würden auch die moralischen Vorstellungen des Propheten übernehmen: Diebstahl, Ehebruch und Verleumdung zu vermeiden und keine Kinder mehr zu töten, auch wenn ihre Ernährung nicht gesichert ist.

اول قدرته اول عظمته حيران قلدران قلدرقامو سنك صدق
ارتدى يقين لرى و درستا ولدى عباس بن مرد اس د أحجى

حضرت عباس

اهل و عيال الني طوار ن ن مالن الدى بله يور ودى جون على
المرتضى عباس جماعت بر له قزلر او اردخى هو ايوزندن

66 Das Bienen-
wunder. Wun-
dergläubigkeit
ist in fast allen
Religionen des
Vorderen Orients
zu Hause. Ganz
anders bei
Mohammed. Er
erkennt in der
Arbeit der Bienen
das wunderbare
Wirken Gottes.
Miniatur aus dem
»Siyar-e-Nabi«
von Mustafa
Darir (um 1595).

Mohammed schickt einige seiner Anhänger nach Medina, zögert jedoch, auch selbst dorthinzuziehen. Die ständigen Auseinandersetzungen in Mekka halten ihn ohnehin fest. Noch hofft er darauf, die Menschen seiner Vaterstadt vom neuen Glauben überzeugen zu können. Aber der Widerstand gegen seine Lehre ist hartnäckig – was gilt ein Prophet in seinem Vaterland! »*Sollen wir wegen eines besessenen Poeten unsere Götter aufgeben?*« (37, 35). Mohammed stören die Geschäfte mit den vielen Göttern. Da liegt es nahe, ihn in theologische Streitfragen zu verwickeln und dadurch unschädlich zu machen: Verkündet Mohammed die Auferstehung des Fleisches, fragen sie: »*Werden wir wirklich in unseren früheren Zustand zurückversetzt, wenn wir vermoderte Knochen sind?*« (79, 10f.). Verkündet Mohammed, daß Allah nicht gezeugt wurde und auch keine Kinder gezeugt hat, sprechen sie von Söhnen und Töchtern Allahs. »*Frage sie, die Mekkaner, ob dein Herr wohl Töchter habe und Söhne. Haben wir die Engel wohl weiblich geschaffen? ... Ist es nicht eine üble Lüge, wenn sie sagen: Allah hat gezeugt?*« (37, 150f.). Und sie fordern Wunder: »*Wir glauben dir nicht, bis du uns eine Quelle aus dem Boden sprudeln läßt.*« (17, 92).

Wortführer in Mekka sind die Qurayshiten, also Mohammeds eigene Sippe. Sie will Mohammed unter Kontrolle halten und sich durch ihn nicht stören lassen, weder in ihren Geschäften noch in ihrer Religionsausübung. Mohammed begreift langsam, daß er in Mekka keinen Erfolg haben wird. »*Ich verehre nicht das, was ihr verehrt. Und ihr verehrt nicht das, was ich verehre. Und ihr seid nicht Diener dessen, dem ich diene. Und ich bin nicht Diener dessen, dem ihr dient. Ihr habt euren Glauben, und ich habe den meinen.*« (109, 1–6).

Diese Unterschiede in ethischen und religiösen Fragen reichen aus, um Mohammed zu drangsalieren. Während er auf dem Platz vor der Ka'ba betet, läßt ihm einer seiner Gegner eine Schafsplazenta ins Genick schlagen. Wenn er öffentlich auftritt und das Wort ergreifen will, übertönt man seine Rede mit Geschrei und grölendem Gesang. Man bespuckt ihn, um ihn zu provozieren. Die Mekkaner tun all dies in dem Bewußtsein, die Religion und die Gebräuche ihrer Tradition zu stärken und zu schützen. Mohammed ist für sie ein Neuerer, Betrüger und Hexer, der mit den Dämonen im Bund ist und den Menschen und der Stadt Schaden zufügt. Sie sagen: »*Du, auf den die Mahnung der Offenbarung herabgesandt worden ist: Du bist besessen.*« (15, 6). Mit einer solchen Phrase soll sicher auch der Einfluß eines Menschen verkleinert werden, der offen für die Rechte und Interessen der kleinen Leute, der Armen und Bedürftigen, eintritt.

Für Mohammed wird die Lage immer bedrohlicher. Als ihm zugetragen wird, ein Mordanschlag gegen ihn werde vorbereitet, verbirgt er sich zusammen mit seinem Vertrauten Abu Bakr (der sein Nachfolger werden wird) drei Tage in einer Höhle. Dann fliehen beide vor möglichen Häschern nach Yathrib/Medina. Nach sieben Tagesritten auf schnellen Kamelen erreichen sie die Oase am 20. September 622.

Die etwa 3000 Menschen in der Oase sind kreuz und quer zerstritten. Fünf Stämme, arabische und jüdische, befehden sich. Mohammed läßt jetzt 60 Muslime aus der Heimat nachkommen. Die Emigration in die Oase Yathrib wird als Hidjra in die Geschichte eingehen und zur Stunde Null der späteren islamischen Zeitrechnung gemacht werden.

Mohammed beginnt sehr bald, in Medina ein theokratisches System (Gottesherrschaft) zu etablieren. Zwar bekehren sich keineswegs alle Einwohner Medinas zum islamischen Glauben, doch gelingt es, die verschiedenen Gruppen in vertraglichen Übereinkünften zur gegenseitigen Hilfe und zur gemeinsamen Verteidigung der Stadt zu verpflichten. Den jüdischen Bewohnern wird Kultfreiheit gewährt. Sie haben Anspruch auf Rechtsprechung und Schutz und müssen dafür eine Kriegssteuer zahlen. Sogar eine brüderliche Umverteilung der Vermögen kommt zustande, wovon vor allem die zum Teil mittellosen Flüchtlinge aus Mekka profitieren. Deren Vermögen war bei der Auswanderung beschlagnahmt worden. Die Spannungen zwischen den Beduinen und den Neuankömmlingen sind natürlich vorprogrammiert: Die nomadischen Beduinen, ganz ihrer Tradition verbunden, leben von kleinen Raub- und Beutezügen und von Überfällen auf Nachbarn und

Karawanen. Die Neubürger des Gemeinwesens sind keine Nomaden und leben vom Handel. Der Interessengegensatz führt immer wieder zu Auseinandersetzungen. Der Prophet selbst muß in den Streitfällen Recht und Urteil sprechen.

DIE SENDUNG DES SCHWERTES

Mohammed hat seine Funktion als oberste richterliche Instanz in eine Basis seiner geistlichen und zugleich weltlichen Macht verwandelt. Er erkennt, daß er jetzt den nächsten Schritt tun muß. Dieser Schritt gilt der alten Rivalin Medinas, seiner Vaterstadt Mekka. Die Mekkaner haben ihn einst verhöhnt und ausgestoßen. Jetzt ist die Zeit der Vergeltung gekommen. Der Prophet wird zum Feldherrn, zum Politiker, dessen politisches Handeln gegen die konkurrierende Stadt zugleich als Kampf für den wahren Glauben angesehen wird. Mit der Kraft des prophetischen Wortes soll sich die Macht des Schwertes verbünden. Die Biographen berichten von einer Ansprache Mohammeds, in der er – wie immer an eine Palme gelehnt – seinen Anhängern erläutert, welche besondere Rolle er in der Reihe der Propheten einnimmt: »*Viele Propheten sind von Gott auf die Erde entsandt worden, und jeder der Propheten hatte die Aufgabe, eine andere Eigenschaft des Allmächtigen zu preisen. Moses verkündete die Gnade des Allbarmherzigen, Salomo, der König, seine Weisheit, seine Herrlichkeit und Majestät, der milde Jesus pries den Völkern die Gerechtigkeit, Allwissenheit und Macht Gottes, er bewies sie durch die Wunder, die er durch Gottes Gnade vollbringen durfte. Doch all das konnte die sündige Menschheit nicht überzeugen. Die Menschen blieben in der Sünde stecken, und alle Wunder von Moses bis Jesus sind mit den Augen des Unglaubens angesehen worden. Da sandte Gott, der Gerechte, mich, seinen Gesandten Mohammed. Ich aber habe von Gott die Sendung des Schwertes bekommen.*«

Mohammed, der das Kriegshandwerk nie gelernt hat, erkennt mit genialer Intelligenz, worauf es beim Griff nach der Macht ankommt. Was er vor allem braucht, sind motivierte und diszipli-

nierte Kämpfer, die überzeugt sind, für den Glauben zu kämpfen, auch wenn es vor allem um die politische Macht des Propheten geht. Dafür wird jedem in der Schlacht Getöteten als Lohn das Paradies in Aussicht gestellt: »*Und diejenigen, die in Allahs Weg getötet werden, niemals leitet er ihre Werke in die Irre ... Er wird sie ins Paradies einführen, das er ihnen zu wissen gab.*« (47, 5–7).

Auf diese Weise mit hochmotivierten Kämpfern umgeben, kann Mohammed mit den Feindseligkeiten gegen Mekka beginnen. Dabei schreckt er nicht zurück vor den Tricks des Wüstenkrieges. Mit List und nüchternem Kalkül mißachtet er sogar den Beginn des Heiligen Monats Radjab, in dem seit alters alle kriegerischen Handlungen verboten sind. Bei Nahla läßt er in der ersten Nacht des beginnenden Monats eine kleine Karawane der Quraysh überfallen. Die mekkanischen Kaufleute, die sich wegen des Heiligen Monats in Sicherheit wähnen, werden bis auf einen, der entkommen kann, getötet. Die Beute bleibt den Räubern. Im Koran rechtfertigt Mohammed diese Verletzung der Tradition damit, daß die Vertreibung aus Mekka ja viel schlimmer war: »*Sie werden dich befragen nach dem Kampf im Heiligen Monat. Sprich: Kämpfen in ihm ist schlimm. Aber abspenstig machen von Allahs Weg, und ihn und die heilige Moschee verleugnen und sein Volk daraus vertreiben, ist schlimmer bei Allah; und Verführung ist schlimmer als Totschlag.*« (2, 214).

Mohammed erkennt also die Tradition grundsätzlich an, setzt sie aber für den heiligen Krieg gegen Mekka außer Kraft. Er wird sich auch nicht mit kleinen Überfällen begnügen. Er will Mekka in die Knie zwingen.

Als sich im Jahre 624 eine große Karawane der Sippe Quraysh, auf dem Rückweg von Syrien, ihren Weg durch die Wüste bahnt, lauert Mohammed ihr bei Badr, einer Wasserstelle südwestlich von Medina, auf. 300 muslimische Kämpfer stehen ihm zur Verfügung, 70 davon zu Pferde. Die Beute lockt: Leder, Gewürze, Tuche, Edelmetalle. »*Mit Hilfe himmlischer Heerscharen*« siegen Mohammeds Kämpfer gegen eine beträchtliche Übermacht.

Die Muslime stehen diesmal unter dem Befehl Mohammeds. Der Prophet stellt sich zum erstenmal selbst als Feldherr vor die

Truppe. Er fordert Disziplin und Gehorsam. Während die Quraysh in traditioneller Weise ohne straffe Ordnung das Ritual des Wüstenkampfes zelebrieren (Kampfreden, Spottverse, Imponierreiten, Wettkämpfe, Zweikämpfe der Adligen), sorgt Mohammed dafür, daß seine Leute frisches Wasser haben, die Brunnen der Gegner aber zugeschüttet sind. Als die Quraysh mit fast 1000 Kriegern, 700 Kamelen und 100 Pferden anrücken, finden sie ein geschlossenes Karree von Kämpfern in Reih und Glied vor, die nicht in ungeordnete Aktivität verfallen oder gar aufgeregt vorrücken. Die muslimischen Truppen warten vielmehr höchst diszipliniert auf die Befehle des Propheten. Durch die geschlossene Formation gelingt es, die mekkanische Reiterei abzuwehren und erst dann zum Sturmangriff überzugehen. Der Erfolg: Während die Muslime nur 14 Tote zu beklagen haben, sind es 70 unter dem Geleitschutz der Karawane der Quraysh.

Mohammed erklärt die toten Muslime zu Märtyrern, die augenblicklich ins Paradies eingehen. Sie sind im Heiligen Krieg, also »auf Gottes Wegen«, gefallen und haben ihr Leben für etwas anderes hingegeben als den eigenen Reichtum. Als Offenbarung Allahs, »geoffenbart zu Medina«, wird der Koran festhalten, daß ein Fünftel der Beute Allah und seinem Gesandten und dessen Verwandten sowie den Waisen und Armen gehören soll.

Hier in der Schlacht von Badr entwickelt Mohammed eine neue und bis dahin unbekannte Schlachtordnung, die für arabische Heere zum Vorbild und nach deren Regeln in der Zukunft mancher Sieg erfochten wird. Mohammed führt seinen überragenden Sieg auf die Hilfe Allahs zurück: »*Siehe, ich helfe euch mit tausend Engeln, einer nach dem anderen*«. (8, 9).

Der Sieg von Badr ist für Mohammed der Durchbruch als Feldherr und Begründer der militärischen Macht des Islam. Im Kampf gegen die Ungläubigen von Mekka hat er die Kraft und den Nutzen der bewaffneten Gewalt entdeckt. Aus dem gesellschaftskritischen Propheten ist auch ein Politiker geworden. Von nun an trifft Mohammed seine Entscheidungen nach den Gesetzen der Politik. In Medina wird das gesamte Leben so organisiert, daß jederzeit militärische Operationen möglich sind, denn man rechnet mit Rachefeldzügen der Mekkaner. Mit dieser Vorgabe wird ein System etabliert, das die Bevölkerung scharf überwacht. Denunziation wird belobigt und als Heldentat für Staat und Glauben ausgegeben. Alle zentralen Entscheidungen trifft der Prophet selbst. Er behält sich vor, hart zu strafen oder aber milde und großmütig zu reagieren.

Bei aller persönlichen Großmut entwickelt Mohammed den Gottesstaat von Medina zu einem despotischen System, das jede Infragestellung und Kritik zu unterbinden sucht. Vor allem spöttische Kommentare, wie sie unter arabischen Künstlern üblich waren, sind ihm unerträglich, wenn es um die Angelegenheiten des Staates und des Glaubens geht. »*Die Satire des Dichters sticht schmerzlicher als die Lanze des Feindes*«. Völlig humorlos sieht Mohammed in der Satire eine Verhöhnung alles Heiligen, einen Frevel an Allah und eine Kränkung seiner Person. Der Gottesstaat erträgt keinen Spaß und ahndet deshalb jede Form von Ironie oder Satire. Sogar der Mord an kritischen Dichtern und Liedermachern wird zu einem Teil der religiösen und politischen Unterdrückung, die um so wirksamer ist, als im Volk von Medina niemand die künstlerische Spottfreiheit anerkennt oder versteht.

Insbesondere die Kultur der jüdischen Stämme – in Medina mehr als die Hälfte der Bevölkerung – hatte ein spezielles Verhältnis zu Witz, Spott und Satire entwickelt. Die seit Generationen in Medina lebenden Juden blicken gewissermaßen von oben herab auf die neue Religion des Propheten, den »Kameltreiber aus Mekka«, und seine primitiven Anhänger. Man fühlt sich überlegen. Man fürchtet sich nicht und soll doch schon sehr bald das Fürchten lernen. Denn der neue »Prophet der Heiden«, wie er aus jüdischer Sicht erscheint, ist zugleich der absolute Herrscher, der zwar in persönlichen Angelegenheiten milde und nachsichtig sein kann, der aber in Sachen des Gottesstaates unnachgiebig ist und jede Regung von Widerstand oder Nichtachtung verfolgt.

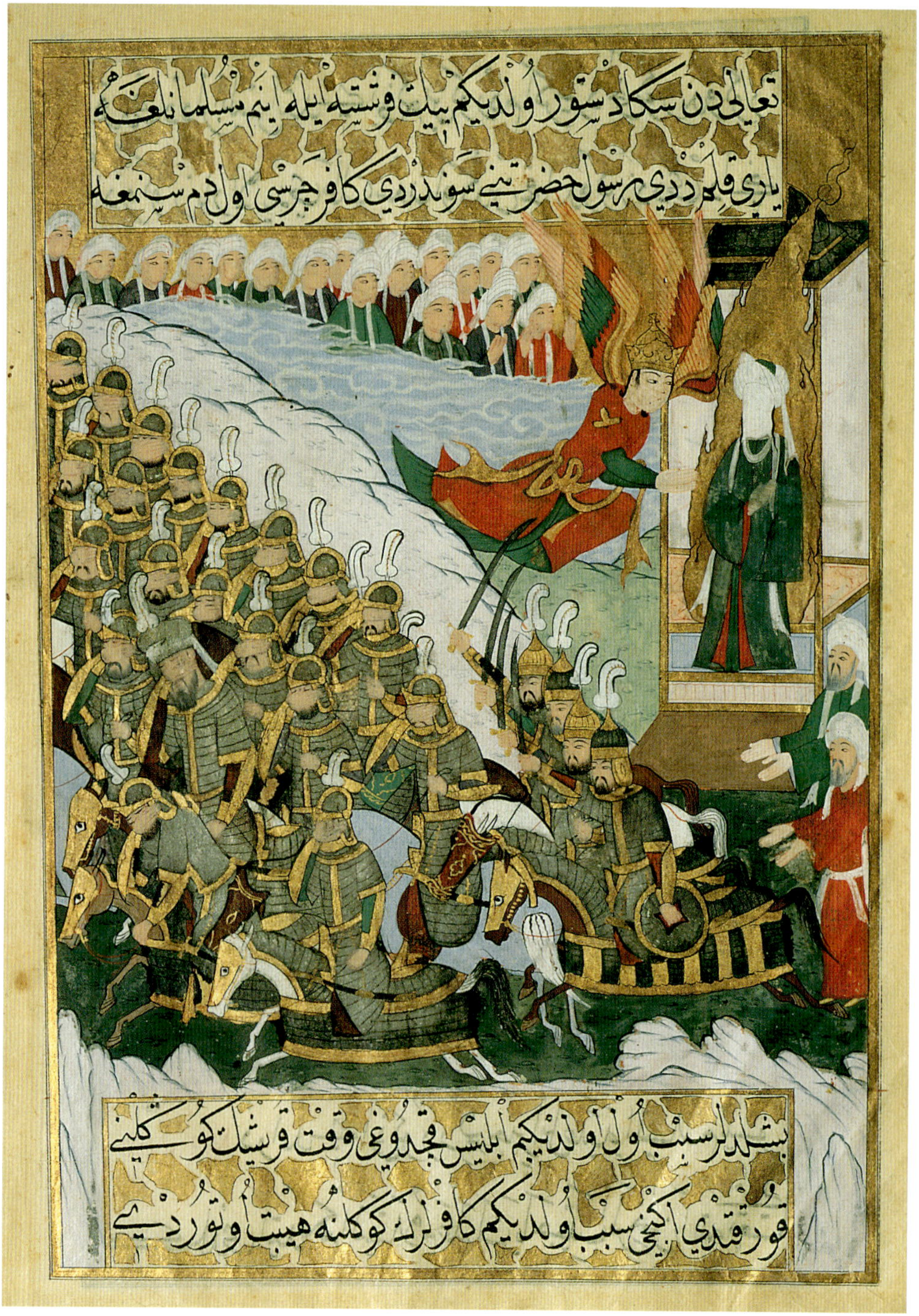

تعالیٰ دن سکا دسوراولدیکم بیك وشته ایله اینم مسلمانلعه
ردی قلدی رہرسول حضرتینے سوندردی كافرجیبی اولدم سنغه

بشاردرسب اول اولدیکم آبیس قجدوغی وقت قریسنك کو كنے
قورقتدی اكجی سبب اولدیکم كافرلرك کوكلنه هیبت وتوردیے

DIE VORLÄUFER: NOAH, MOSES UND ABRAHAM

Ursprünglich sieht Mohammed in den Juden seine natürlichen Verbündeten. Die »Kinder Israels« sind weit und breit die einzigen, die wie der Prophet an einen einzigen Gott glauben und denen die Vielgötterei ein Greuel ist. Und Mohammed bezieht sich in seinem Denken auf dieselben geistigen Vorfahren wie die Juden, vor allem auf Noah, Moses und Abraham. Vierzigmal werden die »Kinder Israels« im Koran erwähnt, vor allem in den Teilen, die in Mekka entstanden. An der Art, wie der Koran die Geschichte von Noah und der Sintflut erzählt, kann man sogar erkennen, daß Mohammed, der in Mekka keinen Glauben findet, sich mit Noah identifiziert. Nachdem die Geschichte von der Arche erzählt ist (23, 27ff.), kommt der Koran auf die Geretteten aus der Arche und sagt, daß einer von ihnen der Gesandte mit der Botschaft ist: »*Dienet Allah, ihr habt keinen Gott außer ihm; wollt ihr ihn nicht fürchten? Und da sprachen die Häupter seines Volkes, die nicht glaubten und die die Begegnung des Jenseits für eine Lüge hielten und die wir im irdischen Leben reich versehen hatten: Das ist nur ein Mensch gleich euch. Er ißt von dem, was ihr eßt. Und trinkt von dem, was ihr trinkt ...*« (23, 33–35).

Stärker noch als mit Noah identifiziert sich Mohammed mit Moses und Abraham. Die Geschichte von Moses wird in aller Ausführlichkeit erzählt (7, 101–161 und 20, 9ff.): »*Und es sprach Moses: O Pharao, siehe, ich bin ein Gesandter vom Herrn der Welten ...*«

Dann wird die Geschichte vom Auszug der Kinder Israels aus Ägypten erzählt, vom Durchzug durchs Meer und von der Vernichtung der Verfolger: »*Und es machte das Volk des Moses während seiner Abwesenheit aus seinen Schmucksachen ein leibhaftiges Kalb, das blökte. Und sahen sie nicht, daß es nicht mit ihnen sprechen und sie nicht des Weges leiten konnte? Sie aber nahmen es sich und wurden Ungerechte ...*«

Es folgt die Geschichte von Moses, der mit den Tafeln zu seinem Volk zurückkommt und in Zorn entbrennt, aber die

67 (Linke Seite) Der Sieg in der Schlacht von Badr im Jahr 624 ist für Mohammed der Durchbruch als Feldherr und Begründer der militärischen Macht des Islam. Miniatur aus dem »Siyar-e-Nabi« von Mustafa Darir (um 1595).

Barmherzigkeit Allahs beschwört. Moses und der Gesandte verschmelzen nahezu zu einer einzigen Person, wenn es nach der Erzählung heißt: »*O ihr Menschen, siehe, ich bin zu euch ein Gesandter Allahs, dem das Reich der Himmel und der Erde gehört. Es gibt keinen Gott außer ihm. Er macht lebendig und tot. Darum glaubt an Allah und seine Worte und folget ihm; vielleicht werdet ihr geleitet ...* «

Die Allmacht Allahs wird dargestellt wie in der jüdischen Tradition. Allah ist der gütige Schöpfer, der den Menschen das lebenspendende Wasser schenkt. Und seine gütige Macht ist so groß, daß er sogar in einem Akt der Auferstehung den Toten das Leben zurückgeben kann: »*Aus der Erde haben wir euch geschaffen, in sie bringen wir euch zurück und aus ihr ein anders Mal hervor.*«

Islam und Judentum haben hier die gleiche Gottesvorstellung entwickelt. Mohammed nimmt die Vorbilder aus der jüdischen Tradition als Beleg für die ehrwürdige Verwurzelung seiner eigenen Offenbarungen in der Geschichte, die Gott mit den Menschen hat.

Diese historische Kontinuität des Prophetentums dokumentiert sich für Mohammed auch und vor allem in der Gestalt Abrahams. Abraham ist weder Jude noch Christ, deshalb kann Mohammed mit ihm eine von den anderen Religionen unabhängige Tradition begründen. Abraham ist der Vorläufer und Urahn des Propheten. Er steht für den konsequenten Monotheismus. Und er ist ein Mensch, der sich dem einen Gott voll und ganz unterworfen hat und in diesem Sinn ein Muslim ist. Deshalb wird Abraham zum Begründer der Ka'ba und der Wallfahrt nach Mekka. Mohammed bringt Abraham auf kreative Weise mit seiner Vaterstadt in Verbindung: »*Sie sprachen: Bist du mit der Wahrheit zu uns gekommen oder scherzest du? Er [Abraham] aber sprach: Nein. Euer Herr ist der Herr der Himmel und der Erde, der sie erschuf, und hiervon lege ich euch Zeugnis ab. Und bei Allah – ich will eine List gegen eure Götzen ersinnen, wenn ihr den Rücken gekehrt habt. Und er schlug sie in Stücke mit Ausnahme des obersten von ihnen, damit sie es ihm zuschrieben. Sie sprachen: Wer hat dies mit*

unseren Göttern gemacht? Wahrlich, das ist ein Frevler. Sie sprachen: Wir hörten einen jungen Mann von ihnen reden, der heißt
Abraham. Sie sprachen: Bringt ihn vor die Augen des Volkes, vielleicht werden sie Zeugen sein. Sie sprachen: Hast du das getan mit
unseren Göttern, o Abraham? Er sprach: Nein. Getan hat es der
oberste von ihnen. Fragt sie doch, wenn sie reden können.«
(21, 56 ff.).

So hat im Koran Abraham die Gelegenheit, Zeugnis abzulegen
für Allah und dabei wie ein Märtyrer in Gefahr zu geraten. Sie
sagten: »Verbrennt ihn und helft euren Göttern …« (21, 68).

Interessant ist, daß es in der jüdischen Überlieferung, dem
Midrasch (der Auslegung der Thora), eine Geschichte von Abrahams Einsatz für den einen, wahren Gott gibt, die bis in die Einzelheiten dem Koran entspricht – mit der einzigen Ausnahme, daß
nämlich im Koran die Geschichte damit endet, daß das Volk den
Künder des wahren Glaubens ins Feuer wirft, Allah aber das Feuer
abkühlt, seinen Getreuen errettet und ihn ins Heilige Land
(Palästina) führt.

Durch diese starke Integration des Patriarchen in den Koran
wird Abraham mit seiner ganzen Autorität ein Kronzeuge für die
Bedeutung des Buches selbst. Die jüdische Tradition bestätigt die
Verkündigung Mohammeds oder besser umgekehrt: Der Koran als
die nachdrückliche Offenbarung bestätigt den monotheistischen
Rang des Judentums. Man kann nahezu sagen, daß Mohammeds
Botschaft keine anderen Inhalte hat als die der jüdischen Tradition,
Mohammed aber dieses Erbe in arabischer Sprache und als letzter
der Propheten verkündet. Für den Propheten folgt daraus eine
praktische Konsequenz, die man heute nicht ohne Trauer und eine
Ahnung von Tragik liest: »Streitet nicht mit dem Volk der Schrift, es
sei denn, in guter Weise – außer mit jenen, die ungerecht handelten.
Und sprechet: Wir glauben an das, was zu uns herabgesandt wurde
und herabgesandt wurde zu euch. Und unser Gott und euer Gott ist
ein einiger Gott, und ihm sind wir ergeben. Und wir sandten zu dir
das Buch hinab, und diejenigen, denen wir die Schrift gaben,
glaubten daran …« (29, 45 f.).

Freundschaft und brüderliches Wohlwollen hätten aus diesem Gleichklang entstehen können, zumal auch die Riten beider Religionen ursprünglich sehr ähnlich, ja gleich waren: die Gebetspraxis mit ihren festen Tageszeiten, die Sabbatruhe und die Einhaltung der Gebetsrichtung, die am Anfang auch für die Muslime nach Jerusalem wies – so wie es in der jüdischen Tradition festgelegt war: »*Wenn dein Volk auszieht in den Krieg gegen seine Feinde auf dem Weg, den du sie schicken wirst, und sie beten zu dem Herrn nach der Stadt hin, die du erwählt hast, und nach dem Hause hin, das ich deinem Namen gebaut habe, so wollest du ihr Gebet und Flehen hören im Himmel und ihnen Recht schaffen.*« (1. Könige 8, 44 f.)

Die Geschichte nahm jedoch einen anderen, einen tragischen Verlauf.

DIE ENTFREMDUNG

Mohammeds Verhältnis zu den Juden von Medina kühlt sich aus vielerlei politischen und religiösen, aber auch aus kulturellen Gründen immer mehr ab. Seine Hoffnung, gerade bei den monotheistischen Söhnen des Propheten Moses und den Anhängern einer Schriftreligion Verständnis und Zustimmung zu finden, schwindet.

Im Koran schlägt sich dieser Prozeß der Entfremdung deutlich nieder: »*Wir schlossen mit den Kindern Israels einen Bund und schickten Gesandte zu ihnen. Sooft aber ein Gesandter zu ihnen kam mit dem, was ihre Seelen nicht begehrten, beschuldigten sie die einen der Lüge, die anderen ermordeten sie.*« (5, 24).

Waren die Kinder Israels bis 622, also in der mekkanischen Zeit, für Mohammed noch »Kronzeugen der Wahrheit«, so werden sie jetzt in Medina zu »Feinden Gottes und des Gesandten«. Entgegen den Erwartungen Mohammeds bleiben die Juden dem Glauben ihrer Väter treu und denken gar nicht daran, ihre Tradition und ihre Identität aufzugeben und mit den Muslimen zusammenzugehen. Aus der Sicht der Juden in Medina ist der neue Glaube des Propheten keine Alternative zu ihrer eigenen Tradition. Zwei

68 (Rechte Seite) Moses (arabisch Musa), der hier am Berg Sinai den Bund mit Jahwe geschlossen und damit den israelitischen Monotheismus begründet hat, ist verehrtes Vorbild Mohammeds.

Einwände spielen eine Rolle in ihrer Argumentation: Ein Mann, der politische Herrschaft anstrebt, kann kein Prophet sein, ebensowenig wie jemand, der sich so sehr der sexuellen Lust hingibt wie Mohammed.

Daß die Juden von Medina sich den politischen Machtverhältnissen anpassen, mag anfangs den Muslimen die Hoffnung gegeben haben, daß es mit der Glaubenstreue der Kinder Israels vielleicht doch nicht so weit her ist und daß viele Juden sich den Übertritt zum Islam vorstellen können.

Mohammed wird dies gespürt haben. In seinen Augen sind die Juden in Medina aber nicht nur halsstarrig und ungläubig, sondern durch die Wahl ihrer Bündnispartner auch politisch unzuverlässig und mithin eine Gefahr für den Gottesstaat, der nicht einfach nur Untertanen, sondern gläubige Untertanen braucht. Mohammed entschließt sich deshalb ganz konsequent, den Einfluß der Juden zurückzudrängen, ja sogar alle diejenigen auszuweisen, die sich nicht bekehren lassen. Der Prophet handelt hier als Politiker, und politisch gesehen ist es klug, jede Unsicherheit für den Staat auszuschließen. Denn im Fall eines neuen Krieges wäre der starke jüdische Bevölkerungsanteil ein ständiges Sicherheitsrisiko. Der Gang der Ereignisse sollte dies bestätigen.

Mohammeds erster Schritt in der Abgrenzung von den medinensischen Juden besteht in der Änderung der Gebetsrichtung. Markierte bisher für Juden und Muslime die Heilige Stadt Jerusalem die Richtung der täglichen Gebete, soll für die Muslime jetzt das Heiligtum in Mekka die Richtung der Gebete angeben (2, 143 f.). Mohammed setzt damit ein klares Zeichen: Der Islam ist ganz und gar selbständig. Er ist keine Ableitung aus der jüdischen oder christlichen Tradition. Damit ist das Fundament einer auch in ihrer Erscheinungsform selbständigen Religion gelegt.

Es folgen weitere Schritte, die den Juden klarmachen sollen, daß sie in Medina nicht mehr erwünscht sind. Mohammed weist – ein besonders kränkender Vorgang – die Mitwirkung der jüdischen Bevölkerung an der Verteidigung der Stadt zurück. Obwohl die Juden ihre Kriegssteuer bezahlen, dürfen sie nicht an der Verteidi-

gung mitwirken – nicht weil sie Juden sind, sondern weil sie sich auf die falsche Seite gestellt haben und für die Stadt ein Sicherheitsrisiko darstellen.

Die Erfahrungen des Propheten mit den Juden von Medina sind durch den Koran in grundsätzliche Überlegungen eingegangen. Nicht nur die Gebetsrichtung wird geändert, sondern auch die Fastenordnung: Die Fastenpflicht im Monat Ramadan wird während der Nacht aufgehoben. Schließlich kommt der Prophet sogar zu der Überzeugung, daß die Juden ihre eigene heilige Schrift, die Thora, gefälscht haben, nur um die Aussagen über ein Prophetentum Mohammeds zu tilgen. Durch alle diese Gedanken und die hartnäckige Weigerung der Juden, den Glauben der Väter aufzugeben, werden die Juden im Koran immer stärker zu Feinden stilisiert, auf die im Jenseits die Strafe Allahs wartet (59, 3). Es ist die Sprache der Endgültigkeit, die hier gesprochen wird: »*Allah hat sie für ihren Unglauben verflucht.*« (4, 49).Selbst »*durch die Zunge Davids und Jesu, des Sohnes der Maria*« werden sie verflucht (5, 82).

Das Verhältnis Mohammeds zu den Juden von Medina wird durch die enttäuschten Hoffnungen immer unerfreulicher, religiös und politisch. Es dauert dann auch nicht mehr lange, bis die Gelegenheit kommt, sich der jüdischen Sippen für immer zu entledigen, natürlich unter Beschlagnahmung ihres gesamten Besitzes: Am 21. März des Jahres 625 taucht vor den Toren Medinas, finanziert von den Quraysh, ein starkes mekkanisches Heer auf: 3000 Mann zu Fuß, 3000 Kamele, 2000 Pferde. Sogar vornehme Frauen werden mitgeführt, die die Kämpfer anfeuern sollen.

DIE SCHLACHT AM BERGE UHUD

Mohammed, an der Spitze eines kleinen Heeres von letztlich nicht mehr als siebenhundert Mann, reitet den Angreifern bis zum Berge Uhud entgegen. Der ungleiche Kampf wird jedoch nicht durch die Übermacht und auch nicht durch die fanatischen Frauen entschieden, sondern durch die Kavallerie unter der Führung des

گرفتند و درین حال لشکر اسلام بسه قسم شدند قسمی بهزیمت رفتند بحوالی مدینه تا بشهر درآمدند
و قسمی از ملازمت آنحضرت مفارقت نمودند چون مرتضی علی و سعد وقاص و طلحه و قسمی
سراسیمه و حیران درمیان میگشتند و برخی ازیشان بسعادت شهادت فایز شدند و برخی

Khalid ibn al-Walid, des genialen Feldherrn, der später die islamische Reiterei in Syrien und Persien von Sieg zu Sieg führen wird.

Als die muslimischen Krieger sich schon ihres Sieges sicher
sind und über die Beute herfallen, sammelt Khalid seine Reiterei
und überfällt die Plünderer. Mohammed kann seine Gläubigen
ebenfalls erneut sammeln und in die Schlacht führen, um einen
geordneten Rückzug zu ermöglichen. Im allgemeinen Handge-
menge wird Mohammed verwundet und zieht sich mit der Truppe
in Richtung Medina zurück. Da geschieht das Erstaunliche: Das
mekkanische Heer folgt den Zurückweichenden nicht, um die
Stadt zu erobern und die Macht Mohammeds zu vernichten, sondern es ist unter Abu Sufyan offenbar mit seinem Sieg zufrieden.
Die Niederlage von Badr ist gerächt. Man kann zu seinen Geschäften zurückkehren. Bevor das siegreiche Heer abzieht, machen
sich die Frauen über die Leichen der muslimischen Gefallenen her
und schneiden ihnen Nasen, Ohren und Geschlechtsteile ab. Eine
der Frauen reißt der Leiche eines Onkels des Propheten die Leber
aus dem Leib und verspeist sie roh und blutig.

Medina ist tief gedemütigt, aber es bleibt verschont. Mohammeds Herrschaft ist trotz der Niederlage unangetastet. Er weiß
allerdings, daß er bald wieder einen Sieg und Beute erringen muß,
um Vertrauen zurückzugewinnen. Er weiß auch, daß er nun Gelegenheit hat, mit seinen innenpolitischen Gegnern abzurechnen.
Die Juden der Stadt hatten einen schwerwiegenden Fehler gemacht: Der Stamm der Banu Nadir hatte mit den Feinden verhandelt, in der Hoffnung, nach der Niederlage am Berge Uhud
Mohammed beseitigen zu können. Spätere Historiker berichten,
Mohammed habe der Sippe der Banu Nadir in deren Burg einen
Besuch gemacht, um Geld zu sammeln für ein Blutgeld, das nach
dem Mord an zwei Arabern zu zahlen war, denen man freies Geleit
zugesichert hatte. Die Führer des Stammes hätten ihm eine Sum-
me zugesagt und ihn gebeten zu warten. Mohammed lehnte sich
an eine Mauer. Da ließen die Nadir durch einen Freiwilligen einen
schweren Stein fallen, der sein Ziel, Mohammed, jedoch ver-
fehlte.

69 (Linke Seite)
Der Prophet
Mohammed
(rechts oben)
beobachtet die
Schlacht am Berg
Uhud im Jahr 625.
Türkische
Miniaturmalerei
um 1600.

Überdies erfährt der Prophet von weitergehenden Plänen der Nadir, ihn zu beseitigen. Er muß jetzt handeln. Sofort verfügt er die Ausweisung aller Angehörigen der Sippe. Die betroffenen Juden ziehen aber nicht ab, sondern verschanzen sich in der Hoffnung auf Hilfe von außen in ihrer Stadtburg.

Mohammed läßt die Palmen der Banu Nadir fällen – ein klares Zeichen dafür, daß es für die Sippe kein Bleiben und keinen Neubeginn mehr geben wird. Nach zehntägiger Belagerung müssen die Banu Nadir aufgeben, weil die anderen jüdischen Sippen ihnen nicht zu Hilfe kommen. Die Uneinigkeit und Schwäche der Juden von Medina ist Mohammeds Stärke. So werden die Banu Nadir gezwungen, ihren Grundbesitz aufzugeben und ihre Sklaven und ihre Schuldbriefe auszuliefern. Sie dürfen nur behalten, was sie auf ihren etwa 600 Kamelen transportieren können. Wer zurückbleibt, wird wenig später umgebracht. Das Land der Banu Nadir wird unter die Emigranten aufgeteilt, die mit Mohammed aus Mekka gekommen waren. Auf diese Weise werden die Gefolgsleute aus Mekka unabhängig von der Unterstützung durch die Medinenser.

Nach der Vertreibung wird das Niederhauen der Palmen – eine Aktion, die dem arabischen Empfinden radikal widerspricht – durch eine Offenbarung gerechtfertigt: »*Wenn ihr Palmen gefällt habt, so geschah es mit Allahs Erlaubnis. Er wollte die Frevler zuschanden machen.*« (59, 5)

DER GRABENKRIEG

Die Vertreibung der Banu Nadir bleibt nicht ohne Folgen. In den Oasen wird die Geschichte ihrer Ausweisung erzählt. Der Haß gegen Mohammed wächst. Die jüdischen Sippen versuchen, auch die Beduinen in den Kampf gegen den Propheten hineinzuziehen, indem sie ihnen reiche Beute versprechen und schon eine erste Anzahlung leisten. Abgesandte reiten schließlich nach Mekka, um mit den Führern Bündnisse zu schließen und Strategien für den Kampf gegen Medina zu entwickeln. Der siegreiche Feldherr der

Schlacht von Uhud, Abu Sufyan, versammelt bald ein Heer von 10 000 Mann – nie hat es in diesem Raum eine so große Streitmacht gegeben –, um so bald als möglich gegen Medina zu ziehen. So bald als möglich, das heißt für den mekkanischen Kaufmann und Feldherrn Abu Sufyan: nach dem Ende der Pilgerreisen, die das große Geschäft nach Mekka bringen. Diese Verzögerung wird sich als entscheidender Fehler erweisen.

Als Mohammed vom Anrücken des gewaltigen Heeres erfährt, ist der Schrecken groß. Es erscheint undenkbar, gegen eine solche Streitmacht zu bestehen und die völlige Vernichtung abzuwenden. Soll man dem Angreifer entgegenreiten und die offene Feldschlacht wagen? Gibt es gegen ein Heer von 10 000 Mann auch nur die geringste Chance? Oder soll man sich in den Gassen der Stadt und in den Häusern verteidigen? Auch dieser Kampf wäre auf Dauer nicht zu gewinnen.

In dieser Situation allgemeiner Ratlosigkeit erscheint bei Mohammed ein Perser namens Salman. Salman war als persischer Sklave zum Islam übergetreten und als freier Mann in die Gemeinschaft der Gläubigen aufgenommen worden. Er war weit herumgekommen und hatte dabei auch von Schlachtordnungen, Kampfstrategien und Kriegslisten gehört. Und er kennt die Fixierung arabischer Heerführer auf die traditionellen Muster des Wüstenkrieges. Er rät dem Propheten, vor der Stadt und quer zum Weg, der von Mekka nach Medina führt, einen tiefen, breiten Graben auszuheben. Der Graben soll die ganze Ebene durchziehen und von einem Hügel zum anderen reichen. Im Schutze dieses Grabens sollen die muslimischen Krieger den Feind erwarten.

Der rückt bald heran. Siegesgewiß. Der Führer Abu Sufyan erblickt den Graben und kann es nicht fassen. Eine derartige Anlage hat er noch nie gesehen. Er kommt nicht auf die Idee, das Gelände zu umgehen. Gebannt schaut er zu den Feinden hinüber, verblüfft und fasziniert sieht er nur das Hindernis. Niemand weiß einen Rat. Die Führer der Truppenteile lassen die Zelte aufschlagen. Man bereitet sich auf eine Belagerung vor. Tage vergehen. Immer wieder treten kleine Gruppen an den Rand des Grabens, schauen wie hypnotisiert hinüber, beschimpfen die muslimischen Krieger über den Graben hinweg. Ab und zu schießt einer einen Pfeil ab. Aber niemand entwickelt eine Strategie, wie der Marsch auf Medina weitergehen soll. Das Heer der Zehntausend aber braucht Nahrung und Wasser. Abu Sufyan hatte die Ernte auf den Feldern vor Medina in seine Logistik eingeplant. Aber durch die Verspätung sind die Felder schon leer, die Ernte ist längst eingebracht. Zu lange hat Abu Sufyan auf das Ende der Pilgerzeit gewartet und den Aufmarsch hinausgezögert.

In dieser kritischen Lage entschließt sich Abu Sufyan zum Sturm auf den Graben und die Stadt. Während die Vorbereitungen laufen, nimmt er Fühlung mit den Oppositionellen in der Stadt auf, vor allem mit dem jüdischen Stamm der Banu Quraiza. Die Juden der Stadt und auch einige aus den umliegenden Oasen sollen als Verbündete dem Gegner in den Rücken fallen. Als die Vorbereitungen zum Sturm endlich abgeschlossen sind, stellt sich heraus, daß der Angriff auf einen Schabbat fallen würde. Daraufhin erklären die jüdischen Führer, daß man auf keinen Fall am heiligen Schabbat kämpfen könne. Beim Hin und Her der Argumente tritt überdies zutage, daß die jüdischen Stämme aus den Oasen das ganze Unternehmen ohnehin für ziemlich gewagt halten und befürchten, daß Mohammed die Juden in der Stadt aufs gefährlichste bedrohen und unterdrücken werde, wenn irgend etwas nicht wie gewünscht gelänge.

ABRECHNUNG MIT DEN POLITISCHEN GEGNERN

Abu Sufyan muß einsehen, daß er nicht mehr mit Verbündeten rechnen kann. Als auch noch Sturm und Regen einsetzen, beginnt er mit dem Rückzug nach Mekka. Mohammed geht als Sieger aus der bedrohlichen Lage hervor. Seine Autorität wächst ins Unermeßliche, so daß er jetzt zum entscheidenden Schlag gegen die Sippe der Banu Quraiza ausholen kann. Die mekkanischen Truppen sind noch nicht ganz am Horizont verschwunden, da umzingelt Mohammed mit seinen

Kriegern schon die Burg des Clans, dessen Verhandlungen mit dem Feind ihm zugetragen worden waren. 25 Tage dauert die Belagerung. Dann geben die Eingeschlossenen auf. Mohammed setzt einen Mekkaner, der als Freund der Juden gilt, als Schiedsrichter ein. Die Führer der jüdischen Sippe akzeptieren den Schiedsrichter. Er soll über ihr Schicksal entscheiden. Sie haben andere politische Vorstellungen gehabt als der Prophet. Sie haben kapituliert.

Der Schiedsrichter aber wird zum Richter. Das Urteil lautet: Die Männer sollen hingerichtet, die Frauen und Kinder in die Sklaverei verkauft werden. Aller Besitz fällt als Beute an die muslimische Gemeinschaft, ein Fünftel davon an den Propheten. Nur wer zum Islam übertritt, soll verschont werden. Aber kein Jude verrät den Glauben seiner Väter.

Man hebt wieder Gruben aus. Die Männer werden an den Rand der Grube geführt. Dann wird ihnen der Kopf abgeschlagen. 800 bis 900 Männer sind es, die einer nach dem anderen sterben. Nur vier retten ihr Leben, indem sie in letzter Minute doch zum Islam übertreten und deshalb verschont werden.

Medina ist jetzt frei von Gegnern des Propheten. Mohammed kann über seine Gläubigen herrschen, ohne von oppositionellen Spöttern behindert und gereizt zu werden. Auch hier folgt bald die Rechtfertigung des Handelns durch eine Offenbarung: »*Und Allah trieb die Ungläubigen mit ihrem Groll zurück. Sie erlangten keinen Vorteil. Und Allah genügte den Gläubigen im Kampf, denn Allah ist stark und mächtig. Und er ließ diejenigen vom Volk der Schrift, die ihnen halfen, von ihren Burgen herabsteigen und warf Schrecken in ihre Herzen. Einen Teil erschlugt ihr und einen Teil nahmt ihr gefangen. Und er gab euch zum Erbe ihr Land und ihre Wohnungen und ihr Gut, und ein Land, das ihr nie betratet. Und Allah hat Macht über alle Dinge.*« (33, 25–27)

Trotz derartiger Konsequenzen und Grausamkeiten, trotz aller Feindschaft gegen das Judentum – die sich politisch und religiös begründet – hat es aber im Islam keine Pogrome so großen Ausmaßes gegeben, wie wir sie aus der Geschichte des christlichen Abendlandes kennen.

DER GOTTESSTAAT

In Medina ist jetzt der Weg frei für einen Gottesstaat. Als Mohammed darangeht, eine Herrschaftsstruktur aufzubauen und den Glauben an Allah als übergreifendes Ordnungselement zu etablieren, tut er nichts anderes als das, was viele politische Machthaber vor ihm und nach ihm ebenfalls getan haben. Denn die Lebensgemeinschaft der Oase Medina ist zerstritten, anarchistisch und – bis auf die jüdisch-arabischen Stämme – polytheistisch, glaubt also an viele Götter. Sie entwickelt allein deshalb immer wieder starke antagonistische Kräfte. Mohammed, der ja aus Mekka geflohen war und in Medina Asyl gefunden hatte, tritt von Anfang an als Schlichter in den alltäglichen Streitigkeiten auf. Das verschafft ihm Autorität, zumal er offensichtlich eine charismatische Persönlichkeit ist und sich bald um die Sicherung der materiellen Bedürfnisse der Bewohner bemüht – unterstützt von den Gefährten, die mit ihm aus Mekka gekommen sind (den Muhadjirun), und den neuen Verbündeten in der Stadt (den Ansar). Mohammed, obgleich zunächst ja nur ein Privatmann mit einer religiösen Botschaft, wächst immer mehr in die Rolle eines Staatsoberhauptes hinein, das die Sicherung des Lebens verbindet mit der Ausformung der neuen Religion. Für ihn ist es die gemeinsame Pflicht von Staat und Religion, die Übereinstimmung der Lebensformen mit den im Koran geoffenbarten Gesetzen zu ermöglichen, zu fördern und notfalls zu erzwingen.

Als Mohammed in Medina begonnen hatte, den neuen Glauben an Allah zu predigen, war den Einwohnern wohl kaum klar, daß der Prophet auch die politische Macht im Stadtstaat beanspruchen würde. Die bis dahin unautoritär, ja nahezu anarchisch dahinlebende Stadt muß erst lernen, daß Mohammed ein absoluter Herrscher sein will. Durch seine Klugheit und seinen Willen zur Macht wächst ihm aber sehr bald eine Autorität zu, die es ihm erlaubt, die Stammesgesetze und die Familiensitten zu relativieren und durch eine neue Identität, die Einheit aller Gläubigen, zu ersetzen.

Insbesondere gelingt es ihm, die mit ihm Eingewanderten und die einheimischen Gläubigen als gesetzlich Verwandte aneinander zu binden: »*Siehe, diejenigen, die glauben und ausgewandert sind und mit Gut und Blut auf Allahs Weg kämpften und [dem Propheten] Herberge und Hilfe gewährten, die sollen einer des anderen Verwandter sein. Und jene, die glauben, aber nicht auswanderten, die sollen in nicht in Verwandtschaft mit euch stehen, ehe sie nicht ausgewandert sind. So sie euch aber in Sachen des Glaubens um Hilfe angehen, so ist es an euch, ihnen zu helfen, außer gegen ein Volk, zwischen dem und euch ein Bündnis besteht. Und Allah schaut euer Tun.*« (8, 73).

Hier wird ganz klar unterschieden: Die religiöse und politische Einheit der Leute von Medina ist das eine. Die religiöse, nicht aber politische Einheit mit den Leuten von Mekka das andere. Der ideale Staat ist aber der, in dem Politik und Religion fest miteinander verschränkt sind. Medina, die Stadt des Propheten, ist das Vorbild dieser Staatsidee. Die Gläubigen bilden einen Staat, der die öffentlichen Aufgaben der Familien – zum Beispiel Kriegführung und Blutrache – übernimmt. Oberste Instanz des Staates ist der Prophet, der als oberster Feldherr auch über Krieg und Frieden entscheidet und der zugleich die Gesetzgebung diktiert. Alles, was gegen die Religion verstößt, ist auch gegen den Staat gerichtet und umgekehrt. Mohammed vereinigt also in seiner Hand die später in der Staatslehre so benannten Kräfte: die Legislative, die Exekutive und die Judikative. Und obendrein ist er auch noch das Oberhaupt der Religion.

Diese Auffassung von Staat und Gesellschaft, von Religion und Ethik ist nahezu selbstverständlich für Menschen, die sich – sehr ursprünglich – sagen, daß alles, was gut ist für den Staat, auch gut ist für die Religion und umgekehrt. Für diese theokratische Staatsauffassung von Ordnung und Wohlergehen stehen beide Autoritäten: die Religion und der Staat. Die oberste Autorität über beide aber ist Gott selbst, der in beiden herrschen soll und einen klar ausgewiesenen Statthalter und Stellvertreter beauftragt, alle Dinge in einer Hand zu regeln und den Menschen zu sagen, wohin der Weg

70 Beim Entwurf des Gottesstaates ist dem Propheten der Kreis seiner Gefährten Zuhörerschaft und Beratergremium zugleich. Türkische Miniatur um 1600.

führt – auch wenn immer klar ist, daß Gott selbst das eigentliche Staatsoberhaupt ist. Die Trennung von Staat und Religion sowie eine Gewaltenteilung im öffentlichen politischen Leben ist für dieses Denken eine künstliche Konstruktion. Anders als in der auf weströmischem Denken fußenden Theologie, die wenigstens grundsätzlich eine Trennung zwischen Staat und Kirche kennt, schließt für den Islam der Gottesstaat auch die Ordnung der weltlichen Dinge ein: Islam ist Religion plus politische Macht. Ohne staatliche Macht ist die Religion in Gefahr, sich überfremden oder auflösen zu lassen. Und ohne Religion entartet der Staat zu einer tyrannischen, seelenlosen Organisation.

Trotz einiger Differenzierungen steht aber für alle Staatstheoretiker des Islam fest, daß gerade die Einheit von Religion und Staat dazu geeignet ist, in den menschlichen Gemeinschaften für Gerechtigkeit zu sorgen, das Gute zu fördern und das Böse zu verhindern. Das Instrument bei der Verwirklichung dieser Ziele ist das islamische Recht, die Shari'a.

Auch die Existenz unterschiedlicher Religionen in einem einzigen Staat kann nur als vorläufig geduldet werden. Trotz aller Bemühungen um Toleranz und Respekt vor anderen Überzeugungen steht das Ideal von Ausschließlichkeit, Einheit und Einigkeit in Staat und Religion im Vordergrund.

Natürlich formuliert der Koran keine Staats- oder Religionstheorie. Natürlich wird das Verhältnis von Religion und Staat nicht diskutiert. Die Einheit von beiden wird vorausgesetzt. »Die Beute gehört Allah und dem Gesandten« (8, 1), »Gehorchet Allah und Seinem Gesandten« (8, 1; 8, 24), »Antwortet Allah und Seinem Gesandten« (8, 24), »Wer aber widerspenstig ist gegen Allah und Seinen Gesandten – siehe, Allah ist streng im Strafen» (8, 13) oder »So sie Verrat an dir üben wollen, so haben sie schon zuvor Verrat an Allah geübt« (8, 72) – alle diese Formulierungen lassen erkennen, wie selbstverständlich die Einheit von religiöser und weltlicher Ordnung vorausgesetzt und angenommen wird und wie fremd dem Islam eine Trennung von sakraler und profaner Wirklichkeit ist. Jenseits und Diesseits gehören vielmehr zusammen, beide bilden einen einzigen Handlungsrahmen. Wer nach der Ordnung der Religion lebt, gerät gar nicht erst in den Zwiespalt zwischen Rechenschaft vor Allah und sozialer Verantwortung.

Allah belohnt im Diesseits und im Jenseits (4, 133). Die ganz auf die Gesellschaft ausgerichtete Lebensordnung des Koran kennt keinen Tempel, kein Allerheiligstes und keine Priester im Sinne der alten Religionen. Folgerichtig ist das Gebetshaus einfach ein Versammlungsplatz, ein öffentlicher Raum. Hier wird gebetet, gelehrt und Politik gemacht. Das Gebetshaus ist die Moschee, wörtlich »der Ort, an dem man sich niederwirft«. Aber die Unterwerfung in der Moschee ist keineswegs nur die Niederbeugung vor Allah, sondern auch die Unterwerfung unter den Koran. Die islamische Ordnung erhebt einen Totalanspruch auf das gesamte Leben der Gläubigen. Alle Gesetze sind zugleich religiöser und sozialer Natur, weshalb das Zusammenwirken von Staat und Religion zwingend ist. Der mögliche Gegensatz zwischen den beiden Mächten wird durch die Existenz eines einzigen Gesetzes von vornherein überbrückt.

Auch der Staat von Medina braucht einen Lebensmittelpunkt. Mohammed läßt ein Gebets- und Versammlungshaus bauen: die erste Moschee des Islam, die später auch das Grab des Propheten umschließen wird. Mohammed selbst hilft beim Trocknen der Ziegel und beim Bau der Mauern. Neben der Moschee errichtet er einige bescheidene Häuser für sich und seine Angehörigen. Er flickt seine Kleider selbst, säubert den Hof, melkt die Ziegen und bereitet seine Speisen inmitten einer kargen, anspruchslosen Einrichtung. Er selbst wird nie über ein Haus für sich allein verfügen. Er verbringt die Nächte jeweils bei einer seiner Frauen.

DER PROPHET UND DIE FRAUEN

»Die Männer stehen über den Frauen, weil Gott sie von Natur vor diesen ausgezeichnet hat und wegen der Ausgaben, die sie von ihrem Vermögen als Morgengabe für die Frauen gemacht haben.«

Diese Ansicht formuliert der Tafsir, ein Kommentar zum Koran aus dem 10. Jahrhundert. Die Aussage über die Beziehung von Männern und Frauen ist keineswegs nur typisch für den Islam, sondern mehr oder weniger für die gesamte damalige Kulturstufe der Menschheit – von einzelnen Ausnahmen abgesehen. Um so interessanter sind die Nuancen und Akzente im Umgang mit den Frauen, wie Mohammed ihn vorlebt und vorschreibt.

Mohammeds Ehe mit Khadidja ist glücklich. Als sie im Jahr 620 stirbt, ist das für den Propheten ein übermäßiges Unglück. Erst Jahre später nimmt er wieder eine Frau zu sich und umgibt sich mit einem Harem, zu dem schließlich acht Ehefrauen gehören: Sauda, 'A'isha, Hafsa, Zainab, Umm Salama, Maimuna und die Jüdinnen Rihana und Safiya.

Außerdem wird auch noch von zwei oder drei Konkubinen berichtet. Eine von ihnen ist Maria, eine Koptin. Mit ihr hat Mohammed einen Sohn namens Ibrahim, der aber – wie die Söhne mit Khadidja – nicht lange lebt. Alle Frauen des Propheten werden »Mütter der Gläubigen« genannt und sollen nach Mohammeds Tod nicht wieder heiraten, den Schleier tragen und mit Männern nur durch eine Tür sprechen.

Die Verbindung des Propheten mit all diesen Frauen ist natürlich vor allem sippen- und stammespolitischer Natur – was für Mohammed Liebe und intensive Sexualität nicht ausschließt. Ihm wird voller Bewunderung die Manneskraft von 30 Männern nachgesagt. Wie das Verhältnis zu den Ehefrauen ist auch das Leben im Harem ein Spiegelbild der gesellschaftlichen Verhältnisse dieser Zeit. Es herrschen streng hierarchische Lebensformen, die vor allem den Zugang zum Propheten regeln. Mit dem Temperament der Frauen und mit ihrer Sippenzugehörigkeit wird Politik gemacht.

Der Harem – ursprünglich die Bezeichnung für alles, was heilig und durch Verbote geschützt ist – ist der Bereich des orientalischen Hauses, der von Fremden nicht betreten werden darf, der als unverletzlich gilt. Hier halten sich alle Frauen der Großfamilie auf: Mütter, Ehefrauen, Tanten, Schwägerinnen, verheiratete Schwe-

71 Auch wenn Könige in weltlichen Fragen Recht sprechen, richten sie sich im »Haus des Islam« nach religiösen Grundsätzen, denn der Islam kennt keine Trennung von religiöser und weltlicher Ordnung. Miniatur des 17. Jahrhunderts.

stern und die Töchter des Familienoberhauptes, aber auch dessen Nebenfrauen und Sklavinnen. Die Einrichtung eines Harems als Ort und Bezeichnung für die Frauen des Familienoberhauptes stammt aus iranischer Tradition. Je größer der Harem, desto glänzender das Ansehen eines Mannes. Mohammed wird die Zahl der erlaubten Ehefrauen auf vier beschränken.

Im Harem lernen die Frauen lesen, schreiben und musizieren, tanzen, Handarbeit und gutes Benehmen. In vorislamischer Zeit gingen die Frauen eines Harems auch in die Öffentlichkeit, später gilt eine Interpretation der Koran-Sure 33 (Vers 33) als verbindlich, die die Frauen streng ins Haus verweist: »*Sitzet still in euren Häusern, schmückt euch nicht wie früher in der Zeit der Unwissenheit und verrichtet das Gebet und entrichtet die Armenspende und gehorcht Allah und Seinem Gesandten …*«

Zur Vorgeschichte aller Äußerungen Mohammeds über die Stellung der Frau gehört, daß es für Männer in der vorislamischen Welt Arabiens alltäglich war, Frauen gegenüber gewalttätig zu sein. Den Männern wird sogar das Recht zugestanden, ihre Frauen zu schlagen – vor allem bei jedem Versuch, gegen den männlichen Herrschaftsanspruch aufzubegehren. Dieses Aufbegehren hatte sogar einen eigenen Namen: Nushuz. Dieser Begriff wird unterschiedlich übersetzt, zumeist mit Ungehorsam oder Untreue. Er meint vor allem die Weigerung, dem Mann »ins Ehebett zu folgen« und ihm dort in allen Einzelheiten zu Willen zu sein.

Der Prophet selbst hat, so die gesamte Überlieferung, niemals eine seiner Frauen oder seiner Sklavinnen geschlagen. Aus seiner Umgebung wird jedoch immer wieder die Frage aufgeworfen, ob und unter welchen Umständen Männer gegenüber Frauen Gewalt anwenden dürfen. Man versteht den Anstand und die Milde des Propheten offenbar als Schwäche. Ein Koran-Kommentator (Ibn Saad, gestorben 845 n. Chr.) berichtet: »*Der Prophet beharrte auf seiner Meinung, daß man die Frauen nicht schlagen dürfe. Die Männer kamen jedoch zu ihm, um sich über ihre Frauen zu beklagen. Da gestattete er es ihnen, indem er aber zugleich sagte: ›Ich ertrage es nicht, einen Mann zu sehen, der außer sich vor Wut seine Frau schlägt.‹*«

Auch der folgende Satz wird überliefert: »*Nun gut, schlagt sie, aber nur die Schlechtesten unter euch werden zu solchen Methoden greifen.*«

Mohammed selbst löst in dem einzigen Fall von Protest und Aufsässigkeit unter seinen Frauen das Problem ganz anders: Er verläßt das Haus für fast einen Monat und wohnt außerhalb.

»Der Prophet verbrachte 29 Nächte getrennt von seinen Frauen. Er hatte erklärt, daß er sich einen Monat lang von seinen Frauen fernhalten würde, so groß war sein Zorn über sie, und Gott tadelte ihn deshalb.« (Ibn Saad).

Auch in einem anderen Fall reagiert Mohammed mit großer Souveränität und überwindet so von Fall zu Fall die vorislamischen Verhaltensmuster. Als seine Lieblingsfrau 'A'isha während eines Feldzugs, auf den Mohammed sie mitgenommen hat, ein Halsband verliert und über der Suche nach dem Schmuck den Anschluß an die Truppe verpaßt, bringt ein junger Beduine sie erst am folgenden Tag ins Lager zurück. Die Aufregung ist groß. Sofort kursieren Gerüchte, daß 'A'isha den Propheten betrogen habe. Man empfiehlt ihm, die junge Frau zu verstoßen. Mohammed tut das aber nicht, sondern wartet vier Wochen lang auf eine Offenbarung. Im Koran ist das Ergebnis festgehalten: *»Warum, als ihr es hörtet, dachten nicht die gläubigen Männer und Frauen bei sich Gutes und sprachen: Dies ist eine offenkundige Lüge?«* (24, 12).

Die Verleumder werden mit Peitschenhieben bestraft. 'A'isha ist freigesprochen.

AUCH DEN FRAUEN GEBÜHRT EIN TEIL

Der neue Glaube bringt für die arabische Frau gegenüber der vorislamischen Zeit Verbesserungen. Am deutlichsten zeigt sich dies in der erbrechtlichen Gleichstellung der Frau – was für die vorislamische Welt undenkbar und für den frühen Islam keineswegs unumstritten ist. Durch Mohammed wird eine Frau nicht mehr mit Hab und Gut eines Mannes wie Kamele oder Palmen vererbt, sondern ist selbst an der Erbschaft beteiligt.

»Den Männern gebührt ein Teil von dem, was Eltern oder Verwandte hinterlassen; aber auch den Frauen gebührt ein Teil von der

Hinterlassenschaft der Eltern und Anverwandten; sei es wenig oder viel, ein bestimmter Teil gehört ihnen.« (4, 8).

Damit wird die Frau vom Objekt zum Subjekt der vermögensrechtlichen Veränderungen. Die Handlungen und Begründungen Mohammeds sind in der arabischen Welt des 7. Jahrhunderts ein revolutionärer Vorgang. Kein Wunder, daß schon zu Lebzeiten des Propheten äußerst hartnäckig versucht wird, die Entwicklung zurückzudrehen oder auf andere Weise zu behindern. Die Überzeugung der arabischen Männer schließt jede Einmischung in die überkommenen Erbpraktiken aus. In einem Hadith-Kommentar wird berichtet: *»Starb ein Mann, erbte sein ältester Sohn seine Witwe. Er konnte sie, wenn sie nicht seine eigene Mutter war, heiraten oder die Rechte auf sie an seinen Bruder oder Neffen weitergeben, wenn er dies wünschte. So konnten diese sie an seiner Stelle heiraten.«*

Diese Regelung hatte nahezu ausschließlich erbrechtliche Bedeutung, da ein erotisches Interesse des Sohnes an der Witwe seines Vaters eher die Ausnahme war – etwa dann, wenn das Alter der Witwe zu dem des Sohnes paßte.

Ein Hadith-Kommentar beschreibt die erbrechtlichen Konsequenzen noch von einer anderen Seite: *»Wenn ein Mann in der vorislamischen Zeit seinen Vater, seinen Bruder oder seinen Sohn verlor und dieser ihm eine Witwe hinterließ, eilte der neue Erbe, die Privilegien der vom Verstorbenen bezahlten Mitgift nutzend, zu ihr, bedeckte sie mit seinem Mantel und sicherte sich damit das ausschließliche Recht, sie zu heiraten. Wenn er sie heiratete, nahm er ihr damit das Recht auf den Anteil des Erbes, den die Mitgift darstellte. Gelang es jedoch der Witwe des Verstorbenen, zu ihrem eigenen Klan vor der Ankunft des neuen Erben zurückzukehren, verlor dieser seine Rechte auf sie zugunsten ihres eigenen Klans.«*

Als Mohammed diese Erbpraxis in Frage stellt, stößt er auf Unverständnis und Widerstand. Dem Denken eines Arabers war die Vorstellung von der Frau als Individuum und Persönlichkeit eigenen Rechts völlig fremd. Der Prophet selbst gerät in den Augen des arabischen Mannes ins Zwielicht. Man sieht in ihm einen

72 Entgegen dem heute vorherrschenden Eindruck von der Unterdrückung der Frau im Islam, brachte Mohammeds Lehre für die arabische Frau der vorislamischen Zeit deutliche Verbesserungen.

Knecht der Frauen, die außer dem Recht zu erben auch noch das Recht auf Kriegführung und damit auf Kriegsbeute geltend machen. Als das neue Denken sich auch im Koran als Offenbarung Allahs niederschlägt, lehnen die arabischen Männer die Gesetze rundweg ab. Mohammed aber läßt sich nicht beirren: „O ihr, die ihr glaubt: Nicht ist euch erlaubt, Frauen wider ihren Willen zu beerben. Und hindert sie nicht an der Verheiratung mit einem anderen, um einen Teil von dem, was ihr ihnen gabt, ihnen zu nehmen, es sei denn, sie hätten offenkundig Hurerei begangen. Verkehrt in Billigkeit mit ihnen; und wenn ihr Abscheu wider sie empfindet, empfindet ihr vielleicht Abscheu wider etwas, in das Allah reiches Gut gelegt hat.« (4, 23).

Die Männerwelt übt politischen Druck auf den Propheten aus. Ihre Führer wollen erreichen, daß der Prophet bei Allah vorstellig werde und Allah die Gesetze ändere. Die Frauen dagegen bedrängen Mohammed, die Gesetze des Koran auch anzuwenden. Historiker nehmen an, daß sich die Frauen dieser Zeit zu einer Bewegung zusammengeschlossen haben, um ihre Interessen aktiv beim Propheten geltend zu machen.

Die zentrale Figur dieser Bewegung ist Umm Salama, eine der Frauen des Propheten. Sie gehört wie Mohammed zum Stamm der Quraysh und kann mit ihrer aristokratischen Herkunft im Lauf der Zeit starken Einfluß auf alle öffentlichen Angelegenheiten der Stadt Medina gewinnen.

In Mekka, der großen Rivalin Medinas, gibt es ebenfalls eine Leitfigur weiblichen Selbstbewußtseins: Hind bint 'Utba, die Ehefrau des mekkanischen Feldherrn Abu Sufyan. Sie war es, die nach dem Sieg der Mekkaner bei Uhud dem Onkel des Propheten die Leber aus dem Leib gerissen und vor den Augen der Krieger roh verspeist hatte. Von ihr wird ein Lied überliefert, das sie auf dem Schlachtfeld sang und in dem sie wie eine Todesgöttin die Schlüsselrolle der arabischen Frauen im Leben ihrer Männer demonstriert:

»*Wir sind die Töchter des Morgensterns:*
Unsere Füße wandeln auf Kissen.
Unsere Hälse sind mit Perlen geschmückt,
Unser Haar duftet von Muskat.
Kämpft ihr, so halten wir euch fest
in unseren Armen.
Weicht ihr zurück, so lassen wir euch los.
Lebe wohl, Liebe.«

Die Gestalten der Umm Salama und der Hind sind für den Historiker eine Aufforderung, das Frauenbild der arabischen Gesellschaft zur Zeit Mohammeds zu überprüfen und so zu beschreiben, daß Platz bleibt auch für diese außergewöhnlichen Frauen.

In der arabischen Gesellschaft zur Zeit Mohammeds ist allerdings für eine differenzierte Sicht zunächst kein Platz. Bei militärischen Niederlagen werden die Frauen und Kinder als Sklaven abgeführt, die Männer des unterlegenen Stammes getötet, sofern sie nicht aus adligen Familien stammen und gegen ein hohes Lösegeld eingetauscht werden können.

Als äußerst kontraproduktiv wird empfunden, wenn die Unterlegenen erklären, zum Islam übertreten zu wollen. Dann verfällt die Kriegsbeute, weil es verboten ist, einen Muslim zu versklaven und sein Hab und Gut als Kriegsbeute zu beschlagnahmen. Dieses Dilemma zwischen Religion und Beute läßt Mohammed in höchst schwierige Situationen geraten.

DIE SCHLACHT UM DIE GRÜNE OASE

Acht Jahre nach der Niederlage von Mekka führt der Widerstreit zwischen der Aussicht auf Beute und dem Wunsch, die Besiegten zum Islam zu bekehren, beinahe zu einer Meuterei der muslimischen Truppen gegen den Propheten. Mohammed will aus strategischen Gründen die Stadt Ta'if erobern. Die Oase, drei Tagesmärsche von Mekka entfernt, ist für die Handelsmetropole lebenswichtig. Durch das heiße Klima ist die Gegend um Mekka ausgetrocknet und nahezu unfruchtbar. In Ta'if dagegen wachsen Bäume, Früchte, Reben.

Dort jedoch wird der Widerstand gegen die heranrückenden Truppen Mohammeds organisiert. Dem Anführer, Malik ibn 'Auf, folgen am Ende etwa 30 000 Kämpfer in die Ebene von Hunain. Viele Stämme aus der Wüste sind zu ihm gestoßen, um den Vormarsch Mohammeds zu stoppen. Nur jener Clan hat sich ausgenommen, bei dem Mohammed als Säugling aufgewachsen ist.

Mohammed verfügt nur über 12 000 Mann, eine Schlacht ist für ihn eigentlich aussichtslos. Die muslimischen Truppen aber können durch ihre Disziplin und die strategische Führung durch den Propheten die Übermacht besiegen. Malik zieht sich in Richtung Ta'if zurück, um sich in der Stadt besser verteidigen zu können. Die muslimischen Verfolger aber töten fast alle Männer und bringen an die 6000 Frauen und Kinder und die Herden als Kriegsbeute mit.

In dieser Situation, so die Überlieferung, wird ein tiefer Dissens sichtbar, der sich zwischen dem Propheten und seinem Heer aufge-

baut hat. Mohammed entdeckt unter den Gefangenen die Milch-
schwester seiner Amme. Ergriffen von der Erinnerung an seine
frühesten Jahre, kommen ihm die Tränen. Er breitet seinen Mantel
aus und setzt die Frau darauf, um ihr Schutz zu gewähren und als
seine persönliche Gefangene zu kennzeichnen. Am nächsten Tag
erlaubt er ihr, zu ihrem Clan in die Nähe von Ta'if zurückzukehren,
und gibt ihr zwei Sklaven, ein Kamel und ein Schaf als Geschenk
mit auf den Weg. Das bedeutet in der Logik der siegreichen Truppe:
Der Prophet mindert die Beute um eine Frau, zwei Sklaven, ein
Kamel und ein Schaf – wie die Soldaten finden, aus sentimentaler
Erinnerung, die sie für völlig fehl am Platz halten. Die Spannung
wächst, als der Anführer der Unterlegenen erklärt, er wolle mit all
seinen Leuten zum Islam übertreten. Nach den Gesetzen des Heiligen Krieges bedeutet das: Die gesamte Kriegsbeute, die Herden,
die Frauen und Kinder sind an die neuen Gläubigen zurückzugeben.

Kaum haben Malik und seine Verbündeten beim Freitagsgebet
ihren Übertritt zum Islam erklärt, bricht die Meuterei los. Mohammed wird angegriffen, man nimmt ihm seinen Mantel und besteht
darauf, daß die Beute sofort verteilt wird. Mohammed beginnt zu
verhandeln, bietet pro freigelassenem Gefangenen sechs Schafe,
sieht sich dann aber doch gezwungen, dem Willen seiner Truppen-
führer zu folgen. Der religiöse Führer erfährt sich als abhängig von
den militärischen und damit politischen Verhältnissen. Er weiß,
daß es ohne die Motivation und Gefolgschaft der Truppe keine
militärische Macht und ohne Macht keinen Erfolg des Islam geben
kann.

GEBT DEN WAISEN IHR GUT

Nicht nur die militärischen, sondern auch die wirtschaftlichen
Strukturen schränken die Entscheidungsfreiheit des Propheten
ein, zum Beispiel in der Gestaltung der Rechtsverhältnisse zwischen Männern und Frauen: Bei einem militärischen Sieg sind nur
die Männer an der Beute beteiligt. Die Frauen, die kein Recht auf
Kriegführung haben, gehen leer aus. Da aber nun die Kriegsbeute

73 Wie in vielen anderen Religionen sind auch im Islam zahlreiche Verhaltensvorschriften aus der Umwelt ihres Entstehungsgebietes verständlich. Manches erinnert in Mohammeds Lehre an die Wüsten- und Oasenkultur der Arabischen Halbinsel.

der Hauptzweig der Stammeswirtschaft ist, haben die Frauen keine selbständige Einnahmequelle und können keinerlei Vermögen bilden.

Besonders benachteiligt sind die Waisenkinder. Die für sie Verantwortlichen können schalten und walten, ohne auf die Interessenlage des Kindes Rücksicht zu nehmen. Der Vormund kann ein weibliches Waisenkind zum Beispiel heiraten, notfalls mit Gewalt und Erpressung, um sich dessen Erbteil zu sichern. Oder – vor allem, wenn das Mädchen häßlich ist – er kann einfach abwarten, bis es stirbt, um dann das Erbe an sich zu nehmen. Auf jeden Fall kann er eine Heirat der Schutzbefohlenen verhindern, damit das Vermögen des Kindes nicht in fremde Hände gerät. Mohammed will dieser unwürdigen und unmenschlichen Praxis ein Ende setzen. Der Koran stellt ihr in der vierten Sure (»Die Frauen«) gleich im zweiten Vers einen klar formulierten Grundsatz zugunsten der Waisen entgegen: »*Und gebt den Waisen ihr Gut und tauscht nicht euer Schlechtes mit ihrem Guten ein und fresset nicht ihr Gut zu dem euren hinzu; siehe, das ist ein großes Verbrechen.«* (4, 2).

Die arabischen Traditionalisten leisten erbitterten Widerstand gegen die Überwindung des traditionellen Denkens, die vom Propheten erwartet wird. Ihre Taktik reicht von der passiven Nichtbeachtung der Bestimmungen bis zur aktiven Umdeutung des Koran. Wenn es zum Beispiel heißt: *»Gebet den Unvernünftigen das Vermögen, das Allah euch (zu ihrem Unterhalt) gegeben hat, nicht in die Hände.«* (4, 4) – dann interpretieren sie »die Unvernünftigen« als »Frauen und kleine Kinder«. Damit aber ist unterstellt, daß nach dem Willen der Offenbarung weder die Frauen noch die Waisen über ihr Erbe verfügen dürfen. Jahrhundertelang wird über die Auslegungsfragen gestritten – und währenddessen können die Männer verfahren wie eh und je.

Ähnlich bleibt auch in der Frage der Sklaverei eine Kluft zwischen religiöser Empfehlung des

SKLAVENERNTE

Propheten und ihrer Interpretation auf der einen Seite und der gesellschaftlichen Wirklichkeit auf der anderen. Der Koran empfiehlt die freundliche Behandlung der Sklaven und an einigen Stellen auch ihre Freilassung. Die Freilassung eines Sklaven kann sogar als Wiedergutmachung auferlegt werden (58, 3), wenngleich die Sklaverei keineswegs grundsätzlich verboten wird. Der Sklave hat Rechte und Pflichten: Muslimische Sklaven müssen und dürfen ihre religiösen Pflichten wahrnehmen, sollen den gleichen Geboten und Verboten folgen wie ein freier Muslim. Sie gelten zwar als nicht voll rechtsfähig, dürfen mit Zustimmung ihrer Besitzer jedoch bis zu zwei Frauen heiraten. Sexuelle Beziehungen und die Ehe zwischen Freien und Sklaven sind erlaubt, Kinder von Herren mit einer Sklavin sind frei und haben die gleichen Rechte wie die anderen Kinder. Zum Freitagsgebet, zur Wallfahrt nach Mekka und zur Teilnahme am Heiligen Krieg sind Sklaven nicht verpflichtet beziehungsweise nicht zugelassen. Ein Recht auf

74 Die Wallfahrt nach Mekka – ob zu Schiff oder auf dem Landweg – ist einer der fünf Grundpfeiler des Islam und, wie jede Wallfahrt, ein nicht unbedeutender Wirtschaftsfaktor.

Eigentum und Vermögensbildung haben sie nicht und können deshalb auch nichts vererben.

Trotz aller Mahnungen des Koran hält sich aber kaum jemand an die Empfehlungen des Propheten – zu sehr sind die Sklaven in der islamischen Welt ein grundlegender Wirtschaftsfaktor, vergleichbar etwa mit Rom und später mit den Vereinigten Staaten von Amerika im 18. und 19. Jahrhundert. Man ging sogar regelrecht auf Sklavenjagd oder »Sklavenernte«. Erst im Laufe des 19. Jahrhunderts wird in mehreren islamischen Staaten auf politischen Druck hin die Sklaverei offiziell abgeschafft.

FRIEDEN MIT MEKKA

Nach dem Sieg im Grabenkrieg und der Abrechnung mit den jüdischen Gegnern sinnt Mohammed darauf, das Verhältnis zu seiner Vaterstadt Mekka zu klären. Die Klugheit und Mäßigung, mit der der Prophet hier sein Ziel angeht, sollte als Vorbild in die Geschichte des Islam eingehen.

Im April 628 bricht Mohammed in Begleitung von 1500 Gläubigen zu einer Wallfahrt nach Mekka auf. Da die Qurayshiten die Zugänge zur Heiligen Stadt versperrt und besetzt haben, kommt der Zug bei der Oase Hudaibia zum Stehen. Die Muslime verlangen von Mohammed, daß er zur Schlacht aufruft und Beute machen läßt. Mohammed aber verhandelt und unterschreibt einen Vertrag, in dem festgelegt wird, daß die Muslime umkehren und erst im nächsten Jahr wiederkommen. Für den Propheten ist es schwierig, diesen Vertrag gegenüber seinen Leuten zu begründen. Sie halten den Rückzug für Schwäche und sind erzürnt wegen der entgangenen Beute: der ganze Aufwand eines Wüstenzuges und dann nicht einmal Beute. Mohammed aber weiß, daß er am Ende siegen wird. Diese Gewißheit spiegelt sich auch im Koran: »*Siehe, wir haben dir einen offenkundigen Sieg gegeben. Zum Zeichen, daß Allah dir deine früheren und späteren Sünden vergibt und seine Gnade an dir erfüllt und dich auf einem rechten Pfad leitet. Und daß Allah dir mit mächtiger Hilfe hilft. Er ist es, der die ›Ruhe‹ [die Gegenwart der göttlichen Vorsehung] in die Herzen der Gläubigen hinabgesandt hat, damit sie zunehmen an Glauben zu ihrem Glauben – und Allahs sind die Heere der Himmel und der Erde, und Allah ist wissend und weise. Auf daß er die Gläubigen, Männer und Frauen, einführe in Gärten, durchzogen von Bächen, ewig darin zu verweilen, und ihre Missetaten zuzudecken. Und dies ist bei Allah eine große Glückseligkeit ...*« (48, 1–5). »*Wahrlich, Allah hatte Wohlgefallen an den Gläubigen, als sie unter dem Baum* [der Oase Hudaibia] *den Treueid schworen; und er wußte, was in ihren Herzen war, und er sandte die ›Ruhe‹ auf sie hinab und belohnte sie mit nahem Sieg und reicher Beute, die sie machten. Und Allah ist mächtig und weise.*« (48, 18f.)

Mohammed verbreitet überall, bei allen Stämmen der Wüste, daß er sich durch den Vertrag von Hudaibia mit den Quraysh ausgesöhnt habe und im nächsten Jahr der Stadt Mekka einen »frommen Besuch« abstatten und zum Heiligen Stein pilgern werde.

Der Text des Vertrags wird so überliefert: Dies sind die Bedingungen, unter denen Mohammed, der Sohn 'Abdallahs, mit Suhail, dem Sohn 'Amrs, dem Vertreter der Quraysh, Frieden schließt: Zehn Jahre lang soll zwischen den beiden kein Krieg geführt werden. Während dieser Zeit sollen die Anführer beider Parteien voreinander sicher sein. Sie dürfen nicht gegeneinander kämpfen. Wenn jemand von den Quraysh zu Mohammed überläuft, so ist Mohammed verpflichtet, ihn den Quraysh auszuliefern. Wenn aber umgekehrt ein Anhänger Mohammeds zu den Quraysh überläuft, so sind diese nicht verpflichtet, ihn auszuliefern. Es soll aber zwischen beiden ein aufrichtiges Einverständnis bestehen, das Raub und Diebstahl ausschließt. Den Stämmen des Landes soll es auch frei überlassen sein, mit Mohammed oder mit den Quraysh ein Bündnis zu schließen. Dieses Jahr darf Mohammed weder das heilige Gebiet noch die Stadt Mekka betreten. Im nächsten Jahr darf Mohammed mit den Seinen unbewaffnet nach Mekka kommen, um dort in Abwesenheit der Quraysh sein Gebet zu verrichten.

Der Verhandlungsführer der Mekkaner, Suhail, ist mit Recht davon überzeugt, daß er mit diesem Vertrag über Mohammed triumphiert hat. Mohammed aber weiß, daß er damit den entscheidenden Schritt zur Rückgewinnung seiner Heimatstadt getan hat. Als das vereinbarte Jahr vergangen ist, bricht der Prophet von neuem auf, um seiner Vaterstadt den vertraglich vereinbarten frommen Besuch abzustatten. Im März 629 reitet er in Mekka ein, während die Quraysh vertragsgemäß die Stadt verlassen haben. Er verzichtet wiederum darauf, die Stadt kriegerisch zu überfallen und zu erobern. Er geht zur Ka'ba, besucht den Heiligen Stein und befolgt die alten Bräuche der Araber. Die Kunde dieses Auftritts in Mekka verbreitet sich rasch in der Wüste und erreicht auch die Quraysh. Dadurch erreicht Mohammed, daß er nicht mehr als Rebell gilt, sondern als frommer, der Stadt wohlgesonnener Pilger.

Im Januar 630 reitet Mohammed wieder nach Mekka, jetzt mit einem Heer von zehntausend Mann. Die Truppe zieht nicht auf der großen Karawanenstraße. Der Zug soll so unbemerkt wie möglich bleiben.

Die überraschten Mekkaner sind
verwirrt. Sie wissen nicht, was

FREUNDLICHE ÜBERNAHME

Mohammed plant. Sie befürchten immer noch den großen Rachefeldzug, die Revanche des Propheten für die Vertreibung, die Bedrohung und die Demütigung. Mohammeds alter Gegenspieler, Abu Sufyan, reitet ihm jedoch auf einem Esel entgegen, läßt sich gefangennehmen und führt unter demütigenden Bedingungen Kapitulationsverhandlungen. Der Mekkaner schwört dabei den vielen Göttern der arabischen Religion ab.

Den Berichten nach wird Abu Sufyan in einem derben, demütigenden Spiel gezwungen, sich endlich zum Islam zu bekehren (eine Demütigung des Abu Sufyan durch Mohammed wird allerdings von einigen späteren Geschichtsschreibern bestritten). Bei der Bekehrung übernimmt ʾUmar ibn al-Khattab die Rolle der treibenden Kraft, jener ʾUmar, der nach Mohammeds Tod sein zweiter Nachfolger als Khalif (634–644) werden soll und jetzt bei der Eroberung Mekkas Mohammeds engster Berater, aber auch sein Widerpart ist. Ein Biograph berichtet: »... *faßte ʾUmar den vornehmen Quraysh beim Kragen, schleppte ihn zu Mohammed und schrie: ›O du Gesandter Gottes, hier ist Abu Sufyan, der, von keinem Vertrag geschützt, durch Allah in unsere Gewalt fiel. Erlaube mir, daß ich ihm den Hals abschneide.‹ ʾUmar war sehr verwundert, daß Mohammed hiermit gar keine Eile hatte. Im Gegenteil, er befahl, Abu Sufyan in Gewahrsam zu nehmen und ihn am nächsten Tag wieder vorzuführen ... Als er wieder vor dem Propheten erschien, empfing ihn dieser mit den Worten: ›Wehe dir, Abu Sufyan, siehst du nicht ein, daß es keinen Gott gibt außer Allah?‹ Und der stolze ʾUmayya* [die Sippe, zu der Abu Sufyan gehört und die später die Dynastie der ʾUmayyaden errichtet] *fiel Mohammed zu Füßen und rief: ›O Mohammed, du bist mir teurer als mein Vater und meine Mutter. Wie mild, wie zart, wie edel bist du. Ich glaube wirklich, daß Allah der einzige Gott ist, denn sonst würden die anderen Götter wenigstens etwas nützen.‹ – ›Wehe dir, Abu Sufyan‹, rief darauf Mohammed, ›erkennst du nicht, daß ich der Gesandte Gottes bin?‹ Das war aber*

für den alten Abu Sufyan entschieden zu viel. Jetzt sollte er auch noch den Propheten öffentlich anerkennen. Abermals sank der 'Umayya in die Knie und sprach: ›O Mohammed, du bist mir teurer als alles, was ich besitze, ich liebe dich mehr als Vater und Mutter, aber was dein Prophetentum betrifft, so birgt mein Inneres noch einiges Widerstreben.‹ In anderen Zeiten hätte sich Mohammed zu Abu Sufyan geneigt, hätte ihn aufgehoben und ihn geduldig zu überreden begonnen. Jetzt schwieg er. Dagegen ruft 'Umar, der neben dem Propheten stand: ›Es gibt kein besseres Argument als das Schwert, um halsstarrige Ungläubige zu überzeugen. Darauf zog er sein Schwert aus der Scheide, wandte sich zu Abu Sufyan und sagte: ›Gestehe augenblicklich die Wahrheit, oder ich trenne dir den Kopf vom Rumpf.‹ Da beugte sich Abu Sufyan nieder, bekannte sich zum Islam und sagte die Glaubensformel: ›ashadu an la illah ila Allah. Ashadu anna Muhammadan Rasul Allah‹ [›Ich bezeuge, daß es keinen Gott gibt außer Allah. Ich bezeuge, daß Mohammed der Gesandte Gottes ist‹]. So bekannte sich Abu Sufyan zum Islam, ohne zu ahnen, daß sein Sohn der fünfte Khalif des Islam werden sollte.«

Wie ein Satyrspiel nach der Tragödie mutet die Erzählung an, daß Hind, die Ehefrau des Abu Sufyan, nach dessen Unterwerfung ihren Mann in der Versammlung beim Bart genommen und geschrien habe: »*Erschlagt diesen schmutzigen, unbrauchbaren Schlauch, der uns Schande macht.*«

DAS ENDE DER GÖTTER

Nach der Kapitulationsverhandlung legt Mohammed das Gewand eines Pilgers an, besteigt eine weiße Kamelstute und zieht, begleitet von Abu Bakr (mit dem zusammen er einst aus Mekka geflohen war) in die Stadt ein. Niemand wagt, ihn daran zu hindern. Kampflos erreicht er den weiten Platz vor der Ka'ba. Er umrundet sie siebenmal, berührt mit seinem Pilgerstab siebenmal den Heiligen Stein, steigt von seinem Kamel und betet. Dann nimmt er seinen Stab und zertrümmert eigenhändig die hölzernen und steinernen Götzenstatuen, die um die Ka'ba herum aufgestellt sind:

Die Wahrheit ist gekommen, der Irrtum hat sich zerstreut. Die Muslime folgen seinem Beispiel und vernichten sogar, aus Ehrfurcht vor ihrer Heiligkeit, die Statuen von Abraham und Ismael und die der Jungfrau Maria. Dann ergreift der Prophet den goldenen Ring des Tores und verkündet eine Amnestie. Danach geht er zum Grab seiner ersten Frau, Khadidja, und betet.

Mit der Amnestie und der diplomatischen Art des friedlichen Einzugs in die Heilige Stadt hat Mohammed den entscheidenden Schritt getan, der zur Akzeptanz seines Glaubens an Allah in ganz Arabien führen wird. Der Prophet hat auf die militärische Eroberung der Stadt verzichtet, dafür aber die Herzen der arabischen Welt erobert. Er fordert nicht zum Bruch mit dem Glauben der Väter auf. Indem er die Ka'ba in das Neue integriert, umarmt er gewissermaßen die heilige Stätte der Väter. Er beläßt den Arabern ihre Pilgerfahrt zum Schwarzen Stein und stellt ihnen Allah in einer solchen Größe vor Augen, daß sogar der Verlust der Götteridole nicht schwerfällt. »*Heute habe ich euren Glauben vollendet und meine Gnade an euch erfüllt und es ist mein Wille, daß der Islam euer Glaube ist.*« (5, 5).

ALTER UND NEUER MITTELPUNKT

Mekka kann der Mittelpunkt der arabischen Welt bleiben, wie er es seit Jahrhunderten war. Und Mekka wird jetzt zugleich auch der Mittelpunkt der islamischen Welt. Für die Beduinen bleibt alles beim alten. Sie behalten ihre Ka'ba, ihre Pilgerfahrt, ihre Zeremonien, ihre Festlichkeiten und ihren großen Markt, der ja zu den wirtschaftlichen Grundlagen der Stadt und der ganzen Region gehört. So siegt der Islam über die Welt der Beduinen, so siegt die Welt der Beduinen über den Islam.

Der charismatische Prophet billigt all dieses und erklärt, daß die Sitten und Gebräuche von Mekka im Grunde auf Abraham zurückgehen und der Glaube Abrahams an den einen Gott nur für einige Zeit durch die Vielgötterei überfremdet und entartet war.

75 Der Schwarze Stein der Ka'ba war schon in vorislamischer Zeit Wallfahrtsort der Beduinen, an dem zahlreiche Götter verehrt wurden. Siebenmal umrundete Mohammed im Jahr 630 den heiligen Meteorstein, ehe er die umstehenden Götterstatuen zerstörte. Miniatur aus dem »Raudat as-Safa« des Mir Havand, Iran, um 1590.

Damit macht Mohammed ernst mit seiner Politik, die Gemeinschaft der Gläubigen höher zu stellen als das Gesetz der Sippe und das Gesetz der Rache. Im Koran wird diese Grundhaltung überliefert: »*Und wenn zwei Parteien der Gläubigen miteinander streiten, so stiftet Frieden unter ihnen; und wenn sich die eine gegen die andre vergeht, so kämpfet gegen die, welche sich verging, bis sie zu Allahs Befehl zurückkehrt. Und wenn sie zurückkehrt, so stiftet Frieden unter ihnen in Billigkeit und übt Gerechtigkeit. Siehe, Allah liebt die, die Gerechtigkeit üben.*« (49, 9).

Nach einem Hadith hat Mohammed die Muslime der Stadt versammelt und über Mekka gesagt: »*Gott hatte Mekka geheiligt am Tage, als er Himmel und Erde schuf. Diese Stadt bleibt heilig bis zum Tage der Auferstehung. Es ist keinem Gläubigen erlaubt, Blut in der Stadt zu vergießen oder einen Baum zu fällen. Es war niemandem vor mir erlaubt, und es wird niemandem nach mir erlaubt sein. Nur mir war es in dieser Stunde gestattet, als Vollstrecker des Zornes Gottes gegen die Bewohner der Stadt vorzugehen. Jetzt aber ist diese Stadt wieder geheiligt. Die Anwesenden mögen es den Abwesenden berichten. Sagt euch jemand: Mohammed habe je in Mekka Krieg geführt – so antwortet: Gott hat es seinem Gesandten erlaubt, aber nicht euch.*«

TREUE UM TREUE

Mohammed bleibt nach dem triumphalen Einzug in seine Geburtsstadt nur 14 Tage dort. Dann kehrt er nach Medina zurück. Diese Rückkehr ist ein politisches Signal: Man hatte erwartet, daß der Prophet, nun endlich in seine Heimat zurückgekehrt, dort auch bleiben werde. Er jedoch erklärt gegenüber den Ansar, seinen Getreuen in Medina:

»*Als ihr mir Treue geschworen habt, schwur auch ich, mit euch zu leben und zu sterben. Ich wäre nicht der Gesandte Gottes, wenn ich euch jetzt verlassen würde.*«

Medina bleibt also die Hauptstadt des Islam. Mohammed geht daran, die Riten und Gesetze der Religion Allahs festzulegen und

den islamischen Staat politisch und militärisch abzusichern. Er schließt Verträge mit den umliegenden Stämmen, vereinbart Steuerzahlungen (eine für Beduinenstämme völlig neue Verpflichtung) und im Gegenzug Schutzabkommen, regelt aber auch die Glaubensfreiheit der christlichen Beduinen im Süden und im Norden des muslimischen Territoriums.

Als Mohammed im Jahre 631 zur großen Wallfahrt wieder in Mekka eintrifft, ruft er die Bürger der Stadt an den Fuß des Berges Safa, dorthin, wo er schon 18 Jahre zuvor, am Beginn seiner Verkündigung, die Mekkaner versammelt hatte und auf völliges Unverständnis gestoßen war.

»Mohammed ibn 'Abd-Allah aus der Sippe Hashim bittet die Bürger, sich am Berge Safa zu versammeln, weil er ihnen Wichtiges mitzuteilen hat.«

Jetzt – bei der Wallfahrt, die schon von Abu Bakr geleitet wird und Mohammeds letzte sein soll – verkündet er das grundlegende Gesetz des Islam und hält die folgende Rede, die er in ähnlicher Form mehrfach wiederholt, damit alle Pilger und Einwohner sie hören können. Diese Rede ist von großer Bedeutung für das Verständnis des Islam. Sie sei deshalb vollständig wiedergegeben:

»Lob sei Gott. So loben wir ihn, bitten ihn um Hilfe, flehen ihn um Verzeihung an und wenden uns zu ihm. Und wir suchen Zuflucht bei Allah vor den Übeln unserer selbst und unserer schlechten Taten. Wen Allah leitet, den kann niemand irreleiten, und wen Allah irregehen läßt, für den gibt es keinen, der ihn rechtleitet. Ich bezeuge, daß es keine Gottheit außer Allah gibt – ihn allein, der keinen Gefährten hat. Sein ist das Reich, und sein ist das Lob. Er gibt das Leben und er gibt den Tod, und er ist aller Dinge mächtig. Es gibt keine Gottheit außer Allah allein. Er hat sein Versprechen erfüllt und seinem Diener Sieg verliehen und die verbündeten Gegner vernichtet. Er allein.

O ihr Leute, hört auf meine Worte. Denn ich glaube nicht, daß ich und ihr wieder in einer solchen Versammlung zusammen sein werden und daß ich nach diesem Jahr noch eine Pilgerfahrt machen werde. O ihr Leute, Allah sagt: O ihr Menschen, wahrlich, wir haben euch geschaffen aus männlich und weiblich und haben euch zu Völkerschaften und Stämmen gemacht, so daß ihr einander kennt. Wahrlich, der edelste unter euch vor Allah ist der Gottesfürchtigste von euch. Ein Araber ist nicht vorzüglicher als ein Nichtaraber, noch ein Nichtaraber vorzüglicher als ein Araber, ein Schwarzer ist nicht vorzüglicher als ein Weißer, noch ein Weißer vorzüglicher als ein Schwarzer, außer durch Frömmigkeit.

Die Menschen stammen von Adam, und Adam ist aus Staub. Wahrlich, jedes Privileg, sei es Blut oder Besitz, ist unter diesen meinen Füßen, außer der Aufsicht über die Ka'ba und dem Tränken der Pilger. O ihr Qurayshiten, bringt nicht weltliche Güter, für die ihr Verantwortung tragt, während andere das Jenseits bringen, denn ich kann bei Allah nichts für euch tun. Wahrlich, alle Dinge aus der Heidenzeit sind nun unter meinen Füßen. Die Blutrache der Heidenzeit ist aufgehoben, und die erste Blutrache, die ich aufhebe, ist das Blut Rabi'a ibn al-Hariths, der bei den Banu Sa'd aufgezogen und von den Hudhail getötet worden war. Die Wucherzinsen aus der Heidenzeit sind aufgehoben, und der erste Zins, den ich aufhebe, ist der des 'Abbas ibn 'Abd al-Muttalib. Alles das ist aufgehoben.

O ihr Leute, wahrlich euer Blut, euer Eigentum und eure Ehre sind unantastbar, bis ihr eurem Herrn gegenübersteht, ebenso wie der heutige Tag und der jetzige Monat und diese eure Stadt heilig sind. Und ihr werdet euren Herrn treffen und er wird euch über eure Taten befragen.

O ihr Leute, ihr habt ein gewisses Recht über eure Frauen, und sie haben ein gewisses Recht über euch. Sie haben euch gegenüber die Pflicht, nicht euer Bett entehren zu lassen und keine offenkundige Unmoral zu begehen. Wenn sie das tun, so hat Gott euch erlaubt, sich von ihrem Lager zu trennen und sie zu schlagen – aber nicht heftig. Und wenn sie aufhören, erhalten sie ihren Unterhalt und ihre Kleidung wie üblich.

Wahrlich, der Frau ist es nicht erlaubt, etwas vom Besitz ihres Mannes wegzugeben, außer wenn er es gestattet.

Behandelt die Frauen freundlich, denn sie sind eure Helfer und können nicht für sich selbst einstehen. Fürchtet Allah hinsichtlich der

Frauen, denn ihr habt sie genommen im Schutze Allahs und habt durch Allahs Wort legalen Verkehr mit ihnen.

O ihr Leute, Allah der Erhabene hat jedem, dem es zukommt, seinen Anteil zugeordnet, und es braucht kein Testament für einen Erben gemacht zu werden.

Das Kind gehört zum Ehebett, und der Ehebrecher ist zu steinigen. Und die Abrechnung dafür liegt bei Allah.

Wer eine andere Abstammung als seinen Vater angibt oder sich als Klienten eines anderen als seines Meisters ausgibt, auf dem ist der Fluch Allahs.

Schulden müssen bezahlt werden, Geliehenes ist zurückzugeben, Geschenke sind zu erwidern, und der Bürge hat zu zahlen.

Wahrlich, ein Verbrecher ist nur für sich verantwortlich. Ein Mensch kann nicht für das Verbrechen seines Vaters verantwortlich gemacht werden, noch der Vater für das seines Kindes.

Nichts, was dem Bruder gehört, ist einem erlaubt, es sei denn, er gäbe es gern und freiwillig. Tut euch nicht selbst Unrecht. O ihr Menschen, jeder Muslim ist der Bruder des anderen, und wahrlich, die Muslime sind Brüder. Und eure Sklaven – gebt ihnen zu essen, was ihr eßt, und kleidet sie, wie ihr euch kleidet.

Kehrt nach mir nicht zum Irrtum zurück, so daß ihr euch die Köpfe abschlagt. Wer ein Pfand hat, der soll es dem zurückgeben, der es ihm anvertraut hat.

Wenn euch ein schwarzer Sklave mit abgeschlagener Nase befiehlt und euch durch das Buch Gottes leitet, so hört auf ihn und gehorcht ihm.

O ihr Leute, es gibt keinen Propheten nach mir und keine Gemeinschaft nach euch.

Und ich habe euch etwas hinterlassen, wodurch ihr in der Folge nie mehr irregehen werdet, wenn ihr euch daran haltet: das Buch Allahs. Und hütet euch davor, in religiösen Dingen die Grenzen zu überschreiten, denn diejenigen, die vor euch waren, sind durch Überschreiten der Grenzen der Religion ins Verderben gestürzt worden.

Wahrlich, der Satan hat die Hoffnung aufgegeben, jemals in diesem eurem Lande verehrt zu werden, aber es wird eine Art von

Gehorsam ihm gegenüber geben in Dingen, die ihr für gering haltet in euren Werken, und das wird ihn befriedigen. So hütet euch vor ihm in eurer Religion.

Wahrlich, dienet eurem Herrn, betet fünfmal täglich, fastet in dem Monat [Ramadan], zahlt eure Almosensteuer auf euren Besitz mit gutem Willen, und vollzieht die Pilgerfahrt zum Hause Allahs und gehorcht den Herrschenden. So werdet ihr ins Paradies eingehen.

Wer anwesend ist, künde dies dem Abwesenden, denn gar viele, denen es mitgeteilt wird, sind aufmerksamer als die, die zuhören. Und wenn ihr über mich befragt würdet, was würdet ihr sagen?

Sie antworteten, wir bezeugen, daß du das anvertraute Gut recht gezahlt hast und die Botschaft mitgeteilt hast und uns guten Rat gegeben hast.«

GEWINNUNG DER HERZEN

Viele Mekkaner treten jetzt zum Glauben des Propheten über, immer noch mißtrauisch und auf der Hut vor Rachemaßnahmen des Mannes, den sie so schwer gekränkt haben. Mohammed aber bleibt bei seiner Strategie der »Gewinnung der Herzen«: »*Habt keine Furcht, ich bin kein König. Ich bin nur der Sohn einer einfachen Quraysh, die an der Sonne getrocknetes Fleisch aß.*«

Nachdem nun auch Mekka zur Gemeinschaft der Gläubigen gehört, regelt der Prophet alle Einzelheiten der Wallfahrten zum Schwarzen Stein: das Anlegen der Kleider, die sieben Umrundungen der Ka'ba Abrahams, die Verehrung des Schwarzen Steins, den Lauf zwischen Safa und Marwa als Erinnerung an Ismael und Hagar, das Lagern am Fuß des Berges 'Arafa, die Predigt auf dem Berg, auf dem sich der Tradition nach Adam und Eva wiedergefunden haben, die symbolische Steinigung der drei Satanssäulen mit je sieben Steinen, das Schlachtopfer von Hammeln und Kamelen. Mohammed vollzieht selbst alle diese Riten und schlachtet mit eigener Hand 63 Kamele, eines für jedes seiner Lebensjahre.

Vor allem die endgültige Überwindung der Vielgötterei ist dem Propheten wichtig. Er läßt von seinem Neffen und Schwiegersohn 'Ali die Ächtung der Götter verlesen: »*Eine Ankündigung sei von Allah und seinem Gesandten an die Menschen am Tag der großen Pilgerfahrt, daß Allah los und ledig aller Götzendiener ist, ebenso wie sein Gesandter. Und wenn ihr Buße tut, so ist es besser für euch. Kehrt ihr jedoch den Rücken, so wisset, daß ihr Allah nicht zuschanden machen könnt. Und verheiße den Ungläubigen schmerzliche Strafe. Ausgenommen sind jedoch diejenigen der Götzendiener, mit denen ihr einen Vertrag geschlossen habt und die es hernach in nichts fehlen ließen und noch keinem wider euch beistanden. Ihnen gegenüber müßt ihr den Vertrag bis zu der ihnen bewilligten Frist halten. Siehe, Allah liebt die Gottesfürchtigen. Sind aber die heiligen Monate verflossen, so erschlagt die Götzendiener, wo ihr sie findet, und packet sie und belagert sie und lauert ihnen auf in jedem Hinterhalt. Wenn sie jedoch bereuen und das Gebet verrichten und die Armensteuer bezahlen, so laßt sie ihres Weges ziehen. Siehe, Allah ist verzeihend und barmherzig. Und wenn einer der Götzendiener dich um Zuflucht angeht, so gewähre ihm Zuflucht, auf daß er Allahs Wort vernimmt. Alsdann laß ihn die Stätte seiner Sicherheit erreichen. Dies, weil sie ein unwissend Volk sind.*« (9, 3–6).

TOD IN MEDINA

Als der Prophet von der Pilgerfahrt nach Mekka zurückgekehrt ist, weiß er, daß dies seine letzte Pilgerreise war. Fieber und Kopfschmerz befallen ihn. Für alle Umstehenden erkennbar, lassen seine Kräfte rasch nach. Er muß Abu Bakr bitten, die täglichen Gebete an seiner Stelle zu leiten. Es ist ihm klar, daß er nur noch wenige Tage zu leben hat.

Er geht noch einmal, gestützt von einem Sklaven, zum Friedhof von Medina. Es ist Mitternacht. Er will Abschied nehmen von seinen toten Kampfgefährten und betet für sie alle, die seine Weggefährten waren und die ihm in den Tod vorangegangen sind:

»*Freut euch, ihr Bewohner des Grabes, friedlicher ist der Morgen, zu dem ihr erwachen werdet, als der, welcher die Lebenden erwartet.*«

Ein noch deutlicheres Zeichen für das Nahen des Todes und sein Vorahnung ist der Abschied von seinen Frauen. Er läßt sie alle rufen und spricht mit jeder, hat für jede ein freundliches Wort. Dann aber bittet er sie um Verständnis, daß er nicht, wie gewöhnlich, die Nächte der Reihe nach in den verschiedenen Räumen der Frauen verbringt, sondern bei 'A'isha bleiben möchte. 'A'isha pflegt ihn, kühlt seine Stirn, benetzt seinen fiebrigen Mund und streichelt ihn mit sanfter Hand. Auch die Tochter Fatima erscheint. Ihr flüstert der Sterbende ebenfalls einige Worte zu. Am Tag seines Todes läßt sich Mohammed in eine Badewanne legen und befiehlt, ihn aus sieben Schläuchen reichlich mit Wasser zu begießen. Dann läßt er sich ein letztes Mal in die Moschee tragen und verkündet noch einmal seine drei großen Anliegen: »*Vertreibt alle Götzendiener aus Arabien. Gebt allen Neubekehrten die gleichen Rechte wie euch selbst. Betet unablässig.*« Dann fragt er in die Menge: »*Muslime, ist unter euch jemand, den ich beleidigt habe?*« Da steht ein Mann auf und sagt, er habe dem Propheten einmal drei Silberstücke geliehen, sie aber nie zurückbekommen. Sofort zahlt Mohammed die Silberstücke zurück: »*Es ist besser, in dieser Welt zu erröten als im Jenseits.*«

Wieder in seiner Hütte, wird er ohnmächtig. Als er zu sich kommt, befiehlt er, alle seine Sklaven freizulassen und alles Geld, das sich in seinem Hause findet, unter die Armen zu verteilen. Den Kopf in 'A'ishas Schoß gebettet, stirbt Mohammed ibn 'Abd-Allah am 8. Juni 632.

Die Trauer über seinen Tod ist über alle Maßen groß. Viele hatten geglaubt, der Prophet werde nie sterben. Viele denken, sein Tod sei zugleich der Zusammenbruch des Islam, zumal Mohammed keine Nachfolgeregelung getroffen hat.

In diesem Augenblick aber tritt Abu Bakr auf den Plan. Er bringt auf eine griffige Formel, was jetzt zu sagen ist: »*Die an Mohammed geglaubt haben, mögen wissen – Mohammed ist tot. Wer aber an Mohammeds Gott glaubte, der wisse – Gott lebt und wird nimmer sterben.*«

Damit hat Abu Bakr den Islam losgelöst vom irdischen Schicksal des Propheten und in die offene Zukunft einer neuen Religion
geführt. Er, Abu Bakr, ist jetzt der erste Stellvertreter, der Khalif des
Gesandten Allahs, der Schatten Allahs auf Erden, der Beherrscher
der Gläubigen.

76 (Linke Seite)
Buraq, die legen-
denumwobene
heilige Stute mit
dem Menschen-
haupt, geleitet
Mohammed
bereits zu seinen
Lebzeiten ins
Paradies.
Miniatur
von 1436.

77 Die al-Azhar-
Moschee in Kairo,
972 von den Fati-
miden gegründet,
ist führendes
religiöses Zen-
trum der Sun-
niten wie auch
Hochschule für
Theologie und
islamisches
Recht.

Mohammed wird an der Stelle begraben, an der er gestorben ist, seine Hütte wird Bestandteil einer Moschee.

TRAUER

Das Volk von Medina ist tief beunruhigt und verstört über den Tod des Propheten. Mohammed wird nicht nur geachtet. Er wird geliebt. Und diese liebende Verehrung hat sich über die Jahrhunderte hinweg bis heute erhalten. Annemarie Schimmel berichtet in ihrem Buch über die Verehrung des Propheten in der islamischen Frömmigkeit: »Der frühere Rektor der al-Azhar-Moschee in Kairo, Scheich Mustafa al-Maraghi, sagte vor vielen Jahren einmal zu dem anglikanischen Bischof in Ägypten, das größte Ärgernis, das die Christen bei ihren muslimischen Freunden erregen, ohne es eigentlich zu wissen, entstünde daraus, daß es ihnen völlig am Verständnis für die Verehrung mangele, die der Prophet Muhammad im Leben der Muslime genieße.« Schimmel zitiert auch einen Islam-Kundler, der feststellt: »Die Muslime werden Angriffe auf Allah gestatten – es gibt atheistische Veröffentlichungen und rationalistische Gesellschaften –, aber eine Schmähung Muhammads wird selbst in den liberalsten Teilen der Gemeinschaft einen Fanatismus von glühender Intensität hervorrufen.«

Der Prophet als Vaterfigur, als Medium der Offenbarung, als Träger der entscheidenden Weisheiten gibt über seinen Tod hinaus allen Gläubigen die Erfahrung von Sinn. Und die Gemeinschaft der Gläubigen bedeutet für jedes einzelne Mitglied Identität und Sicherheit. Auch dies gehört zum Weg des Islam durch die Geschichte.

DER SCHNELLE SIEGESZUG

Wenn man bedenkt, wie am Anfang der christlichen Predigt die Ausbreitung des Christentums viele Jahrhunderte in Anspruch nahm, um in vielen Ländern von vielen Menschen anerkannt zu werden, ist die Ausbreitung des Islam durch die Eroberungen in den ersten Jahrzehnten nach Mohammeds Tod überraschend und wird von vielen Gläubigen als Wunder gewertet.

Nur 25 Jahre nach Mohammeds Tod gehören Syrien, Ägypten und Nordafrika bis hin zu Marokko sowie darüber hinaus Persien und Mesopotamien zum Islam. Hundert Jahre nach seinem Tod sind Spanien und Südfrankreich erobert. Muslimische Truppen stehen in Zentralasien, im Indus-Tal, dem heutigen Pakistan und in Transoxanien, dem heutigen Buchara und Samarkand. Kann die innere Kraft des Islam ausreichen, diese gewaltige und schnelle Ausbreitung zu bewältigen?

Diese militärischen Erfolge sind spektakulär. Die Nachfolger Mohammeds wissen, daß eine Gesellschaft, deren wirtschaftliche Grundlage in kriegerischen Beutezügen besteht, sich in dem Augenblick nach außen wenden muß, in dem nach innen friedliche Ordnung herrscht und das Verbot gilt, gegen den Glaubensbruder kriegerisch vorzugehen, ihn zu überfallen und seine bewegliche Habe als Beute abzuführen. Die Völker am Rande der arabischen Welt sind deshalb jetzt die Ziele militärischer Expeditionen und eine neu erschlossene Quelle des Reichtums. Die politischen Kräfte im Persischen und im Byzantinischen Reich zeigen erste Anzeichen von Erschlaffung. Byzanz ist auch in religiöser Hinsicht geschwächt durch die dogmatischen Auseinandersetzungen um das Wesen der Person Jesu – ob er Mensch oder Gott oder beides zugleich sei. Die hochmotivierten muslimischen Truppen finden keine ebenbürtigen Gegner. Ihre religiöse Begeisterung wird durch die reiche Beute gestützt. Der Erfolg erscheint ihnen aber auch als Zeichen für den Beistand Allahs, der sich gewissermaßen als der stärkere Gott erweist. Die Bevölkerung der eroberten Gebiete empfindet die neuen Herren oft auch als Befreier von despotischen Unterdrückern. Daß die Muslime eine historisch neue Offenbarung bringen, die die alten Offenbarungen ablöst oder ergänzt, gibt Juden und Christen, aber auch den anderen, zum Teil hellenistischen Göttervorstellungen durchaus das Gefühl von geschichtlicher Kontinuität. Für viele Juden und Christen ist Mohammed das »Siegel der Propheten«, der letzte in der Kette nach Abraham, Moses und Jesus.

NORDAMERIKA

Montreal

Chicago
Salt Lake City   New York

San Francisco

Mexico City

ATLANTIK

O°   Äquator

PAZIFIK

SÜDAMERIKA

La Paz

Rio de Janeiro

Santiago de Chile   Buenos Aires

Helsin

Berlin
London
Paris   EUROP

Madrid Rom
Ather
Rabat

Tripolis

AFRIKA

Lagos

Kinshasa

Johannesbu

Das hauptsächliche Verbreitungsgebiet des Islam

skau

Novosibirsk

Almaty

Ulaan Baatar

Wladiwostok

A S I E N

Beijing (Peking)

rusalem

Tehran

New Delhi

Lhasa

Tokyo

Mekka

Hongkong

Hanoi

PAZIFIK

Yangon

Manila

ddis Abeba

Äquator

0°

Nairobi

Jakarta

INDISCHER OZEAN

Darwin

A U S T R A L I E N

Perth

Canberra

Melbourne

Wellington

JESUS UND MARIA

Bis kurz vor seinem Tode hat Mohammed eine positive Grundeinstellung zu Jesus und den Christen. Erst in den letzten Jahren verändert sich das Verhältnis zum Christentum, wahrscheinlich aus politischen Gründen beim Vordringen des Islam nach Syrien. Die Hochschätzung der Person Jesu durch Mohammed aber scheint davon nicht betroffen zu sein. Die frühen Begegnungen mit christlichen Mönchen hatten Mohammed Respekt vor der Spiritualität der Anhänger Jesu gelehrt. Anders als von den Juden, fühlte sich der Prophet durch die Figur des Jesus auch nicht bedroht.

Die Kenntnis der historischen Gestalt des Jesus von Nazareth war im Arabien des 7. Jahrhunderts sicher sehr begrenzt. Mohammed zählt Jesus zu den großen Propheten, die ihm, Mohammed, vorangingen.

»Und wir ließen nach ihnen [den Propheten der Kinder Israels] *Jesus, den Sohn der Maria, folgen, damit er bestätige, was von ihm von der Thora vor ihm da war. Und wir gaben ihm das Evangelium, das Rechtleitung und Licht enthält.«* (5, 50)

Der Koran hat also die Vorstellung, daß durch Allahs Handeln Jesus in der Kette der Propheten den jüdischen Propheten folgen konnte und zugleich der Vorläufer Mohammeds war, der schon in der Bibel angekündigt wurde: »*Als Jesus, der Sohn der Maria, sagte: Ihr Kinder Israels, ich bin von Gott an euch gesandt, um zu bestätigen, was von der Thora vor mir da war, und einen Gesandten mit einem hochgelobten Namen zu verkünden, der nach mir kommen wird.«* (61, 6)

Folgerichtig ist für Muslime der Koran auch nicht das erste geoffenbarte Buch. Der Koran kennt die »Blätter Abrahams« und Moses, den Psalter Davids, die Thora der Juden und das Evangelium Jesu. Und Allah war es, der Jesus die Schrift, die Weisheit, die Thora und das Evangelium lehrte.

Deshalb ist Jesus für den Koran nicht nur einer der großen Propheten wie Adam, Noah, Moses und Abraham. Er ist mehr: einer der großen Gesandten Allahs. Der Koran nennt ihn in der Erzählung über die Verkündigung der Engel an Maria »Wort Gottes«: »*O Maria, siehe, Allah verkündet dir ein Wort von ihm. Sein Name ist der Messias Jesus, der Sohn der Maria, angesehen hier und im Jenseits als einer, der Allah nahe ist.*« (3, 40).

Auch als Prophet und Gesandter Gottes ist Jesus für Mohammed aber ein gewöhnlicher Mensch, der Speisen zu sich nahm und sich nicht zu schade war, Gottes Diener zu sein. Eine Gottessohnschaft Jesu wird also abgelehnt:» *O, ihr Leute des Buches, übertreibt nicht in eurer Religion und sagt über Gott nur die Wahrheit. Christus Jesus, der Sohn Marias, ist doch nur der Gesandte Gottes und sein Wort, das er zu Maria hinüberbrachte, und ein Geist von ihm.*« (4, 169).

Dies ist vor allem eine Aussage über Allah. Nach Mohammeds Auffassung hat Allah keinen Sohn – Allah selbst ist nicht gezeugt worden und hat nie gezeugt. Aber Jesus ist Messias, ein Ehrentitel, der ihm zukommt, weil er mit dem Segen Gottes gesalbt wurde, durch den Engel Gabriel von der Berührung des Satans verschont blieb, sündenfrei war, jungfräulich empfangen und zum Propheten gesalbt wurde und Kranke geheilt hat.

Gleichwohl bleibt das Verhältnis des Islam zum Christentum ambivalent. Mohammed teilt nicht die christliche Dogmatik, die in seinen Augen mit der Dreifaltigkeitslehre den Monotheismus in Frage stellt. Die Lehre von der Dreifaltigkeit versteht er als Vielgötterei: »*Ungläubig sind diejenigen, die sagen: Gott ist einer von dreien. Es gibt keinen Gott außer einem einzigen Gott.*« (5, 77). »*Der Christus Jesus ist nur der Gesandte Gottes und sein Wort, das er der Maria eingegeben hat, und Geist von ihm. Darum glaubt an Gott und seinen Gesandten und sagt nicht drei! Gott ist nur ein einziger Gott. Gepriesen sei er.*« (5, 169).

Dagegen wird die Geschichte von der Jungfrau Maria in den Koran integriert. Ihr wird eine ganze Sure mit 98 Versen gewidmet. Mohammed nennt den Vater der Jungfrau 'Imran. Maria und Elisabeth hält er für Schwestern, er erzählt die Geschichte von der jungfräulichen Empfängnis und Geburt und überträgt sie in die Wüstenkultur Arabiens: »*So empfing sie den Sohn und zog sich in ihrer Schwangerschaft mit ihm zurück an einen entlegenen Ort. Und eines*

Tages befielen sie die Wehen der Geburt am Stamm einer Palme. Da sagte sie: O, wäre ich doch längst tot und vergessen. Da rief eine Stimme: Sei nicht traurig. Schon hat dein Herr zu deinen Füßen ein Bächlein fließen lassen. Und schüttle nur den Stamm der Palme, und es werden Datteln genug auf dich herabfallen. Iß und trink und erheitere dein Auge ...« (19, 22–26).

Für den Koran ist Maria ein »Zeichen für die Menschheit«, an dem man das Handeln Gottes ablesen kann. Maria wird so zum Vorbild des Menschen, der zum Glauben und zum Gehorsam bereit ist. Natürlich ist Maria für Mohammed nicht die Gottes-

78 Das fünf-
malige tägliche
Gebet mit der
rituellen Nieder-
werfung in Rich-
tung Mekka ist
eine weiterer
Grundpfeiler des
Islam. Kolorierte
Fotografie.

mutter – weil Jesus nicht der Sohn Gottes ist. Daraus folgt dann
auch eine kritische Einstellung zu den dogmatischen Sätzen der
katholischen Theologie über Maria.

DIE FÜNF GRUNDPFEILER

Mohammed hatte zwar von sich
aus keinen Nachfolger bestimmt –
vielleicht im Vertrauen auf die Autorität und Klugheit seiner nächsten Umgebung, vielleicht auch im Vertrauen auf die Klarheit und
Einfachheit der von ihm formulierten Grundlagen, aus denen die

fünf Grundpfeiler des Islam hervorwuchsen. Diese sind klar überschaubar:

1. Das Glaubensbekenntnis: »*Außer Allah gibt es keinen Gott, und Mohammed ist sein Prophet.*«

2. Das tägliche Gebet: Fünfmal am Tag ist es nach genauen Vorschriften und mit vorhergehenden Waschungen zu verrichten.

3. Das Fasten im Monat Ramadan: Von Sonnenaufgang bis Sonnenuntergang sind die Aufnahme von Nahrungs- und Genußmitteln und der Geschlechtsverkehr untersagt.

4. Die Abgabe einer Armensteuer.

5. Die Wallfahrt nach Mekka und zum Grab des Propheten nach Medina.

Der klaren Formulierung der religiösen Pflichten entspricht die klare Formulierung der Glaubensinhalte: »*O, ihr Gläubigen, glaubt an Allah und seinen Gesandten und an das Buch, das er seinem Gesandten geschickt hat, und an die Schrift, welche er früher schon offenbart hat. Wer aber nicht glaubt und an Allah und seine Engel, an die Schriften und seine Gesandten und an den Jüngsten Tag, der ist einem großen Irrtum verfallen.*« (4, 135).

NÄHER ALS DIE HALSSCHLAGADER

Insbesondere gegenüber den polytheistischen Vorstellungen der vorislamischen Zeit wird die Transzendenz Gottes hervorgehoben. Die Einzigartigkeit und Unvergleichlichkeit des einzig Absoluten wird in überschwenglichen Charakterisierungen gefeiert: Gott als der einzig Notwendige und Absolute, der Allerhöchste, der Wunderbare, der Lobenswürdige, der Erhabene, der Heilige, der Lebendige, der Ewige, der Schöpfer, der Allmächtige, der Richter, der Gnädige, der Barmherzige, der Bewahrer und Beschützer, der Gerechte, der Sanftmütige, der Huldvolle, der Erste und Letzte, der Sichtbare und der Verborgene, der alles Sein gibt und zu dem alles Seiende zurückkehrt.

Wie in der christlichen Theologie kennt die islamische Gottesvorstellung aber auch die mystische Präsenz Gottes, der dem
Menschen »*näher als die Halsschlagader*« ist (50, 16). Die islamische
Mystik hat deshalb eine besondere Bedeutung, wann immer es
darum geht, zu eng gewordene Vorstellungen über Gott oder über
das Recht oder das Verhältnis zu anderen Religionen auszuweiten
und dogmatische Versteinerungen wieder zu verlebendigen. Der
Mystiker al-Halladj, der 969 wegen der Gefährlichkeit seiner Lehre
hingerichtet wurde, soll gesagt haben: »*Wisse, daß Judentum und
Christentum und andere Religionen nur verschiedene Beinamen und
unterschiedliche Namen sind; aber das, was damit bezweckt wird,
ändert sich nicht und ist nicht verschieden. Ich dachte ernsthaft
nach: Was sind Religionen? Und fand: ein Wurzelgrund mit man-
nigfachen Zweigen ... Glaube und Unglaube unterscheiden sich im
Hinblick auf den Namen; aber im Hinblick auf die Wirklichkeit gibt
es keinen Unterschied zwischen ihnen.*«

Sicher entspricht das Denken dieses Mystikers nicht den mehr-
heitlichen theologischen Auffassungen in der Geschichte des
Islam. Es ist aber ein Hinweis darauf, daß der Islam die ganze
Spannbreite zwischen einer strengen Orthodoxie und einer un-
dogmatischen Öffnung der Grenzen ausgebildet hat. Und genau
diese Öffnung ermöglicht es, die Stellung des Islam innerhalb
weltoffener Gesellschaften und im Verhältnis zu den anderen
Religionen zu bestimmen.

Der Koran regelt das Zusammenleben der Muslime mit Angehörigen anderer Religionen auf der Basis des Satzes: »*Es gibt keinen
Zwang in der Religion*« (2, 257). Dennoch wendet sich der frühe
Islam – wie der heutige und wie im Grunde, wenn auch weniger
strikt, das Christentum auch – gegen jede Art von Säkularisierung
und auch gegen jedes Aufgehen in einer religiösen und weltan-
schaulichen Pluralität. Gerade weil der Islam sich am Anfang seiner
Geschichte sehr schnell ausbreitete, brauchte er geistige Geschlos-
senheit und den Anspruch, auch für andere verbindlich zu sein, vor
allem für die unmittelbare Nachbarschaft. Das eigene Selbstbewußtsein erforderte, daß auch andere für richtig hielten, was man

selbst für gut oder böse, erlaubt oder verboten, rechtmäßig oder verwerflich hielt. Natürlich gehörte dazu auch, daß man fremde Überzeugungen und Glaubenseinstellungen verurteilte, erst recht, wenn man selber überzeugt war, Träger einer einzig gültigen Offenbarung zu sein. Zu diesem Verhaltensmuster gehört auch der Glaube, daß jeder von sich aus verstockt ist oder gar von Gott verstockt gemacht worden ist, der nicht dem Islam gegenüber Gehorsam zeigt: »*Denen, die ungläubig sind, ist es gleich, ob du sie warnst oder nicht warnst: Sie glauben nicht. Versiegelt hat Gott ihre Herzen und ihr Gehör; über ihrem Augenlicht liegt eine Hülle. Sie bekommen eine gewaltige Strafe.*« (2, 6). »*Ihre Herzen sind krank, und Allah ver-*

mehrt ihre Krankheit und für sie gibt es schwere Strafen wegen ihrer Lügen.« (2, 9).

Ganz ähnliche Gedanken kennen auch die christlichen Evangelien, etwa wenn es bei Markus (4, 11f.) heißt, daß zu »denen draußen« nur in Gleichnissen geredet wird, »damit sie mit den Augen sehen und doch nicht sehen, mit den Ohren hören und doch nicht verstehen, auf daß sie ja nicht sich bekehren und Vergebung finden.«

Auch im Römerbrief des Paulus findet sich dieser Gedanke, und zwar unter Anspielung auf den Propheten Jesaja: »Was Israel erstrebt hat, das hat es nicht erreicht. Der erwählte Rest aber hat es erreicht. Die übrigen wurden verstockt. So steht es ja geschrieben: Gott gab ihnen einen Geist der Betäubung, Augen, daß sie nicht sehen, Ohren, daß sie nicht hören bis auf den heutigen Tag.«

EIN GLAUBE UND VIELE WEGE

Trotz dieser grundsätzlichen Eindeutigkeit hat es im Islam Entwicklungen zu einer Art von Pluralismus gegeben. Die ursprüngliche Einigkeit hat sich durch Diskussion, Interpretation und Ausweitung in neue Kulturen geteilt – im Islam wie im Judentum und im Christentum. Die wachsenden Unterschiede zeigen sich in den Riten, der Lehre und den Lebensformen der verschiedenen Glaubensgemeinschaften innerhalb des Islam, aber auch im Verhältnis zu anderen Religionen. Zu diesem Prozeß gehörten Glaubenskrieg und Exkommunikation, Bannstrahl und Verfolgung, aber auch Toleranz und Gesprächsbereitschaft.

Zur Zeit des Khalifen 'Ali (656–661), also im dritten Jahrzehnt nach Mohammeds Tod, teilte sich die Gefolgschaft Mohammeds zum ersten Mal. Man kann auch von Schisma oder Spaltung sprechen. 'Ali, der Weggefährte Mohammeds, fand in Mu'awiyya (oder 'Umayya) einen Kontrahenten, der zunächst 'Alis Statthalter in Syrien war, sich dann als erster Khalif der 'Umayyaden-Dynastie in Damaskus etablierte und seine Residenz bald zum politischen Mittelpunkt der islamischen Welt machte – wobei Mekka und Medina die religiösen Mittelpunkte blieben.

79 (Linke Seite) Der Grundsatz des Koran »Es gibt keinen Zwang in der Religion« trug mit dazu bei, daß die byzantinische Hagia-Sophia-Kirche (6. Jahrhundert) im heutigen Istanbul mit ihren wunderbaren christlichen Mosaiken nach der Eroberung der Stadt 1453 nicht zerstört, sondern nur zu einer Moschee umgewandelt wurde.

Die Mehrheit der Muslime gehört den Sunniten an. Sie berufen sich, außer auf den Koran, auf die Sunna, den vorbildlichen Weg des Propheten, der die göttliche Offenbarung verkündete und authentisch interpretierte. Es geht also um den rechten Weg, wie die Überlieferung über den Propheten ihn zeigt – vor allem in der frühen Gefolgschaft Mohammeds, seiner ersten Kampfgefährten und der ersten vier »rechtgeleiteten Khalifen«: »*Er befiehlt ihnen das Rechte und verbiete ihnen das Verwerfliche, er erlaubt ihnen die köstlichen Dinge und verbietet ihnen die schlechten, und er nimmt ihnen die Last und die Fesseln ab, die auf ihnen lagen.*« (7, 156).

Diese im Koran verankerte Autorität der Sunna fordert die absolute Unterwerfung unter die Führung des Propheten und seiner Interpreten. Ein Gläubiger darf den Gehorsam nicht verweigern: »*Ein Gläubiger oder eine Gläubige darf, wenn Gott und sein Gesandter eine Angelegenheit entschieden haben, nicht die Möglichkeit haben, in ihren Angelegenheiten frei zu wählen. Und wer gegen Gott und seinen Gesandten ungehorsam ist, der befindet sich in einem offenkundigen Irrtum.*« (33, 36).

Die Sunniten vertreten die orthodoxe Strenge in der Berufung auf die Wegweisungen des Propheten (Sunna), wie sie im *Hadith* überliefert ist. Sie setzen auf politische Stabilität im Staat und auf praktische Gesetzestreue. Sie betonen die Bedeutung der Rechtsstruktur und unterhalten Rechtsschulen. In mehreren exegetischen und theologischen Schulen werden verschiedene Akzente gesetzt. Die einen legen als Traditionalisten besonderen Wert auf die Auslegung der ursprünglichen Aussagen der Überlieferung und lehnen jede Neuerung als Ketzerei ab: Der Mensch soll sich vom Licht Gottes leiten lassen und sich nicht anmaßen, durch eigene Vernunft die Glaubenslehren vertiefen zu wollen. Die anderen wollen gerade durch den Gebrauch der von Gott geschenkten Vernunft den wahren Glauben verteidigen, vor allem gegen die Anfeindungen von außen. Der Mensch verfügt über Willensfreiheit und kann deshalb schuldig werden. Wieder andere versuchen, beide Richtungen zum gleichen Ziel zu führen, setzen die Tradition an die erste Stelle und unterziehen sie dann der Kontrolle durch die Vernunft, um jede Beliebigkeit auszuschließen und echte Traditionen von den falschen unterscheiden zu können. Unterschiedliche Riten haben sich mit der Zeit ausgebildet und haben zu regionalen Eigenheiten geführt.

Die zweitgrößte Gruppe im Islam sind die Schiiten. Sie berufen sich auf die legitime Nachfolge in der Nachkommenschaft Mohammeds und ergreifen im Streit zwischen 'Ali und Mu'awiyya Partei (Shi'a) für den rechtgeleiteten Khalifen 'Ali. Heute gehören etwa 200 Millionen Menschen zur schiitischen Richtung des Islam. Sie halten fest am Grundsatz der verwandtschaftlichen Abstammung von Mohammed (über Mohammeds Frau Khadidja, seine Tochter Fatima und deren Mann 'Ali sowie über deren beide Söhne Hassan und Husain) und machen diese Nachfolge zur Bedingung für die Übernahme des Khalifenamtes. Der rechtmäßige Nachfolger 'Alis ist der Imam, der nach der Auffassung der Schiiten durch göttliches Gebot eingesetzt ist und der in besonderer Weise von Allah erleuchtet und deshalb nahezu unfehlbar und ohne Sünde ist.

Die Schiiten waren gegenüber den (heute etwa 800 Millionen) Sunniten immer in der Minderheit und wurden oft verfolgt. Sie haben in ihrer Lebensgeschichte eine Theologie des Leidens und seiner Heilswirkung entwickelt, in der die Hoffnung auf die Ankunft eines verborgenen Imams die entscheidende Rolle spielt. Dieser Imam wird am Ende der Zeit kommen und ein Reich Gottes errichten, das im Grunde ein Gottesstaat ist und eine Regierung besitzt, die nach den Geboten Allahs und der islamischen Rechtsordnung regieren wird.

Die Ausbreitung des Islam in den

DIE GRÖSSTE GLÜCKSELIGKEIT

ersten Jahrzehnten und Jahrhunderten bestand zunächst vor allem in der territorialen Ausbreitung durch militärische Eroberungen. Mit ihr aber ging von Anfang an die geistige Ausweitung des islamischen Glaubens einher. Sie ist auch nach mehr als 13 Jahrhunderten noch in vollem Gange. Der Glaube Mohammeds ist vital und nach wie vor expan-

121 Rue du Caire quartier Touloun.

sionsfähig. Religionswissenschaftler führen dies auf die einfache Struktur der islamischen Lehre zurück: Ihr Ursprung ist historisch gesichert, ihre Quellen sind greifbar, ihre Erscheinungsformen klar. Die direkte Rückführung auf den Propheten und die seiner Gedanken auf die Offenbarungen Allahs kommt dem Bedürfnis der Menschen nach historischer Gewißheit und emotionaler Sicherheit, aber auch nach Geborgenheit in einer Gemeinschaft der Gläubigen entgegen. Die Einheit von Religion und Politik stützt die Sehnsucht nach einem durchschaubaren und in sich homogenen Weltbild.

80 und 81 Ob städtisches Kaufmannsleben oder das Leben der Oasenbauern – der Islam veränderte und befruchtete tiefgreifend die Alltagskultur der islamischen Welt.

(Links) Oasenbauern in traditionell orientalischer Kleidung in Tunesien, um 1880

(Linke Seite): Mit Ornamenten verzierte Erker in Kairo, um 1886. Prunkvolle Zeugen einer vorwiegend bilderlosen Kultur.

Wahrscheinlich ist dies – welthistorisch und religionsgeschichtlich betrachtet – die größte Leistung des Propheten Mohammed: daß er zugleich Religionsstifter und Politiker war und als Staatsmann der Religion eine solide Basis im alltäglichen Leben der Gläubigen gab. Er hat die Grundsätze seiner Frömmigkeit in politische Realität umgesetzt, er war ein Sozialreformer, ein Erneuerer der öffentlichen Moral, er gab der arabischen Gesellschaft seiner Zeit und seiner Region eine neue Familienstruktur und eine neue Definition des Verhältnisses von Mann und Frau.

Daß am Beginn des 3. Jahrtausends die politische Wirklichkeit aufs schwerste belastet wird durch Verbrechen, die im Namen des Islam begangen werden, ist bedrohlich – für die islamische Gemeinschaft ebenso wie für die Menschheit. Die gesunden Kräfte der Überlieferung Mohammeds können aber einen humanen Weg in die Zukunft finden. Und es wäre ein fatales Mißverständnis, wenn die nicht-islamische Welt aus Unkenntnis übersehen würde, welche kulturellen Werte in den verschiedenen Ausformungen des Islam verborgen sind.

Die Globalisierung der Lebensverhältnisse, insbesondere die global funktionierende Kommunikationstechnik wird auch zu einer Globalisierung der religiösen Verhältnisse führen. Zwar wird es nie eine einzige, globale Religion geben. Ebensowenig wird es aber auch zu einem globalen Aussterben aller Religionen kommen. Deshalb wird eine Vielfalt religiöser Wirklichkeiten weiterbestehen, nur daß jede Religion der anderen durch Informationen näherrückt als je zuvor in der Geschichte. Vielleicht haben dadurch im zukünftigen Konzert der Religionen jene Glaubenswelten eine ganz besondere Chance, die zugleich diesseitig und jenseitig sind. Denn die Verbindung von Jetzt und Bald, von Heute und Morgen, von Diesseits und Jenseits ermöglicht die Utopie von den Gärten des Paradieses, wie sie gerade die Bibel und der Koran in die Geschichte gebracht haben. Nicht ohne die Grundlage einer realen Vision ist im Koran das Paradies mit den Metaphern eines gegenwärtigen Glücks beschrieben. In den Gärten des Paradieses fließen Bäche von Wasser und Wein, Milch und Honig. Kostbare Gewänder, Armringe aus Gold, Silber und Perlen tragen die Glücklichen, die auf gepolsterten, goldbesetzten Sesseln und Betten ruhen. Und groß ist die Freude an der sinnlichen Liebe zwischen Männern und Frauen, und einer ist des anderen Freund.

Mohammeds Paradies ist nicht das »ganz andere«, sondern menschliche Realität, deren spezifisches Gewicht an Wirklichkeit unter anderem daran erkennbar ist, daß Armensteuer zu zahlen ist. Belastete Wirklichkeit und entlastende Utopie, Heute und Morgen gehen also ineinander über.

Trotz der diesseitigen Glücksmetaphorik wird der Blick in die Zukunft Allahs geöffnet, wenn der Koran sagt (9, 72), daß besser als alle Bäche und Wohnungen in den Gärten des Paradieses das Wohlgefallen Allahs ist: »*Das ist die größte Glückseligkeit*«.

Literatur

Bey, Essad: Mohammed. München 1993.

Boumann, Johan: Der Koran und die Juden. Die Geschichte
    einer Tragödie. Darmstadt 1990.

al-Buhari, Sahih: Nachrichten von Taten und Aussprüchen
    des Propheten Muhammad. Stuttgart 1991.

Dermenghem, Émile: Mohammed. Reinbek bei Hamburg 1996.

Khoury/Hagemann/Heine: Islam-Lexikon. 3 Bde. 1991.

Mernissi, Fatema: Der politische Harem. Mohammed
    und die Frauen. Freiburg 1992/98.

Ruthven, Malise: Islam. A very short introduction.
    Oxford 1997.

Watt, Montgomery: Der Islam. Stuttgart 1980.

Zirker, Hans: Islam. Theologische und gesellschaftliche
    Herausforderungen. Düsseldorf 1993.

Die Übersetzung der Koran-Zitate wurde eigens für dieses
    Buch erstellt. Die Zählung der Zitate folgt folgender Ausgabe:
    Der Koran. Übertragen von Max Henning, Stuttgart 1980.

Hans-Christian Huf. Geboren 1956, Studium der Geschichte und Germanistik in München und Bordeaux. Ab 1984 Mitarbeiter des ZDF, seit 1987 in der Redaktion Kultur und Gesellschaft. Leitender Redakteur der Fernsehserien »SPHINX«, »Quo Vadis« und »Himmel, Hölle und Nirvana«. Er ist Herausgeber dieses Buches.

Ingo Hermann. Geboren 1932, Studium der Theologie und Philosophie (Dr. theol. 1958). Seit 1963 Rundfunkautor und Redakteur. Ab 1969 Redaktionsleiter beim ZDF, Moderator und Autor. Deutscher Journalistenpreis. Adolf-Grimme-Preise.

Eike Schmitz. Geboren 1944, Studium der Klassischen Philologie und der Anglistik. Lehrtätigkeit an der Cornell University, USA, und an der Technischen Universität Berlin bis 1981. Seither freiberuflich tätig als Autor und Regisseur von Fernsehdokumentationen.

Archiv für Kunst und Geschichte, Berlin: 31, 33, 37, 41, 42, 44, 53,
    54, 61 (Ausschnitt aus Nr. 67), 66, 67, 69, 70, 76

Archiv Gerstenberg, Wietze: 40

Behrend, Jens-Peter, Berlin: 35, 39, 47, 49, 52, 55, 56, 59, 60

Bibliothèque Nationale (Cliché Bibliothèque nationale
    de France, Paris): 71

Bildarchiv Preußischer Kulturbesitz, Berlin: 64, 75,
    Schutzumschlag (Mohammed)

Essick, Peter/Bilderberg, Hamburg: 28

Nalbandian, Garo, Jerusalem: 34, 36, 43, 45, 46, 57, 58

Ono-Feller, Masami, Bergisch Gladbach: 5, 26, 27, 38, 48,
    50, 51, 62

Pelz, Manfred, Berlin: 6, 8, 9, 10, 22

Scala, Antella: Schutzumschlag (Jesus)

Schmitz, Eike, Berlin: 1, 3 (Ausschnitt aus Nr. 18), 4, 7, 11, 12, 13,
    14, 15, 16, 17, 18, 19, 20, 21, 23, 24, 25, 29, 30, 63, 73, Schutz-
    umschlag (Buddha)

Scholz, R./laenderpress, Mainz: 79

Sohn, Peter, Berlin: 65, 68, 72, 74, 77, 78, 80, 81, Vorsatz

Stoja-Verlag Paul Janke, Nürnberg: 32

Ullal, Jay/Stern, Hamburg: 2

Weitere Bücher im Gustav Lübbe Verlag zum Thema

Buddhismus

Chao-Hsiu Chen: *Das buddhistische Buch der Liebe*
Dalai Lama: *Das Buch der Freiheit.*
  Die Autobiographie des Friedensnobelpreisträgers
Dalai Lama: *Im Einklang mit der Welt.*
  Der Friedensnobelpreisträger im Gespräch
Dalai Lama/H.C. Cutler: *Die Regeln des Glücks*
Aung San Suu Kyi: *Der Weg zur Freiheit.*
  Gespräche mit Alan Clements
Helmut Uhlig: *Buddha. Die Wege des Erleuchteten*
Helmut Uhlig: *Buddha und Jesus. Die Überwinder der Angst*
Helmut Uhlig: *Das Leben als kosmisches Fest.*
  Magische Welt des Tantrismus
Helmut Uhlig: *Tibet. Ein verbotenes Land öffnet seine Tore*
Sôetsu Yanagi: *Die Schönheit der einfachen Dinge. Japanische*
  Einsichten in die verborgenen Kräfte der Harmonie

Christentum

Richard Andrews/Paul Schellenberger: *Das letzte Grab Christi.*
  Die Geometrie des heiligen Gral
Rolf Beyer: *Die andere Offenbarung.*
  Mystikerinnen des Mittelalters
Dieter Breuers: *Sterben für Jerusalem.*
  Ritter, Mönche, Muselmanen und der Erste Kreuzzug
Rolf Legler: *Sternenstraße und Pilgerweg. Der Jakobs-Kult von*
  Santiago de Compostela. Wahrheit und Fälschung
Henry Lincoln/Michael Baigent/Richard Leigh:
  Der Heilige Gral und seine Erben. Ursprung und Gegenwart
  eines geheimen Ordens. Sein Wissen und seine Macht
Henry Lincoln/Michael Baigent/Richard Leigh:
  Das Vermächtnis des Messias. Auftrag und geheimes Wirken
  der Bruderschaft vom Heiligen Gral
Régine Pernoud: *Die Heiligen im Mittelalter.*
  Frauen und Männer, die ein Jahrtausend prägten
Neil Asher Silberman: *Die Messias-Macher. Der Aufstand von*
  Qumran und die Schriftrollen vom Toten Meer
Gordon Thomas: *Das Jesus-Urteil.*
  Hintergründe eines politischen Mordes
Helmut Uhlig: *Buddha und Jesus. Die Überwinder der Angst*

Sphinx
Geheimnisse der Geschichte

Die Themen:

Das Reich des Königs *Minos*

Hannibal, der Schrecken Roms

Kleopatra – Das letzte Lächeln der Pharaonen

Die *Hunnen* stürmen Europa

Die Jagd nach dem *Bernsteinzimmer*

Sphinx 2
Von Marco Polo bis Rasputin

Die Themen:

Die phantastischen Reisen des *Marco Polo*

Sturm über Asien – *Alexander der Große* erobert die Welt

Lucrezia Borgia und die Familienbande im Vatikan

Wikinger – Genies aus der Kälte

Friedrich II. – Kaiser zwischen Himmel und Hölle

Rasputin – Heiliger Dämon am Zarenhof

Hans-Christian Huf stellt seinen Lesern rätselhafte Gestalten und ungelöste Geheimnisse aus drei Jahrtausenden anschaulich und lebendig vor.

Sphinx 3
Von Ramses II. bis zum Ersten Kaiser von China

Die Themen:

Sehnsucht nach Unsterblichkeit. *Ramses II.* – Liebling der Götter

Menschenjagd im Namen Gottes: *Inquisition und Hexenverfolgung*

Der Fall *Maria Stuart*

Das Rätsel der *Sieben Weltwunder*

Nero – Plädoyer für eine Bestie

Auf den Spuren des *Ersten Kaisers von China*

Hans-Christian Huf (Hg.)

jeweils 288 Seiten mit etwa 120 Abbildungen, zum Großteil in Farbe, gebunden mit Schutzumschlag

GUSTAV
LÜBBE
VERLAG

QUO VADIS
Augenblicke der Geschichte
Hans-Christian Huf (Hg.)

QUO VADIS
Schicksalsstunden der
Menschheit

QUO VADIS 2
Verräter, Skandale und
Prozesse

Geschichte spannend präsen-
tiert, informativ und lebendig.
Im **ersten Band** stellt Hans-
Christian Huf Schlachten vor,
die Geschichten machten,
Morde, die Legenden schufen
und Katastrophen, die zu
Mythen wurden.
Der **zweite Band** handelt von
Affären und Skandalen,
großen Prozessen, List und
Verrat.

jeweils 288 Seiten mit etwa
120 Abbildungen, gebunden
mit Schutzumschlag

GUSTAV
LÜBBE
VERLAG